Klaus Viertbauer / Florian Wegscheider (Hg.)

Christliches Europa?

CHRISTLICHES EUROPA?

Religiöser Pluralismus als theologische Herausforderung

Herausgegeben von
Klaus Viertbauer und Florian Wegscheider

HERDER

FREIBURG · BASEL · WIEN

MIX
Papier aus verantwor-
tungsvollen Quellen
FSC® C083411

© Verlag Herder GmbH, Freiburg im Breisgau 2017
Alle Rechte vorbehalten
www.herder.de

Umschlaggestaltung: Verlag Herder
Satz: Barbara Herrmann, Freiburg im Breisgau
Herstellung: CPI books GmbH, Leck
Printed in Germany

ISBN Print 978-3-451-37693-1
ISBN E-Book (PDF) 978-3-451-81693-2

Inhalt

Vorwort

Die Wellen von Flüchtlingen aus dem arabischen und nordafrikanischen Raum konfrontieren Europa mit Millionen von Menschen islamischen Glaubens, die in der Hoffnung ein selbstbestimmtes Leben aufnehmen zu können, Teil der europäischen Gesellschaft werden wollen. Ein Inklusionsprozess dieser Dimension erfordert eine Reflexion, die sich nicht nur auf die ökonomische und politische Rahmenordnung zu erstrecken hat, sondern auch den vorfindlichen Werte- und Kulturraum miteinbeziehen muss. Die Singularität des Christentums, das selbst erst in Form eines langen und schmerzhaften Transformationsprozesses sein Fortbestehen im säkularen Staatswesen sichern konnte, wird durch die rapide Zunahme von Menschen islamischen Glaubens erneut zu einer Selbstreflexion herausgefordert. Das Ringen um ein angemessenes Verhältnis zum Islam, der spätestens jetzt als ein Teil Europas wahrzunehmen ist, bildet die eigentliche ethisch-kulturelle Herausforderung des gegenwärtigen Migrationsphänomens.

Der vorliegende Band bearbeitet diese Fragestellung aus der Perspektive der christlichen Theologie. Dabei wird der Inklusionsprozess als christliche Herausforderung gelesen. Es gilt sich dieser Herausforderung zu stellen, indem die Elastizität der christlichen Gottrede, der Theologie, einer kritischen Prüfung unterworfen wird.

Der Dank der Herausgeber richtet sich zunächst an alle Kolleginnen und Kollegen, die sich zur Mitarbeit bereiterklärten und sich mit einer Perspektive ihres theologischen Faches einbrachten. Sodann gilt der Dank Dr. Stephan Weber vom Verlagshaus Herder für die hervorragende Zusammenarbeit und Betreuung des Projekts. Und schließlich wäre das Projekt ohne die finanzielle Unterstützung des Bischöflichen Fonds zur Förderung der Katholischen Privat-Universität Linz sowie weiterer anonymer Spender nicht oder zumindest nicht in dieser Form realisierbar gewesen.

Salzburg / Linz
Klaus Viertbauer
Florian Wegscheider

Einleitung

Vom christlichen Europa zu einer postsäkularen Gesellschaft

Zu einer offenen Debatte zwischen Joseph Ratzinger, Johann Baptist Metz und Jürgen Habermas

Klaus Viertbauer, Innsbruck

Die Rolle des Christentums für die Herausbildung des modernen Europas wird seit längerem kontrovers diskutiert. Dies ist nicht verwunderlich, zumal in dieser Frage unterschiedliche Diskussionsfäden – wie etwa jener der Säkularisierungsdebatte oder jener der Identität des okzidentalen Kulturraums – zusammenlaufen. Von daher gilt es sich auf einen Aspekt zu konzentrieren. Der vorliegende Beitrag tut dies, indem er sich drei Vorzeigedenkern des Nachkriegsdeutschlands zuwendet: Es handelt sich um die Theologen Joseph Ratzinger und Johann Baptist Metz sowie den Sozialphilosophen Jürgen Habermas. Alle drei positionieren sich in der Frage höchst unterschiedlich. Allerdings lässt sich eine Tendenz ablesen: Die beiden Theologen interpretieren die Entwicklung des modernen Europa aus je unterschiedlicher Perspektive als Verfallsgeschichte. Habermas dagegen versucht in derselben Entwicklung positive Möglichkeiten aufzuzeigen. Der vorliegende Beitrag geht in zwei Schritten vor: Im ersten Schritt werden die Kernargumente von Ratzinger und Metz vorgestellt, im zweiten gilt die Aufmerksamkeit den Überlegungen von Jürgen Habermas. Dabei soll gezeigt werden, inwiefern seine These einer postsäkularen Gesellschaft fähig ist, die Impulse der Theologen aufzunehmen und zu einem Lösungsvorschlag zu verbinden.

1. Zwei Verfallsgeschichten

1.1 Die Diktatur des Relativismus (J. Ratzinger)

Der vorliegende Abschnitt steht im Bemühen, das jeweilige Kernargument von Joseph Ratzingers Denken über Europa und die Moderne herauszustellen, sowie deren gemeinsamen Schnittpunkt zu bestimmen. Ausgehend von Ratzingers Kritik an der Moderne

wird zunächst gezeigt, wie sich der Mensch von sich selbst entfremdet, indem er sich vom Geschöpf zum Schöpfer verwandelt.
An diese Kritik anknüpfend wird Ratzingers These eines christlichen Europa auf der Grundlage der Hellenisierung des Christentums rekonstruiert.

A. Die Selbstentfremdung des Menschen in der Moderne

Im April 2005, nach dem Tod von Papst Johannes Paul II., galt Rom
die uneingeschränkte Aufmerksamkeit der Weltpresse. Als Dekan
des Kardinalkollegiums fiel Joseph Ratzinger, dem damaligen Prä-
fekten der Glaubenskongregation, die Aufgabe zu, die Homilie zur
Eröffnung des Konklaves zu halten. Geschickt nutzte Ratzinger diese
Möglichkeit, um seine Sicht des Verhältnisses von Glauben und einer von der Moderne gezeichneten, säkularen Welt medienwirksam
kundzutun.

Ausgehend von den drei Lesungen aus Jesaja 61, Epheser 4 und
Johannes 15 wählte Ratzinger die Frage nach der Reife im Glauben
zum Thema seiner Predigt. Reife zeigt sich, so Ratzinger, im Umgang mit abweichenden Lebensentwürfen und Meinungen sowie
der Kritik am eigenen Weltbild. Als Anknüpfungspunkt für seine
Überlegungen kann er sich auf das paulinische Bild aus der vorangehenden Lesung beziehen. Die entscheidende Passage lautet:

> „Wir sollen nicht mehr unmündige Kinder sein, ein Spiel der
> Wellen, hin und her getrieben von jedem Widerstand der Mei-
> nungen, dem Betrug der Menschen ausgeliefert, der Verschlagen-
> heit, die in die Irre führt." (Eph 4, 14)

Wie von den Wellen des Meeres werden Menschen auch von unterschiedlichen Meinungen hin- und hergetrieben. Ratzinger deutet
dieses Bild des Apostel als paradigmatisch für das gegenwärtige
Verhältnis von Glaube und Moderne: Der Mensch wird in der Moderne zu einem Getriebenen. Als Subjekt ist er ein den epistemischen, metaphysischen und sozialen Zwängen Unterworfener.
Das Attribut der Autonomie überantwortet den Menschen diesen
Wellen von Meinungen und Wahrheiten, in denen er sich selbst
zurechtfinden und orientieren muss. In diesem Sinn stellt Ratzinger fest, dass die Menschen „viele Glaubensmeinungen [...] ken-
nengelernt [haben und mit] viele[n] ideologische[n] Strömungen

[... und] Denkweisen"[1] konfrontiert wurden. Doch versteht Ratzinger dies nicht als Angebot an den Einzelnen, sich selbst zu erfahren, indem er sich in seiner existenziellen, intellektuellen oder sozialen Dimension wahrzunehmen und zu verwirklichen lernt. Vielmehr erblickt Ratzinger hinter diesen Strömungen eine Bedrohung, die den Menschen von seinem Ursprung wegtreibt und zunehmend entfremdet. Besagte Denkweisen, die „vom Marxismus zum Liberalismus bis hin zum Libertinismus [... oder] vom Kollektivismus zum radikalen Individualismus [... sowie] vom Atheismus zu einem vagen religiösen Mystizismus [... und schließlich noch] vom Agnostizismus zum Synkretismus"[2] reichen, bringen, so Ratzingers Befürchtung, „das kleine Boot des Denkens vieler Christen [...] zum Schwanken."[3] Mit einer solchen Pluralität von Wahrheiten lässt sich die Botschaft des Christentums, in der Lesart Ratzingers, nicht in Übereinstimmung bringen:

> „Einen klaren Glauben nach dem Credo der Kirche zu haben wird oft als Fundamentalismus abgestempelt, wohingegen der Relativismus [...] als die heutzutage einzige zeitgemäße Haltung erscheint. Es entsteht eine *Diktatur des Relativismus*, die nichts als endgültig anerkennt und als letztes Maß nur das eigene Ich und seine Gelüste gelten lässt."[4]

Die Moderne entfremdet somit den Menschen von seinem göttlichen Ursprung: Der Mensch emanzipiert sich aus seiner Rolle als Geschöpf und versucht, Gott in seiner Rolle als Schöpfer gegenüberzutreten. Folglich besteht der Bruch, wie Ratzinger mit Verweis auf Franz von Baader moniert, im Übergang vom *Cogitor*, also dem Wesen, das erkannt wird, zum *Cogito*, also dem, das selbst erkennt. In seiner *Einführung in das Christentum* aus dem Jahr 1968 beschreibt Ratzinger diesen Unterschied mit den Worten:

---

[1] „Heilige Messe »Pro Eligendo Romano Pontifice« (18. April 2005) – Predigt von Joseph Kardinal Ratzinger, Dekan des Kardinalskollegiums", in: *Worte zum Anfang. Joseph Kardinal Ratzinger – Benedikt XVI.* (Die Österreichischen Bischöfe; Heft 5) hg. vom Generalsekretariat der Österreichischen Bischofskonferenz, Wien 2005, S. 51–55, hier: S. 52.
[2] Ebd., 52.
[3] Ebd., 52.
[4] Ebd., 52 f. – Hervorhebung vom Verf.

„So wie die Selbstliebe nicht die Urgestalt der Liebe, sondern höchstens eine abgeleitete Weise davon ist; so wie an das Eigentliche der Liebe nur heranzukommen ist, wenn man sie als Beziehung, daß heißt vom anderen her, begreift, so ist auch menschliches Erkennen nur als Erkannt*werden*, als zum Erkennen-gebracht-Werden und so wiederum ‚vom anderen her' Wirklichkeit. Der wirkliche Mensch kommt gar nicht in den Blick, wenn ich nur in die Einsamkeit des Ich, der Selbsterkenntnis, hinablote, denn dann klammere ich von vornherein den Ausgangspunkt seines Zu-sich-kommen-Könnens und so sein Eigentliches aus. Deshalb hat Baader bewußt und doch wohl zu Recht das cartesische ‚Cogito, ergo sum' umgewandelt in ein ‚Cogitor, ergo sum': Nicht ‚Ich denke, also bin ich', sondern ‚Ich werde gedacht, darum bin ich'; nur vom Erkanntwerden des Menschen her kann sein Erkennen und er selbst begriffen werden."[5]

Mit anderen Worten: Die sich spätestens im 14./15. Jahrhundert im Zuge des sogenannten Universalienstreits vollziehende Wende von einer Metaphysik des Realismus hin zu einer des Nominalismus, also die zunehmende Abkehr vom epistemischen Prinzip der Abstraktion und Hinwendung zu dem der Konstruktion, die wesentlich mit den Namen Johannes Duns Scotus, Wilhelm von Ockham oder Nikolaus von Kues verbunden ist, kommt bei Ratzinger als Prozess einer positivistischen Aufhebung in den Blick.[6] In der Moderne, die durch die Ideen von Freiheit und Subjektivität geprägt wird, kommt es zu einer Entfremdung des Menschen von sich selbst. Dabei erscheint bei Ratzinger die Neuprägung des Menschen als autonomes Subjekt als ein unüberwindbarer Gegensatz zu dessen Geschöpflichkeit. Anders formuliert verwandelt sich der Mensch als autonomes Subjekt vom Geschöpf zum Schöpfer, was in Descartes Formel *cogito, ergo sum* paradigmatisch zum Ausdruck kommt.

Kehren wir wieder zu Ratzingers Homilie aus dem Jahr 2005 zurück. Ratzinger nützt, wie gezeigt, das paulinische Bild geschickt,

---

[5] Joseph Ratzinger, *Einführung in das Christentum*, dtv, München ²1972, S. 177 (aufgenommen in: *Gesammelte Schriften*, Bd. 4, Herder, Freiburg i. Br. 2014, S. 31–322).

[6] Heinrich Schmidinger, *Metaphysik. Ein Grundkurs*, Kohlhammer, Stuttgart ²2006, S. 151–157.

um *seine* Verfallsgeschichte der Moderne darzustellen. Doch überdehnt er damit das paulinische Argument. Paulus wendet sich lediglich gegen einen vor allem in der Gemeinde von Korinth vorherrschenden Gnostizismus. Eine solche Interpretation des Christentums droht laut Paulus die Botschaft vom Gekreuzigten zu entleeren. Demgegenüber stellt Paulus das Kreuz in den Mittelpunkt, was in den Augen der Griechen eine Torheit und der Juden ein Ärgernis darstellt.[7] Daraus lässt sich allerdings keine generelle Ablehnung Paulus gegenüber philosophischen oder anderen weltanschaulichen Überlegungen ableiten.[8] Folglich scheidet Paulus als Gewährsmann aus.

B. Europa als verheißener Kontinent des Christentums

Ratzingers Sicht der Beziehung zwischen Europa und Christentum lässt sich programmatisch in folgender Formel bündeln: „das Christentum ist die in Jesus Christus vermittelte Synthese zwischen dem Glauben Israels und dem griechischen Geist"[9]. Damit spricht sich Ratzinger für die These einer sogenannten „Hellenisierung des Christentums" aus. Das griechische Erbe wird gemäß dieses Interpretaments nicht nur als konstitutiv in der Herausbildung des Christentums aus dem Judentum wahrgenommen, sondern, und darin liegt das eigentliche Problem, als kulturgeschichtliches Abgrenzungskriterium in Stellung gebracht.[10] An keiner Stelle wird dies so deutlich wie in der weit über die Fachwelt hinaus Bekannt-

---

[7] So Paulus in 1 Kor 1,18–31. – Vgl. z. B. Joachim Theis, *Der Gekreuzigte und die Weisheit Gottes. Paulus als Weisheitslehrer in 1 Kor 1–4*, Friedrich Pustet, Regensburg 1991; Samuel Vollenweider, „Weisheit am Kreuzweg. Zum theologischen Programm von 1 Kor 1 und 2", in: *Kreuzestheologie im Neuen Testament*, hg. von Andreas Dettwiler und Jean Zumstein, Mohr Siebeck, Tübingen 2002, S. 43–58.

[8] Hansjürgen Verweyen, *Philosophie und Theologie. Vom Mythos zum Logos zum Mythos*, WBG, Darmstadt 2005, Kapitel 6.1.

[9] Joseph Ratzinger, „Europa – verpflichtendes Erbe für die Christen", in: *Europa. Horizont und Hoffnung*, hg. von Franz König und Karl Rahner, Styria, Graz 1983, S. 61–74, hier: S. 68.

[10] Allerdings geschieht dies nicht – wie programmatisch mit dem Namen Adolf von Harnack verbunden – in Form einer Abfalls- bzw. Verfremdungstheorie, sondern wird, ganz im Gegenteil, als notwendig und konstitutiv gewertet.

heit erlangenden Vorlesung *Glaube, Vernunft und Universität*, die Ratzinger als Papst Benedikt XVI. 2006 in Regensburg hielt. Der entscheidende Passus dieses vielschichtigen Vortrags besteht in dem Zitat aus einer Unterhaltung zwischen dem byzantinischen Kaiser Manuel II. Palaeologos und einem gebildeten Perser über den Unterschied zwischen Christentum und Islam. Im Zuge dieses Zwiegesprächs forderte der Kaiser seinen Diskutanten mit den schroffen Worten auf:

> „Zeig mir doch, was Mohammed Neues gebracht hat, und da wirst du nur Schlechtes und Inhumanes finden wie dies, daß er vorgeschrieben hat, den Glauben, den er predigt, durch das Schwert zu verbreiten. [...] Gott hat keinen Gefallen an Blut [...] und nicht vernunftgemäß, nicht σύν λόγω zu handeln, ist dem Wesen Gottes zuwider."[11]

Natürlich eignet sich Ratzinger – auch wenn ihm das medienwirksam unterstellt wurde – den ersten Teil des Zitats selbst nicht an. Allerdings kokettiert er mit dessen Begründung im zweiten Teil. Mit anderen Worten: Was Ratzinger wirklich interessiert, ist das Kriterium, das der Kaiser zur Begründung seines Vorwurfes heranzieht. Ratzinger hebt es an späterer Stelle nochmals eigens hervor:

> „Der entscheidende Satz in dieser Argumentation gegen Bekehrung und Gewalt lautet: Nicht vernunftgemäß handeln ist dem Wesen Gottes zuwider. [...] Für den Kaiser als einen in griechischer Philosophie aufgewachsenen Byzantiner ist dieser Satz evident. Für die moslemische Lehre hingegen ist Gott absolut transzendent."[12]

Damit ist das Argument von Ratzinger in knappster Form umrissen: Erstens bindet sich Gott selbst an die Vernunft, und zweitens nimmt diese in der griechischen Philosophie Form an. So handelt es sich bei der griechischen, näherhin der platonischen Philosophie nicht um ein beliebiges Medium neben anderen, in dem sich die christliche Offenbarung explizieren, d. h. kommunikativ erschließen lässt. Vielmehr verzweigen sich im Zusammentreffen von christlicher Offen-

---

[11] Joseph Ratzinger, „Glaube, Vernunft und Universität", nachgedruckt in: *Glaube und Vernunft. Die Regensburger Vorlesung*, Herder, Freiburg im Breisgau 2006, S. 11–32, hier: S. 16.

[12] Ebd., 16 f.

barung und griechischem Denken zwei Wurzeln, die sich bis zur Selbstoffenbarung Gottes im brennenden Dornbusch zurückverfolgen lassen. Ratzinger deutet dies als teleologischen Prozess eines aufeinander Zubewegens:

> „Schon der geheimnisvolle Gottesname vom brennenden Dornbusch, der diesen Gott aus den Göttern mit den vielen Namen herausnimmt und von ihm einfach das ‚Ich bin‘, das Dasein aussagt, ist eine Bestreitung des Mythos, zu der der sokratische Versuch, den Mythos zu überwinden und zu übersteigen, in einer inneren Analogie steht. Der am Dornbusch begonnene Prozeß kommt im Innern des Alten Testaments zu einer neuen Reife während des Exils, wo nun der landlos und kultlos gewordene Gott Israels sich als den Gott des Himmels und der Erde verkündet und sich mit einer einfachen, das Dornbusch-Wort weiterführenden Formel vorstellt: ‚Ich bin's.‘ Mit diesem neuen Erkennen Gottes geht eine Art von Aufklärung Hand in Hand, die sich im Spott über die Götter drastisch ausdrückt, die nur Machwerke der Menschen seien (vgl. Ps 115). So geht der biblische Glaube in der hellenistischen Epoche bei aller Schärfe des Gegensatzes zu den hellenistischen Herrschern, die die Angleichung an die griechische Lebensweise und ihren Götterkult erzwingen wollten, dem Besten des griechischen Denkens von innen her entgegen zu einer gegenseitigen Berührung, wie sie sich dann besonders in der späten Weisheits-Literatur vollzogen hat. Heute wissen wir, daß die in Alexandrien entstandene griechische Übersetzung des Alten Testaments – die Septuaginta – mehr als eine bloße (vielleicht sogar wenig positiv zu beurteilende) Übersetzung des hebräischen Textes, nämlich ein selbständiger Textzeuge und ein eigener wichtiger Schritt der Offenbarungsgeschichte ist, in dem sich diese Begegnung auf eine Weise realisiert hat, die für die Entstehung des Christentums und seine Verbreitung entscheidende Bedeutung gewann. Zutiefst geht es dabei um die Begegnung zwischen Glaube und Vernunft, zwischen rechter Aufklärung und Religion."[13]

Diese geschichtsphilosophische Deutung, mit der Ratzinger die konstitutive Rolle des griechischen Denkens gegenüber anderen Denk-

---

[13] Ebd., 18 ff.

formen begründet, nutzt er zugleich als kulturelles Abgrenzungskriterium. Dabei greift er in seiner Regensburger Vorlesung auf eine
ältere Interpretation von Apg 16 zurück. Diese formulierte Ratzinger
bereits in seinem Aufsatz *Europa – verpflichtendes Erbe für die Christen* aus dem Jahr 1983. Die Apostelgeschichte beschreibt eine Vision
des Apostel Paulus, die ihm verbietet, seine Missionsreise weiter in
Asien fortzuführen, und ihn stattdessen auffordert, seine Mission
auf das europäische Festland auszudehnen:

> „Komm herüber nach Mazedonien und hilf uns! Auf dieses Ge-
> sicht hin wollten wir sofort nach Mazedonien abfahren; denn
> wir waren überzeugt, dass Gott uns berufen hatte, ihnen das
> Evangelium zu verkünden." (Apg 16,9 f.)

Zwar liegt der Ausgangspunkt im Orient, und „das Heil kommt von
den Juden" (Joh 4,22); aber, so Ratzinger, „der Weg, den die Apostelgeschichte zeichnet, ist als ganzer ein Weg von Jerusalem nach
Rom, der Weg zu den Heiden, von denen Jerusalem zerstört wird
und die es doch auf eine neue Weise in sich aufnehmen."[14] Dieses
Argument arbeitet Ratzinger in der Regensburger Vorlesung zu einem Abgrenzungskriterium im Glaubensverständnis von Christentum einerseits und Islam andererseits aus:

> „An dieser Stelle tut sich ein Scheideweg im Verständnis Gottes
> und so in der konkreten Verwirklichung von Religion auf, der uns
> heute ganz unmittelbar herausfordert. Ist es nur griechisch zu
> glauben, daß vernunftwidrig zu handeln dem Wesen Gottes zuwi-
> der ist, oder gilt das immer und in sich selbst? Ich denke, daß an
> dieser Stelle der tiefe Einklang zwischen dem, was im besten Sinn
> griechisch ist, und dem auf der Bibel gründenden Gottesglauben
> sichtbar wird. Den ersten Vers der Genesis, den ersten Vers der
> Heiligen Schrift überhaupt abwandelnd, hat Johannes den Prolog
> seines Evangeliums mit dem Wort eröffnet: Im Anfang war der
> Logos. Dies ist genau das Wort, das der Kaiser gebrauchte: Gott
> handelt „σύν λόγῳ", mit Logos. Logos ist Vernunft und Wort
> zugleich – eine Vernunft, die schöpferisch ist und sich mitteilen
> kann, aber eben als Vernunft. Johannes hat uns damit das abschlie-
> ßende Wort des biblischen Gottesbegriffs geschenkt, in dem alle

---

[14] J. Ratzinger, „Europa – verpflichtendes Erbe für die Christen", 68.

die oft mühsamen und verschlungenen Wege des biblischen Glaubens an ihr Ziel kommen und ihre Synthese finden. Im Anfang war der Logos, und der Logos ist Gott, so sagt uns der Evangelist. Das Zusammentreffen der biblischen Botschaft und des griechischen Denkens war kein Zufall. Die Vision des heiligen Paulus, dem sich die Wege in Asien verschlossen und der nächtens in einem Gesicht einen Mazedonier sah und ihn rufen hörte: Komm herüber und hilf uns (Apg 16, 6–10) – diese Vision darf als Verdichtung des von innen her nötigen Aufeinanderzugehens zwischen biblischem Glauben und griechischem Fragen gedeutet werden."[15]

Bei der Herausbildung eines christlichen Europa handelt es sich folglich in den Augen Ratzingers nicht um eine historische Kontingenz, sondern vielmehr um einen zielgerichteten Prozess – geplant von einem Schöpfer, der die Wege seiner Geschöpfe immer zu ihrem besten lenkt, sodass jegliches Autonomiestreben ihrerseits nur verfehlt sein kann.

1.2 Halbierung des Geistes (J. B. Metz)

Der folgende Abschnitt bestimmt das Verhältnis von Christentum, Europa und Moderne im Werk von Johann Baptist Metz. Dazu wird in einem ersten Abschnitt seine These, Theologie als Theodizee zu betreiben, vorgestellt, ehe in einem zweiten auf seinen Vorschlag einer anamnetischen Fundierung der Vernunft eingegangen wird.

A. Theologie als Theodizee

Johann Baptist Metz gilt, nicht nur innerhalb der deutschen Theologenzunft, als der große Gegenspieler von Joseph Ratzinger. Ihr theologisches Profil könnte nicht unterschiedlicher ausfallen: Während Ratzinger sich in seinen Qualifikationsschriften mit Augustinus[16] und Bonaventura[17] beschäftigte, galt die frühe Aufmerksamkeit

---

[15] J. Ratzinger, „Glauben, Vernunft und Universität", 17 f.
[16] Joseph Ratzinger, *Volk und Haus Gottes in Augustins Lehre von der Kirche*, Zink, München 1954 [= *Gesammelte Schriften*, Bd. 1, Herder, Freiburg im Breisgau 2008].
[17] Joseph Ratzinger, *Die Geschichtstheologie des heiligen Bonaventura*, Eos, Zürich

von Johann Baptist Metz Thomas von Aquin[18] und Martin Heidegger[19]. Als Schüler der Jesuiten Emerich Coreth und Karl Rahner vollzog Metz zwar die „anthropologische Wende", ohne jedoch zugleich einen subjekttheologischen Ansatz zu verfolgen, wie ihn verstärkt seit den 1980er-Jahren Thomas Pröpper[20], Hansjürgen Verweyen[21] oder Klaus Müller[22] vertreten. Dies hatte mehrere Gründe. Ein für sein Denken zentrales Motiv ist in der Biografie von Johann Baptist Metz zu suchen. Wie auch Ratzinger wurde Metz Ende des Zweiten Weltkrieges als Sechzehnjähriger von der Wehrmacht eingezogen. Ein Kriegserlebnis prägte ihn besonders, wie er im Gespräch mit Dorothee Sölle und Karl-Josef Kuschel berichtet:

> „Als die Amerikaner schon über den Rhein weit ins Land gekommen waren, mußte ich mit einer Kompanie von lauter Jungen, die fast alle ebenso sechzehnjährig waren wie ich damals, in den Krieg ziehen. An einem Abend hat mich der Kompanieführer zum Bataillonsgefechtsstand zurückgeschickt. Am anderen Morgen, als ich mich dann durch brennende Gehöfte zurückgeirrt hatte und wieder bei meiner Kompanie ankam, da waren alle tot. Ich konnte ihnen nur noch ins erloschene Antlitz sehen. Ich erinnere […] einen schwer buchstabierbaren, lautlosen Schrei, mit dem ich durch den Wald gelaufen bin. Ich habe das nie mehr vergessen."[23]

1959. [= *Gesammelte Schriften*, Bd. 2, Herder, Freiburg im Breisgau 2009 mit den bei der Ersteinreichung von Michael Schmaus abgelehnten Teilen].

[18] Johann Baptist Metz, *Christliche Anthropozentrik. Über die Denkform des Thomas von Aquin*, Kösel, München 1962 [= *Gesammelte Schriften*, Bd. 2, Herder, Freiburg im Breisgau 2015, S. 15–117].

[19] Johann Baptist Metz, *Heidegger und das Problem der Metaphysik. Versuch einer Darlegung und kritischen Würdigung*, unveröffentlichte Dissertationsschrift, Innsbruck 1951.

[20] Thomas Pröpper, *Erlösungsglaube und Freiheitsgeschichte. Eine Skizze zur Soteriologie*, Kösel, München 1985 [= ²1988 mit einer deutlichen Erweiterung]

[21] Hansjürgen Verweyen, *Gottes letztes Wort. Grundriß der Fundamentaltheologie*, Patmos, Düsseldorf 1991 [= ²1998; Friedrich Pustet, Regensburg ³2000, ⁴2002, wobei Verweyen in den Friedrich Pustet-Ausgaben auf vorangehende Kritiken in Form von Umstellungen reagiert]

[22] Klaus Müller, *Wenn ich ‚ich' sage. Studien zur fundamentaltheologischen Relevanz selbstbewußter Subjektivität*, Peter Lang, Frankfurt am Main 1994.

[23] Johann Baptist Metz, Dorothea Sölle, *Welches Christentum hat Zukunft?* Kreuz, Stuttgart 1990, S. 21 f.

Mit *Theologie als Theodizee* (1990) kennzeichnete Metz den Stil seines eigenen Denkens.[24] Er stellt das Leiden des Gerechten, das im 20. Jahrhundert mit Auschwitz eine neue Qualität erreichte, radikal in den Fokus. Das Subjekt kommt dabei weder über Freiheitsvollzüge (so Pröpper), noch mittels reziproker Anerkennungsverhältnisse (so Verweyen) und auch nicht über eine Bewusstseinsanalyse (so Müller) in den Blick. Vielmehr ist Metz am Subjekt als einem in den Verlauf der Geschichte eingelassenen, mithin geschichtlichen Wesen interessiert. In der Theodizeefrage, also der Frage nach sich in der Geschichte manifestierenden Leiderfahrungen, kommt die Theologie als die Rede *von* Gott an ihre Grenzen. Denn ein Gott, der sich durch die Attribute von Allmacht, Allwissen und Güte auszeichnet, lässt sich mit den Leiden von Unschuldigen logisch nicht in Übereinstimmung bringen. Nicht von ungefähr gilt die Theodizee als „Fels des Atheismus", um eine berühmte Formulierung von Georg Büchner aufzunehmen.[25] Die bloße Flucht in ein für das trostlose Diesseits entschädigendes Jenseits erscheint gerade mit Blick auf die Shoa, also die systematische Vernichtung von Gottes erwähltem Volk, als zynisch.

Metz spricht sich an dieser Stelle für eine „authentische Theodizee" aus. Damit folgt er Kant, der die Antinomie der Gottrede auflöst, indem er sie von der theoretischen in die praktische Vernunft verschiebt. Kants Pointe besteht somit im Wechsel des epistemischen Modus der Gottrede vom „Wissen" zum „Hoffen". Im Kapitel über die *transcendentale Methodenlehre* seiner *Kritik der reinen Vernunft* (1781, [2]1787) konstatiert er:

„[W]enn ich nun thue, was ich soll, was darf ich alsdann hoffen? ist praktisch und theoretisch zugleich, so daß das Praktische nur als ein Leitfaden zu Beantwortung der theoretischen und, wenn diese hoch geht, speculativen Frage führt. Denn alles Hoffen geht auf Glückseligkeit und ist in Absicht auf das Praktische und das Sittengesetz eben dasselbe, was das Wissen und das Naturgesetz in Ansehung der theoretischen Erkenntniß der Dinge ist.

---

[24] Johann Baptist Metz, „Theologie als Theodizee", in: *Theodizee – Gott vor Gericht?* Hg. von Willi Oelmüller, Fink, München 1990, S. 103–118.
[25] Georg Büchner, „Dantons Tod", in: *Büchner. Werke und Briefe*, hg. von Franz Josef Görtz, Diogenes, Zürich 1988, S. 21–114, hier: S. 77 [= Dritter Akt, 1. Szene].

Jenes läuft zuletzt auf den Schluß hinaus, daß etwas sei (was den letzten möglichen Zweck bestimmt), weil etwas geschehen soll; dieses, daß etwas sei (was als oberste Ursache wirkt), weil etwas geschieht"[26]

Dies gilt nun nicht nur für den Bereich der Gottesbeweise, sondern lässt sich – wie Kant in seinem schmalen Aufsatz *Über das Mißlingen aller philosophischen Versuche in der Theodicee* aus dem Jahr 1791 zeigt – analog für die Theodizeefrage adaptieren. Kant fasst das Problem eingangs mit folgenden Worten zusammen:

> „Unter einer Theodicee versteht man die Vertheidigung der höchsten Weisheit des Welturhebers gegen die Anklage, welche die Vernunft aus dem Zweckwidrigen in der Welt gegen jene erhebt. – Man nennt dieses, die Sache Gottes verfechten; ob es gleich im Grunde nichts mehr als die Sache unserer [...] Vernunft sein möchte."[27]

Wie bereits bei den Gottesbeweisen, kommt die theoretische Vernunft auch bei der Theodizeefrage an ihre Grenzen. Auf diesem Weg lässt sich das Problem nicht lösen, eher verschärft es sich. Auch hier optiert Kant für den Wechsel des epistemischen Modus. Das Hoffen begegnet in der biblischen Hiob-Figur. Im radikalen Unterschied zu seinen Freunden versucht Hiob nicht, das schmerzlich erfahrene Leid in Tun-Ergehen-Zusammenhänge zu ordnen, also nach der Ursache seines Leides zu suchen. Vielmehr nimmt er es als gegeben an und hält es als von Gott gegeben aus. Diese Einstellung ist für Kant entscheidend:

> „In dem, was beide Theile vernünfteln oder übervernünfteln, ist wenig Merkwürdiges; aber der Charakter, in welchem sie es thun, verdient desto mehr Aufmerksamkeit. Hiob spricht, wie er denkt, und wie ihm zu Muthe ist, auch wohl jedem Menschen in seiner Lage zu Muthe sein würde; seine Freunde sprechen dagegen, wie wenn sie ingeheim von dem Mächtigern, über dessen Sache sie Recht sprechen, und bei dem sich durch ihr Urtheil in Gunst zu setzen ihnen mehr am Herzen liegt als an der Wahrheit, behorcht würden. Diese ihre Tücke, Dinge zum Schein zu behaupten, von

---

[26] KrV, AA 03: 523.
[27] MpVT, AA 08: 255.

denen sie doch gestehen mußten, daß sie sie nicht einsahen, und eine Überzeugung zu heucheln, die sie in der That nicht hatten, sticht gegen Hiobs gerade Freimüthigkeit, die sich so weit von falscher Schmeichelei entfernt, daß sie fast an Vermessenheit gränzt, sehr zum Vortheil des letztern ab."[28]

Kant bezeichnet Hiobs Einstellung, die von Gott gemäß der biblischen Erzählung gewürdigt wird, als „authentisch". Entsprechend fällt seine Schlussfolgerung aus:

„Die Theodicee hat es, wie hier gezeigt worden, nicht sowohl mit einer Aufgabe zum Vortheil der Wissenschaft, als vielmehr mit einer Glaubenssache zu thun. Aus der authentischen sahen wir: daß es in solchen Dingen nicht so viel aufs Vernünfteln ankomme, als auf Aufrichtigkeit in Bemerkung des Unvermögens unserer Vernunft und auf die Redlichkeit, seine Gedanken nicht in der Aussage zu verfälschen, geschehe dies auch in noch so frommer Absicht, als es immer wolle."[29]

B. Anamnetische Vernunft

An die „authentische Theodizee" knüpft Metz mit seinem Konzept einer anamnetischen Vernunft an. Es gilt, die biografische Verwobenheit eines Menschen in der Geschichte, d. h. seine konkrete Leiderfahrung, abseits jeglicher abstrakter Historisierungsprozesse ernst zu nehmen. Denn der im 19. Jahrhundert um sich greifende und v. a. mit den Namen Wilhelm Dilthey und Johann Gustav Droysen verbundene Historismus droht den Leiderfahrungen ihren existenziellen Stachel zu ziehen.[30] Dabei wird die Singularität solcher Erfahrungen in historischen Zusammenhängen aufgehoben, was in aller Regel in einer Banalisierung des Leids mündet. Als locus classicus lässt sich Ernst Noltes umstrittener Versuch, die Singularität von

---

[28] MpVT, AA 08: 265 f.

[29] MpVT, AA 08: 267.

[30] Die Unterscheidung einer verstehenden Geisteswissenschaft und einer erklärenden Naturwissenschaft geht wahrscheinlich auf den Historiker Johann Gustav Droysen zurück, dessen Überlegungen von Wilhelm Dilthey aufgenommen und konzeptualisiert wurden. – Wilhelm Dilthey, *Der Aufbau der geschichtlichen Welt in den Geisteswissenschaften*, Suhrkamp, Frankfurt am Main 1970 ([1]1910); vgl. dazu: H. Schmidinger, *Metaphysik*, 281–286.

Auschwitz in Abrede zu stellen, anführen. In einem Gastbeitrag in der *Frankfurter Allgemeinen Zeitung* von 1986 zweifelt Nolte die Singularität von Auschwitz an. Seine in Form von rhetorischen Fragen gestaltete These zielt darauf ab zu zeigen, dass die Leiderfahrung von Auschwitz von keiner genuin *neuen* Qualität sei:

> „Vollbrachten die Nationalsozialisten, vollbrachte Hitler eine ‚asiatische' Tat vielleicht nur deshalb, weil sie sich und ihresgleichen als potentielle oder wirkliche Opfer einer ‚asiatischen' Tat betrachteten? War nicht der ‚Archipel Gulag' ursprünglicher als Auschwitz? War nicht der ‚Klassenmord' der Bolschewiki das logische und faktische Prius des ‚Rassenmords' der Nationalsozialisten? Sind Hitlers geheimste Handlungen nicht gerade auch dadurch zu erklären, daß er den ‚Rattenkäfig' nicht vergessen hatte? Rührte Auschwitz vielleicht in seinen Ursprüngen aus einer Vergangenheit her, die nicht vergehen wollte?"[31]

Nolte bricht nicht nur mit einem Tabu, sondern desavouiert mit seiner These die Methode der Historiographie. Vor diesem Hintergrund fordert Metz eine Unterscheidung von *Geschichte* und *Gedächtnis* ein. Jürgen Manemann beschreibt dies wie folgt:

> „Das Gedächtnis – wie es sich in den biblischen Erzählungen artikuliert – ist nicht der Versuch einer objektiven Darstellung, in der alle Ereignisse möglichst bedeutsam erscheinen; es deutet Geschichte in Erzählungen von bestimmten Ereignissen. Dabei fragt es immer nach einem Sinnzusammenhang, ohne jedoch die negativen Erscheinungen zu verschweigen. […] Das Diesseits, die Geschichte, ist der Ort, an dem sich für sie Wahrheit praktisch offenbart. So dienen diese Erinnerungen nicht der Verschleierung oder Überhöhung des Diesseits, der Distanzierung von den Schrecken der Geschichte, sondern sie widerstehen dem Schrecken."[32]

---

[31] Ernst Nolte, „Die Vergangenheit, die nicht vergehen will. Eine Rede, die geschrieben, aber nicht gehalten werden konnte", nachgedruckt in: *Historikerstreit. Die Dokumentation der Kontroverse um die Einzigartigkeit der nationalsozialistischen Judenvernichtung,* hg. von Rudolf Augstein, Piper, München 1989, S. 39–47, hier: S. 45.

[32] Jürgen Manemann, *„Weil es nicht nur Geschichte ist". Die Begründung der Notwendigkeit einer fragmentarischen Historiographie des Nationalsozialismus aus politisch-theologischer Sicht,* LIT, Münster 1995, S. 221 f.

Doch die Verbindung von *Geschichte* zum *Gedächtnis* ist verschüttet. Die Schuld dafür trägt, so Metz in seinem Aufsatz *Anamnetische Vernunft – Anmerkungen eines Theologen zur Krise der Geistewswissenschaft* (1989), das Christentum. Bei diesem Beitrag handelt es sich um einen schmalen, lediglich sechs Seiten umfassenden Text für die von Axel Honneth verantwortete Festschrift zu Jürgen Habermas 60. Geburtstag. Johann Baptist Metz, wohlgemerkt der einzige Theologe in diesem knapp 900 Seiten umfassenden Band, diagnostiziert einen „Parallelismus der Krisen":

> „Die Krise des Christentums ist eine Krise intakter, will sagen wahrheitsfähiger und lebensbestimmender Traditionen; die Krise der Geisteswissenschaft ist m. E. eine Krise der anamnetischen Verfassung des Geistes, sie wurzelt also im Verlust oder – hoffnungsvoller – in der Verbergung dieser anamnetischen Tiefenstruktur des Geistes."[33]

Sowohl das Christentum respektive die christliche Theologie, als auch die Geisteswissenschaften laborieren an der Trennung von Geschichte und Gedächtnis. Diese Trennung, die eine gedächtnislose Geschichte zur Folge hat, kennzeichnet Metz als eine „Halbierung des Geistes".[34] Sie vollzog sich im Zuge der sogenannten „Hellenisierung des Christentums", also jener „Rezeption spätgriechischer, hellenistischer Philosophie im Christentum, die einerseits zur Universalisierung des Christentums, andererseits der dogmatischen Gestalt des Christentums beitrug."[35] Die Kehrseite dieses Prozesses führt allerdings zu einer Verschlüsselung der biblischen Heilsbotschaft. Darin liegt laut Metz der Kern der gegenwärtigen Gotteskrise:

> „Die Krise, die das europäische Christentum befallen hat, ist nicht primär oder gar ausschließlich eine Kirchenkrise. Alle Kirchen stehen heute wie entlaubte Bäume in unserer postmodernen Landschaft. Woran liegt es? Gewiß auch an den Kirchen selbst.

---

[33] Johann Baptist Metz, „Anamnetische Vernunft. Anmerkungen eines Theologen zur Krise der Geisteswissenschaft", in: *Zwischenbetrachtung. Im Prozeß der Aufklärung,* hg. von Axel Honneth, Suhrkamp, Frankfurt am Main 1989, S. 733–738, hier: S. 733 (aufgenommen in: *Gesammelte Schriften,* Bd. 3/2, Herder, Freiburg im Breisgau 2016, S. 215–220).

[34] Ebd., 733.

[35] Ebd., 733.

Doch die Krise sitzt tiefer: sie ist keineswegs nur am Zustand der Kirche festzumachen; die Krise ist zur *Gotteskrise* geworden."[36]

Eine solche Gotteskrise besteht sowohl innerhalb, wie auch außerhalb der Kirche: Während außerhalb der Kirche Gott durch säkulare Werte ersetzt wird, wird er innerhalb der Kirche zu einer abstrakten Idee verschlüsselt. Diese Verschlüsselung, mit der sich die christliche Theologie gegenüber den Angriffen der säkularen Moderne zu immunisieren versucht, nimmt in unterschiedlichen Diskursen Gestalt an. Metz nennt mit der ekklesiologischen, christologischen und soteriologischen Verschlüsselung drei Beispiele aus der Theologiegeschichte. Die jüngste Verschlüsselung betrifft die Gottrede in den beiden Vatikanischen Konzilien: Während das Erste Vatikanische Konzil (1869–1870) in seinen Konstitutionen *Dei Filius* und *Pastor Aeternus* stets von Gott an sich spricht, formuliert das Zweite Vatikanische Konzil (1962–1965) in seinen Verlautbarungen in aller Regel „von dem durch die Kirche verkündeten Gott".[37] Damit tritt die Kirche als Interpretament für Gott auf, was Metz als ekklesiologische Verschlüsselung geißelt. Deutlich älter ist die christologische Verschlüsselung. Diese geht zurück auf die Konzilien der Alten Kirche. Im Besonderen sind dabei das Konzil von Nizäa (325) und das Konzil von Chalzedon (451) mit ihren Symbola, also Glaubensbekenntnissen, zu nennen. In diesen Texten lotet die Kirche Möglichkeit und Grenzen einer Übersetzung des biblischen Christusbekenntnisses in die Sprache einer mittel- bzw. neuplatonischen Emanationslehre aus. Stellvertretend sei auf die Bestimmung Christi als wesensgleich mit dem Vater (ὁμοούσιον τῷ Πατρί) im Symbolon von Nizäa oder die chalzedonischen Attribuierungen „unvermischt, unverändert, ungeteilt und ungetrennt" verwiesen. Damit wird aber, so der Kritikpunkt, ein Gegenmodell zur biblischen Gebetssprache entworfen:

> „Die Rede von Gott stammt allemal aus der Rede zu Gott, die Theologie aus der Sprache der Gebete. [...] Die Sprache der Gebete ist nicht nur universeller, sondern auch spannender und dramatischer, viel rebellischer und radikaler als die Sprache der zünf-

---

[36] Johann Baptist Metz, „Gotteskrise. Versuch zur ‚geistigen Situation der Zeit'", in: *Diagnosen zur Zeit,* hg. von Johann Baptist Metz, Patmos, Düsseldorf 1994, S. 76–92, hier: S. 77.

[37] Ebd., 78.

tigen Theologie. [...] Diese Sprache ist viel widerstandsfähiger, viel weniger geschmeidig und anpassungsbereit, viel weniger vergeßlich als die platonische oder idealistische Sprache, in der Theologie sich um Modernitätsverträglichkeit bemüht und mit der sie ihre Verblüffungsfestigkeit gegenüber allen Katastrophen und allen Erfahrungen der Nichtidentität probt. Vielleicht ist es gerade die Christologie, die uns den Zugang zu dieser Sprache verstellt."[38]

Die dritte Verschlüsselung, die Metz anführt und die er in besonders scharfer Form als verheerend anprangert, ist die soteriologische Verschlüsselung. Im Besonderen bezieht sich Metz dabei auf den Kirchenvater Augustinus. Dieser verwandelte mit seiner Erbsündenlehre den Diskurs über Leid in einen über Schuld, was in der Moderne zur Herausbildung einer säkularen Ethik führte. Damit, so Metz, „verlor das Christentum im Prozeß dieser Theologiewerdung seine Leidempfindlichkeit oder – theologisch gesprochen – seine Theodizeeempfindlichkeit, d. h. die Beunruhigung durch die Frage nach der Gerechtigkeit für unschuldig Leidende."[39]

Als bekanntesten Proponent einer solchen Verschlüsselungstheologie nennt Metz seinen Gegenspieler Joseph Ratzinger. Theologen wie Ratzinger verwandeln das Christentum in eine platonische Glaubenslehre. Ihrer Meinung nach stammt der Glaube aus Israel und der Geist aus Athen. Dadurch rauben sie der Theologie ihre biblischen Denk- und Sprachformen. Bei dieser biblischen Denk- und Sprachform handelt es sich v. a. um das „Denken als Andenken, als geschichtliches Eingedenken [..., also] um jene anamnetische Grundverfassung des Geistes, [...] die nicht identifiziert werden kann mit der zeit- und geschichtsenthobenen Anamnesis"[40] der platonischen Ideenlehre. Damit halbieren sie aber den Geist und enthalten nicht nur der Theologie im Besonderen, sondern auch den Geisteswissenschaften im Allgemeinen eine zentrale Komponente vor. Davon zeugen selbst arrivierte Gerechtigkeits- und Moraltheorien wie die *Theorie des kommunikativen Handelns* (1981) von Jürgen Habermas:

---

[38] Ebd., 79 f.
[39] Ebd., 84.
[40] J.B. Metz, „Anamnetische Vernunft", 734.

„J[ürgen] Habermas spricht bekanntlich von der kommunikativen Grundstruktur der Vernunft. Diese Bestimmung von Vernunft ist orientiert am Modell der Versprachlichung des Diskurses und stellt deshalb die Anerkennungsbereitschaft der Vernunft
m. E. unter Gleichzeitigkeitsvorbehalt. Darum wäre sie unbedingt
in Beziehung zu setzten und in Verbindung zu bringen mit der
anamnetischen Verfassung der Vernunft."[41]

Die anamnetische Vernunft findet sich demgegenüber nur mehr sehr
vereinzelt und dabei überwiegend in Texten von jüdischen Intellektuellen, wie etwa Theodor W. Adorno, Walter Benjamin, Ernst
Bloch, Hans Jonas, Emanuel Levinas oder Franz Rosenzweig. In
dem posthum erschienenen Fragment *Über den Begriff der Geschichte* (1940) aus der Feder Walter Benjamins findet sich mit dem Begriff
der Jetztzeit der Versuch einer Konzeptualisierung der anamnetischen Denkfigur. Die entscheidende Passage lautet:

> „Die Jetztzeit, die als Modell der messianischen in einer ungeheu-
> ren Abbreviatur die Geschichte der ganzen Menschheit zusam-
> menfaßt, fällt haarscharf mit *der* Figur zusammen, die die Ge-
> schichte der Menschheit im Universum macht."[42]

Mit anderen Worten: Benjamin visiert in dieser schwer zugänglichen
und enigmatisch verdichteten Äußerung mit dem Terminus der
Jetztzeit die Gegenwart an, ohne sie bloß als chronologische Kategorie in einer schier endlosen Kette von Zeitpunkten in den Blick zu
nehmen. Vielmehr betrachtet er sie als Einstiegspunkt zur Menschheitsgeschichte. Damit wird sie zum Topos, an dem sich entscheidet,
was Menschsein bedeutet. Wendet man dieses Modell auf Auschwitz
an, so erscheint der Vernichtete nicht als ein Opfer der Kausalität der
Geschichte. Vielmehr lässt sich am Vernichteten paradigmatisch ablesen, was Menschsein bedeutet. Bei Habermas, so die Kritik von
Metz, der selbst in der Tradition der Kritischen Theorie im Gefolge
von Adorno, Benjamin oder Horkheimer steht, fehlt diese anamnetische Tiefendimension. In einer Replik aus dem Jahr 1996 wendet
er sich unmittelbar an Habermas:

---

[41] Ebd., 735 f.
[42] Walter Benjamin, „Über den Begriff der Geschichte", in: Ders. *Gesammelte
Werke,* Bd. I/2, Suhrkamp, Frankfurt am Main 1991, S. 691–704, hier: S. 703 [=
Bemerkung XVIII].

„Wissenschaft bzw. wissenschaftliche Anschauung von Geschichte ist also ihrerseits eine Form von kultureller Amnesie. [...] Jürgen Habermas [... versuchte] zu verdeutlichen, daß der anamnetische Geist der biblischen Tradition inzwischen längst in das Vernunftdenken der europäischen Philosophie eingedrungen sei. [...] Aber ich zweifle. Warum z. B. kommt bei Habermas selbst die Katastrophe von Auschwitz nur in seinen *Kleinen politischen Schriften* vor, [...] nicht aber, und zwar mit keinem Wort, in seinen großen philosophischen Schriften zur kommunikativen Vernunft? Auch die Kommunikationstheorie heilt offensichtlich alle Wunden!"[43]

Die anamnetische Vernunft bildet den Hintergrund, vor dem sich „Theologie nach Auschwitz" betreiben lässt. Das Fundament der Gottrede liegt demnach im Umstand begründet, dass es auch in Auschwitz eine Gottrede gab. Mit anderen Worten: Nur weil in Auschwitz auch gebetet, also zu Gott gesprochen wurde, ist es legitim, auch nach Auschwitz Gott anzurufen.

Besagte These impliziert einen weiteren Aspekt: Es handelt sich um die genuin apokalyptische Ausrichtung, die dem Metz'schen Denken zugrunde liegt. Während die neutestamentlichen Zeugnisse, allen voran die paulinische Briefliteratur, von einer radikalen Naherwartung geprägt sind, kommt es ab dem Ende des ersten Jahrhunderts allmählich zu einem Paradigmenwechsel vom Theologumenon der Parusie zu jenem der Heilsgeschichte.[44] Als locus classicus gilt die Schrift *De civitate Dei* aus der Feder des Kirchenvaters Augustinus. Auch dieser Paradigmenwechsel erfolgt im Rahmen einer Übersetzung der biblischen Offenbarungsbotschaft in eine platonische Emanationslehre, die das biblische Deutungspotenzial usurpiert.

---

[43] Johann Baptist Metz, „Athen versus Jerusalem? Was das Christentum dem europäischen Geist schuldig geblieben ist", in: *Orientierung* 60 (1996) S. 59 f.

[44] Vgl. Heinrich Schmidinger, „Von der Substanz zur Person", in: *ThPQ* 4 (1994) S. 383–394, v. a. S. 383 ff.

2. Das unvollendete Projekt der Moderne (J. Habermas)

Während der erste Teil dieses Beitrags mit Joseph Ratzinger und Johann Baptist Metz zwei Verfallsgeschichten nachzeichnet, verfolgt der zweite, unter Berufung auf Jürgen Habermas, eine affirmative Bestimmung von Religion und Moderne. Dazu wird in einem ersten Schritt Habermas' Konzept einer postsäkularen Gesellschaft vorgestellt. In einem zweiten Schritt wird Habermas' Entwurf mit den vorangehenden Entwürfen abgeglichen, sowie einer kritischen Würdigung unterzogen.

2.1 Zur postsäkularen Konzeption der Gesellschaft

Die Friedenspreisrede *Glauben und Wissen* (2001) gilt als der Dreh- und Angelpunkt in der Bestimmung von Religion und Moderne bei Jürgen Habermas.[45] In dieser argumentativ dicht gedrängten Rede nimmt Habermas unterschiedliche diskursive Fäden auf und vereint sie zu einem systematischen Prinzip.[46] Dies liegt nicht zuletzt an den äußeren Umständen, die maßgeblich für die thematische Akzentuierung der Rede waren. Die nicht nur für Habermas dominierende Frage in dieser Zeit war jene nach dem moralischen und rechtlichen Status von Embryonen. In der Bundesrepublik wurde eine Lockerung des Embryonenschutzgesetzes mit Blick auf die Präimplantationsdiagnostik diskutiert. Den Hintergrund bildete der ethische Diskurs über den ontologischen und, damit untrennbar verbunden, den moralischen Status des Embryos. Ist bereits dem Embryo der Status einer Person und daher, mit Kant gesprochen, Selbstzwecklichkeit zu attestieren? Oder darf der Embryo als bloßes Mittel gebraucht werden? Habermas, der eine Zunahme von utilitaristischen Ethikentwürfen nicht nur im angelsächsischen, sondern auch im deutschsprachigen Raum mit Argwohn verfolgte, versuchte mittels eines diskursiv gewendeten Dammbrucharguments dem Embryo

---

[45] Die Perspektive von Habermas' Überlegung bezieht sich, wie er selbst einräumt, auf den okzidentalen Kulturkreis im Allgemeinen und das säkulare Europa im Besonderen.

[46] Vgl. Klaus Viertbauer, „Von der Säkularisierungsthese zur postsäkularen Gesellschaft", in: *Habermas und die Religion*, hg. von Klaus Viertbauer und Franz Gruber, WBG, Darmstadt 2017, S. 9–26.

Selbstzwecklichkeit zuzuschreiben und dafür Gläubige als Bündnis-
partner zu gewinnen.

Diese Frage bildete auch den Gegenstand einer Tagung, bei der sich
Habermas u. a. mit Ronald Dworkins und Thomas Nagel an der New
York University austauschte. An diesem Tag, es war der 11. September
2001, wurde Habermas nur wenige Kilometer weiter – wie er selbst
sagt – durch „die bedrückende Aktualität des Tages die Wahl des Themas [seiner seit längerem geplanten Friedenspreisrede] aus der
Hand"[47] gerissen. Das Verhältnis von Glaube und Wissen wird auf
eine neue Probe gestellt:

> „Die zum Selbstmord entschlossenen Mörder, die zivile Verkehrs-
> maschinen zu lebenden Geschossen umfunktionierten und gegen
> die kapitalistischen Zitadellen der westlichen Zivilisation gelenkt
> haben, waren, wie wir […] wissen, durch religiöse Überzeugun-
> gen motiviert. […Aber] trotz seiner religiösen Sprache ist der
> Fundamentalismus ein ausschließlich modernes Phänomen […
> und a]n den islamischen Tätern fiel sofort die Ungleichzeitigkeit
> der Motive und der Mittel auf."[48]

Die Anschläge des 11. September 2001 haben sich in das kulturelle
Gedächtnis, nicht nur der Vereinigten Staaten, sondern der gesamten westlichen Welt eingeschrieben. Habermas nutzt seine Friedenspreisrede und warnt vor der v. a. durch Samuel Huntington über
den Fachdiskurs hinaus Bekanntheit erlangenden These eines
„Kampfes der Kulturen":[49]

> „Wer einen Krieg der Kulturen vermeiden will, muss sich die un-
> abgeschlossene Dialektik des eigenen, abendländischen Säkulari-
> sierungsprozesses in Erinnerung rufen."[50]

In diesem Sinn versucht Habermas das Verhältnis von Religion und
Moderne neu durchzubuchstabieren. Die Dialektik der Aufklärung,
die den Mythos in den Logos aufheben will, ohne zu bemerken, dass
sie selbst Teil des Mythos ist, spiegelt sich in der kontroversen Deu-

---

[47] Jürgen Habermas, *Glauben und Wissen*, Suhrkamp, Frankfurt am Main 2001, S. 9.
[48] Ebd., 9 f.
[49] Samuel P. Huntington, *The clash of civilizations and the remaking of world or-
der*, Simon & Schuster, New York 1996.
[50] J. Habermas, *Glauben und Wissen*, 11.

tung des Begriffs der Säkularisierung wider.[51] Auf der einen Seite
steht „die juristische Bedeutung der erzwungenen Übereignung von
Kirchengütern an die säkulare Staatsgewalt."[52] Vielerorts übertrug
sich „diese Bedeutung [...] auf die Entstehung der kulturellen und
gesellschaftlichen Moderne insgesamt."[53] In diesem Sinn assoziiert
man mit dem Begriff der Säkularisierung entweder ein aufkläreri-
sches Handeln des – nicht zuletzt aufgrund der erlangten Autonomie der Wissenschaft – souveränen Staates gegenüber dem das
Volk unterdrückenden Klerus, oder eine widerrechtliche Enteignung
von Kircheneigentum durch einen rechtlos handelnden Staat. Folglich ist der Begriff der Säkularisierung problematisch. Mit ihm „verbinden sich [...] entgegengesetzte Bewertungen", nämlich entweder
die einer „erfolgreiche[n] *Zähmung*" oder die einer „widerrechtliche[n] *Aneignung*".[54] Als Wertungsbegriff ist er allerdings gänzlich
ungeeignet, komplexe gesellschaftliche Prozesse zu beschreiben.
Vielmehr wird bereits mit der Verwendung des Begriffs der Säkularisierung ein entweder gegen die Kirche oder gegen den Staat gerich-
tetes Vorurteil artikuliert. Der mit diesem Begriff umschriebene Prozess wird von beiden Seiten als „Nullsummenspiel" verstanden, in
dem es keine Kooperation zum gemeinsamen Vorteil, sondern nur
einen Sieger und einen Verlierer geben kann. Habermas wendet
sich entschieden gegen diese Vorstellung:

> „Dieses Bild passt nicht zu einer postsäkularen Gesellschaft, die
> sich auf das Fortbestehen religiöser Gemeinschaften in einer sich
> fortwährend säkularisierenden Umgebung einstellt. Ausgeblendet
> wird die zivilisierende Rolle eines demokratischen Commonsen-
> se, der sich im kulturkämpferischen Stimmengewirr gleichsam als
> dritte Partei zwischen Wissenschaft und Religion einen eigenen
> Weg bahnt."[55]

---

[51] Theodor W. Adorno, Max Horkheimer, *Dialektik der Aufklärung. Philosophische Fragmente*, Suhrkamp, Frankfurt am Main [2]1984, Kapitel 1: „Begriff der
Aufklärung". – Vgl. dazu Jürgen Habermas, „Die Moderne – ein unvollendetes
Projekt", in: Ders., *Die Moderne – ein unvollendetes Projekt: philosophisch-politi-
sche Aufsätze 1977 – 1992*, Reclam, Leipzig 1990, S. 32–54.

[52] J. Habermas, *Glauben und Wissen*, 12.

[53] Ebd., 12.

[54] Ebd., 12, Hervorhebung im Original.

[55] Ebd., 13.

Die postsäkulare Konzeption der Gesellschaft fußt demnach auf einer Deliberation, also auf einem öffentlichen Diskurs. Jedoch findet man Öffentlichkeit – wie Habermas u. a. in *Strukturwandel der Öffentlichkeit* (1962) sowie *Faktizität und Geltung* (1992) zeigt – nicht einfachhin als gegeben vor.[56] Vielmehr wird diese erst durch den diskursiven Austausch von Geltungsansprüchen generiert. In diesen Diskurs möchte Habermas nun auch verstärkt die Religion, d. h. gläubige Bürgerinnen und Bürger, miteinbeziehen. Im Hintergrund stehen, wie oben bereits angedeutet, Diskussionen wie jene um den moralischen Status von ungeborenem Leben. Habermas attestiert den Gläubigen, dass in religiösen Riten und Traditionen semantische Potenziale konserviert liegen, von denen das Denken in der Moderne abgeschnitten ist. Die von Adorno und Horkheimer herausgestellte Dialektik, in der sich die Aufklärung verlor, lässt sich, so Habermas' Intention, nur dann überwinden, wenn ein Prozedere gefunden wird, in dem sich die Moderne mit ihren abgeschnittenen religiösen Wurzeln wieder verbinden lässt. Religiöse Bekenntnisse an sich lassen sich aber nicht diskursiv einlösen. Sie sind in partikularen Weltbildern verortet und folgen in ihrem Ausdruck genuin religiösen Sprachspielen. Um sie in die öffentliche Debatte einzuspeisen, bedarf es einer Übersetzung, die, ganz im Kant'schen Sinn, die jeweilige Maxime sowohl abstrahiert als auch universalisiert und somit in einen Geltungsanspruch transformiert. Habermas führt in seiner Friedenspreisrede drei Regeln für solche Übersetzungen an. Diese lauten:

1. Erstens muss „das religiöse Bewusstsein [...] die kognitiv dissonante Begegnung mit anderen Konfessionen und anderen Religionen verarbeiten"[57], um religiöse Absolutheitsansprüche entsprechend zu revidieren, sodass die Religion fähig ist, Nicht- und Andersgläubige als Diskurspartner anzuerkennen.

2. Zweitens „muss sich [... das religiöse Bewusstsein] auf die Autorität von Wissenschaft einstellen, die das gesellschaftliche Monopol an Weltwissen innehaben"[58] und ihre Ergebnisse unabhängig

---

[56] Jürgen Habermas, *Strukturwandel der Öffentlichkeit. Untersuchungen zu einer Kategorie der bürgerlichen Gesellschaft*, Suhrkamp, Frankfurt am Main 1962; Ders., *Faktizität und Geltung*, Suhrkamp, Frankfurt am Main 1992.

[57] J. Habermas, *Glauben und Wissen*, 14.

[58] Ebd., 14.

von religiösen Einstellungen erzielen. Damit greift Habermas auf sein früheres Modell eines methodischen Atheismus zurück.[59]

3. Drittens muss sich das religiöse Bewusstsein „auf die Prämissen des Verfassungsstaats einlassen, die sich aus einer profanen Moral begründen."[60] Mit dieser dritten Regel sperrt sich Habermas gegen die Politische Theologie im Gefolge von Carl Schmitt.

Mit der Friedenspreisrede löst Habermas ein Desiderat ein, indem er zeigt, wie sich religiöse Geltungsansprüche im Rahmen einer deliberativen Demokratietheorie einbinden lassen. Als Beispiel, wie religiöse Bekenntnisse in diskursive Geltungsansprüche übersetzt werden können, führt er die Genesisperikope 1,27 an.[61] Gemäß der Einheitsübersetzung lautet der Bibeltext:

> „Gott schuf also den Menschen als sein Abbild; als Abbild Gottes schuf er ihn. Als Mann und Frau schuf er sie."

Besagte Perikope umfasst zwei Aussagen. Diese lauten:

A_1: Der Mensch ist Ebenbild Gottes
A_2: Der Mensch ist Geschöpf Gottes

Beide Aussagen, sowohl A_1 als auch A_2, weisen die äußere Form eines religiös-theologischen Sprachspiels auf. Dies zeigt sich an dem Umstand, dass sie mit Termini operieren, die für die profane Sprache „zum bloßen Zitat"[62] werden, also keine ihr zugängliche Bedeutung haben. Die Rede ist von den Begriffen „Gott" und „Geschöpf". Das Anliegen von Habermas besteht nun darin, diese beiden Aussagen in eine Sprache zu bringen, die einerseits den semantischen Gehalt bewahrt, andererseits die Partikularität des religiös-theologischen Sprachspiel hinter sich lässt. Konkret schlägt Habermas folgende Übersetzungen vor:

---

[59] Jürgen Habermas, „Exkurs Transzendenz von Innen, Transzendenz ins Diesseits", in: Ders., *Texte und Kontexte,* Suhrkamp, Frankfurt am Main 1991, S. 127–156.

[60] J. Habermas, *Glauben und Wissen,* 14.

[61] Ebd., 29 ff. – Vgl. Friedo Ricken, „Der Religionsbegriff in der gegenwärtigen religionsphilosophischen Diskussion", in: Ders., *Glauben weil es vernünftig ist,* Kohlhammer, Stuttgart 2007, S. 11–26, hier: S. 22 ff.

[62] J. Habermas, „Exkurs: Transzendenz von Innen, Transzendenz ins Diesseits", 136.

U(A_1): Der Mensch ist ein mit Freiheit begabtes und zur Freiheit verpflichtetes Wesen

U(A_2): Der Mensch verdankt sein natürliches Sosein nicht einem anderen Menschen

Offenkundig bestimmt Habermas in seiner Übersetzung die Gotteseigenschaften in Form von Analogieschlüssen. Es geht um Relationen, also Verhältnisbestimmungen zwischen Mensch und Gott. Mit anderen Worten: Im Schöpfungsakt formt Gott den Menschen nach seinem Abbild und unterscheidet ihn in Mann und Frau. Erst durch diesen Abbildcharakter des Menschen besteht nunmehr die Möglichkeit, in Form von Analogieschlüssen über Gott zu reden. Weil sich im Menschen Gottes Bild auf Erden widerspiegelt, lassen sich auch dessen Attribute in Form von Analogieschlüssen in Relation setzen: So hat die Transzendenz Gottes, deren Funktion darin besteht, Gottes Individualität auszudrücken, ihr Pendant in der Inkommensurabilität des Menschen. Gott und Mensch zeichnen sich gleichermaßen durch ihre Individualität aus. Dabei begründet man die Individualität Gottes mit Verweis auf dessen Transzendenz und die des Menschen mit Verweis auf dessen Inkommensurabilität. Die Rede von Gott lässt sich somit nur in unmittelbarer Relation zum Menschen leisten.[63] Die in der ersten Aussage herausgestellte Autonomie hat laut christlichem Bekenntnis in der Theonomie, konkret im Schöpfungsakt, ihren Ursprung.[64] Auf dieser Grundlage lässt sich dann, so die zweite Aussage, die Inkommensurabilität des Menschen – gerade auch mit Blick auf bioethische Fragen – ableiten. Damit ist die These von Habermas hinreichend konturiert.

Die Verhältnisbestimmung von Christentum, Europa und Moderne erfolgt – so lässt sich zusammenfassend konstatieren – in Form einer postsäkularen Gesellschaft. Die Dialektik der Aufklärung trennte die Moderne von ihren religiösen Wurzeln. Diese Trennung entlädt sich nach den verkürzten Säkularisierungs- und den (in diesem Beitrag nicht eigens thematisierten) Naturalismusdebatten im

---

[63] Klaus Viertbauer, „Denkversuche des Glaubens", in: *Glauben denken. Zur philosophischen Durchdringung der Gottrede im 21. Jahrhundert,* hg. von Klaus Viertbauer und Heinrich Schmidinger, WBG, Darmstadt 2016, S. 9–18, hier: S. 9ff.

[64] Magnus Striet, „Nachmetaphysische Grundlegung. Jürgen Habermas, die Gesellschaft und die Religion", in: *Herder Korrespondenz* 67 (2013) S. 196–200.

genuin modernen Phänomen des Fundamentalismus.[65] Vor diesem
Hintergrund bemüht sich Habermas, sein deliberatives Demokra-
tiesystem so zu erweitern, dass auch religiöse Bekenntnisse in den
Prozess öffentlicher Meinungsbildung einfließen können. Dadurch
versucht er, der von Adorno und Horkheimer herausgestellten Dialektik gegenzusteuern.

2.2 Grenzen der Verständigung: Ein Resümee

Habermas' Entwurf einer postsäkularen Gesellschaft zählt zu den
meistdiskutierten Modellen der Gegenwart. Er steht im Bemühen,
die Dialektik der Aufklärung durch Einbeziehung von Gläubigen in
den Prozess öffentlicher Meinungsfindung zu überwinden. In einem
ersten Schritt soll gezeigt werden, wie Habermas damit auf die oben
vorgestellten Entwürfe von Joseph Ratzinger und Johann Baptist
Metz reagiert. Ein zweiter Schritt wendet sich unmittelbar an Jürgen
Habermas und formuliert kritische Rückfragen an sein Modell.

A. Jürgen Habermas' Reaktion auf Joseph Ratzinger und Johann Baptist Metz

Am 19. Januar 2004 gelang der Katholischen Akademie München
unter der Leitung von Florian Schuller ein wahrer Coup. Es wurde
ein Dialog initiiert, an dem mit Joseph Ratzinger und Jürgen Habermas zwei Personen teilnahmen, deren Profil unterschiedlicher nicht
sein könnte: Auf der einen Seite steht der als erzkonservativ geltende
Kurienkardinal, der als Präfekt der Glaubenskongregation in der unmittelbaren Nachfolge der Großinquisitoren steht. Auf der anderen
Seite der Vordenker der politischen Linken, der aus der Tradition
von Adorno, Benjamin, Horkheimer oder Marcuse stammt. Etwa
so lässt sich die Wahrnehmung der beiden Diskutanten in der breiten Öffentlichkeit umreißen. Die Vorträge – die um die Frage einer
„Dialektik der Säkularisierung"[66] kreisen – sowie die anknüpfende

---

[65] Zur Naturalismusdebatte vgl. die einschlägigen Beiträge in Jürgen Habermas,
Zwischen Naturalismus und Religion. Philosophische Aufsätze, Suhrkamp, Frankfurt am Main [2]2013.
[66] Die Beiträge finden sich in: Jürgen Habermas, Joseph Ratzinger, *Dialektik der
Säkularisierung. Über Vernunft und Religion*, Herder, Freiburg im Breisgau 2005.

Diskussion verlief zur allgemeinen Verwunderung äußerst harmonisch.[67] Die Debatte kulminierte in der Übereinkunft, dass eine säkulare Vernunft allein die gesellschaftlichen Pathologien nicht meistern kann. Es bedarf vielmehr einer doppelten Lernbereitschaft von Gläubigen, Andersgläubigen und Ungläubigen. Während Habermas zu diesem Zeitpunkt noch Einigkeit im operativen Bereich konstatierte, verschiebt sich seine Einschätzung nach der Regensburger Vorlesung Ratzingers erheblich. Im Rahmen eines Symposions an der Hochschule für Philosophie in München äußert sich Habermas mit den Worten:

> „Papst Benedikt XVI. hat mit seiner jüngst in Regensburg gehaltenen Rede der alten Auseinandersetzung über Hellenisierung und Enthellenisierung des Christentums eine unerwartete modernitätskritische Wendung gegeben. Er hat damit eine negative Antwort auf die Frage gegeben, ob sich die christliche Theologie an den Herausforderung der modernen, der nachmetaphysischen Vernunft abarbeiten muß."[68]

Damit betreibt Ratzinger in den Augen von Habermas eine Gegenaufklärung, die in das weiter oben dargestellte Nullsummenspiel der Säkularisierungsdebatte mündet. Anders verhält es sich mit der Debatte zwischen Jürgen Habermas und Johann Baptist Metz. Beide finden teils ziemlich deutliche Worte in der Kritik am jeweiligen Diskussionspartner, liegen aber am Ende in der Diagnose sehr nahe beieinander. So erklärt Habermas 2010 in einem Interview mit Eduardo Mendieta Metz zu seinem idealen postsäkularen Gesprächspartner, wenn er formuliert:

> „Johann Baptist Metz hat das große Verdienst, die Zeitempfindlichkeit nachmetaphysischen Denkens jenseits aller kontextualistischen Kurzschlüsse zu seinem Thema gemacht zu haben, das eine Brücke zur zeitgenössischen Theologie bilden kann. In Deutschland ist, auch unter dem Einfluss von Metz, eine jüngere Generation von katholischen Theologen herangewachsen, die

---

[67] Pars pro toto: Thomas Assheuer, „Auf dem Gipfel der Freundlichkeit", in: *Die Zeit* 5 (2004).

[68] Jürgen Habermas, „Ein Bewußtsein von dem, was fehlt", in: Ders. *Kritik der Vernunft. Philosophische Texte Bd. 5*, Suhrkamp, Frankfurt am Main 2009, S. 408–416, hier: S. 415 f.

nicht mehr die theologische Sicht teilt, die der Papst in seiner Regensburger Rede ausgedrückt hat. Die Jüngeren setzten theologische gewissermaßen *nach* der Kantianischen Vernunftkritik ein,
beklagen also den Nominalismus nicht als Tor zur Verfallsgeschichte der Moderne, sondern erkennen in den nachmetaphysischen Denkrichtungen auch die Lernprozesse, aus denen diese
hervorgegangen sind."[69]

Allerdings kontert Habermas die oben dargestellte Kritik von Metz,
dass es bei der „Hellenisierung des Christentums" zu einer „Halbierung des Geistes" kam. Denn, so Habermas, „zu flächig gezeichnet
ist [...] das Bild einer philosophischen Tradition, die ja nicht im
Platonismus aufgeht, sondern im Laufe der Geschichte wesentliche
Gehalte der jüdisch-christlichen Überlieferung aufgenommen hat
und durch das Erbe Israels bis in ihre griechischen Wurzeln hinein
erschüttert worden ist. [...] Die Geschichte der Philosophie ist nicht
nur eine des Platonismus, sondern auch die des Protestes gegen
ihn."[70] Bei der kommunikativen Vernunft handelt es sich somit nicht
um einen bloßen Erben des Platonismus. Vielmehr wird in der
nachmetaphysischen Vernunft die Platonismuskritik aufgehoben.
Als konkrete Beispiele führt Habermas etwa die Begriffe von subjek-
tiver Freiheit, Autonomie oder dem vergesellschafteten Subjekt an,
und verweist auf die Diskurse von Befreiung, historischem Denken
sowie der Fallibilität menschlicher Vernunft.[71] Auf diesem Weg versucht Habermas die Kritik von Metz zu entkräften.

B. Offene Fragen im Entwurf von Jürgen Habermas

In einem abschließenden Schritt wende ich mich unmittelbar Habermas' Entwurf einer postsäkularen Gesellschaft zu. Dabei beschränke ich mich auf zwei Aspekte. Denn diese scheinen mir nicht

---

[69] Jürgen Habermas, „Ein neues Interesse der Philosophie an der Religion. Ein
Gespräch", in: Ders. *Nachmetaphysisches Denken II. Aufsätze und Repliken,* Suhrkamp, Berlin 2012, S. 96–119, hier: S. 119.
[70] Jürgen Habermas, „Israel und Athen oder: Wem gehört die anamnetische Vernunft? Zur Einheit in der multikulturellen Vielfalt", in: *Diagnosen zur Zeit,* hg.
von Johann Baptist Metz, Patmos, Düsseldorf 1994, S. 51–64, hier: S. 54.
[71] Ebd., 56.

hinreichend geklärt zu sein: Erstens laboriert Habermas – wie zweihundert Jahre vor ihm bereits Immanuel Kant – an den Folgen seines Universalisierungsanspruches. Zweitens wird nicht deutlich, wie Habermas die kommunikative Vernunft mittels einer anamnetischen Tiefenstruktur ergänzt.

Erstens: Der von Habermas erhobene Universalanspruch verweist auf sein Verständnis von Rationalität. Im Hintergrund steht die grundsätzliche Frage vom Geben und Nehmen von Gründen. Was in der postsäkularen Gesellschaft als Grund respektive Geltungsanspruch gilt und was nicht, formuliert Habermas mit seinen drei oben erwähnten Regeln. So einsichtig diese auf den ersten Blick auch erscheinen, so deutlich wird bei einem näheren Blick, dass sie auf fragwürdigen Prämissen gründen. Im Kern steht eine Distinktion von religiös und profan, die sich in dieser Form nicht ohne weiteres aufrechthalten lässt. Habermas kennzeichnet in einem späteren Text das Religiöse als opak, wobei er nicht das Religiöse an sich, als vielmehr die Wahrnehmung des Religiösen durch das Profane im Blick hat. An dieser Frage scheiden sich die Geister. Pointiert, wenngleich in der Sache überzogen, formuliert etwa Hans Joas in einer Diskussion an der Hochschule für Philosophie in München:

> „Habermas kennzeichnet den Kern religiöser Einstellung als opak. Ich habe ihn gefragt, ob er nicht sieht, dass das für religiöse Menschen geradezu eine Beleidigung ist. Für religiöse Menschen ist der Kern ihrer Auffassung das subjektiv Evidenteste, was es gibt, die Erleuchtung. Es opak zu nennen, ist eine reine Außenperspektive."[72]

Dieser Kritikpunkt wurde von mehreren Interpreten aufgegriffen und unterschiedlichen Lösungsansätzen zugeführt. Bereits im Anschluss an die *Theorie eines kommunikativen Handelns* aus dem Jahr 1981 moniert etwa der ehemalige Metz-Schüler Francis Schüssler-Fiorenza, seines Zeichen Charles Chauncey Stillman Professor an der Harvard Divinity School, dass Habermas „religiöse und sittliche

---

[72] Hans Joas, „Welche Gestalt von Religion für welche Moderne? Bedingungen für die Friedensfähigkeit von Religionen angesichts globaler Herausforderungen", in: *Religion und die umstrittene Moderne,* hg. von Michael Reder und Matthias Rugel, Stuttgart, Kohlhammer, 2010, S. 210–223, hier: S. 205 f.

Traditionen auf autoritäre Formen des Glaubens zurückführt"[73] und damit implizit Glaubensüberzeugungen „mit antiquierten Weltbildern gleichsetzt."[74] Auch wenn Habermas im Laufe der 1990er-Jahre zunehmend die semantischen Potenziale der Religion hervorstreicht, hält er an der grundlegenden Distinktion von Glaube und Wissen fest. Dieselbe Stoßrichtung, wenngleich anders akzentuiert, hat auch die Interpretation von Thomas M. Schmidt. Er plädiert mit Blick auf die Friedenspreisrede für eine Koexistenz von religiösen und säkularen Gründen. In diesem Sinn versteht Schmidt das Verhältnis von Glauben und Wissen als „eine ständig neu herzustellende kognitive Balance zwischen Skepsis und Gewissheit, […] eine unter dem externen Druck neuer Informationen und Kritik stets zu erneuernde epistemische Kohärenz zwischen säkularen und religiösen Überzeugungen."[75] Ungeachtet dieser Kritiken spricht Habermas noch 2012 von der „schrille[n] Polyfonie der Meinung und ihre[r] Filterung."[76] Dabei bringt Habermas die Unterscheidung von Werten und Prinzipien ins Spiel: *Werte* sind je nach dem kulturellen Kontext variabel, *Prinzipien* – die in den Verfassungen liberaler Gesellschaften festgeschrieben sind, wie etwa die Würde des Menschen oder die Religionsfreiheit – verfügen hingegen über eine transkulturelle Bedeutung. Die Kritik an Habermas zielt nicht so sehr auf dessen These als vielmehr deren Prämissen. Denn, so die Rückfrage, müssen Rechtsgüter wie Menschenwürde oder Religionsfreiheit im Rahmen eines Konsenses, also auch mit gleichen Gründen, anerkannt werden, oder genügt eine Konvergenz in der Sache bei variierenden Gründen? So kann sich – um ein triviales Beispiel heranzuziehen – eine Familie aus unterschiedlichen Gründen für

---

[73] Francis Schüssler-Fiorenza, „Die Kirche als Interpretationsgemeinschaft. Politische Theologie zwischen Diskursethik und hermeneutischer Rekonstruktion", in: *Habermas und die Theologie,* hg. von Edmund Arens, Patmos, Düsseldorf 1989, S. 115–144, hier: S. 143.

[74] Ebd., 124.

[75] Thomas M. Schmidt, „Religiöser Diskurs und diskursive Religion in der postsäkularen Gesellschaft", in: *Glauben und Wissen. Ein Symposium mit Jürgen Habermas,* hg. von Herta Nagl-Docekal und Rudolf Langthaler, Oldenbourg, Wien 2007, S. 322–340, hier: S. 338.

[76] Jürgen Habermas, „Wie viel Religion verträgt der liberale Staat? Über die schrille Polyfonie der Meinung und ihre Filterung", in: *Neue Züricher Zeitung* (179) 4. August 2012, S. 63 f.

vegetarische Ernährung entscheiden: Der Vater aufgrund seiner Blutfettwerte, die Mutter als Muslima aus religiösen und die Tochter aus ästhetischen Gründen. Zwar verdunkelt das Konvergenzprinzip die Gründe und die damit verbundenen Motivationen, allerdings gewinnt man dadurch im interkulturellen Dialog eine ungleich größere Flexibilität bei Erreichung derselben Ziele.[77]

Zweitens: Die Ergänzung einer anamnetischen Dimension der Vernunft erscheint, wie von Metz moniert, als notwendig, allein schon deshalb, um eine denkerische Option für die Opfer der Geschichte zu erhalten. Andernfalls droht, wie im Historikerstreit sichtbar wurde, dass Menschenleben mit dem aufklärerischen Fortschritt verrechnet werden. Diese Rückfrage bildet den Kern der oben dargestellten Habermas-Metz-Debatte. Den Versuch eines Lösungsansatzes hat 1976, also noch vor dem Erscheinen von Habermas' *Theorie des kommunikativen Handelns*, der Metz-Schüler Helmut Peukert mit seiner bahnbrechenden Dissertationsschrift *Wissenschaftstheorie – Handlungstheorie – Fundamentale Theologie* skizziert.[78] Die Arbeit unternimmt den Versuch einer Rekonstruktion der Theoriebildung im 20. Jahrhundert mit dem Ziel, die Konsequenzen für die Theologie auszuloten. Dazu geht Peukert in drei Schritten vor: In einem ersten Teil stellt er mit der „Existentialtheologie"[79] Rudolf Bultmanns, der „Transzendentaltheologie"[80] Karl Rahners und der „Neuen Politischen Theologie"[81] von Johann Baptist Metz drei Paradigmen der Theologie des 20. Jahrhunderts vor. In einem zweiten, ungleich längeren Teil verfolgt Peukert den wissenschafts- und handlungstheoretischen Diskurs, beginnend bei den Debatten des Logischen Positivismus, zum Kritischen Rationalismus

---

[77] Klaus Viertbauer, „Monophone Polyphonie? Kritische Anmerkung zu Jürgen Habermas' Variation des Religiösen", in: *Religion in postsäkularen Gesellschaften. Interdisziplinäre Perspektiven*, hg. von Franz Gmainer-Pranzl und Sigrid Rettenbacher, Peter Lang, Frankfurt am Main 2013, S. 237–255.

[78] Die Arbeit erschien zunächst 1976 bei Patmos, Düsseldorf und wurde 1978, also nur zwei Jahre später, in die stw-Reihe von Suhrkamp übernommen. Im Folgenden zitiere ich nach der Neuauflage von 2009: Helmut Peukert, *Wissenschaftstheorie – Handlungstheorie – Fundamentale Theologie. Analysen zu Ansatz und Status theologischer Theoriebildung*, Suhrkamp, Frankfurt am Main ³2009.

[79] Ebd., 23–46.

[80] Ebd., 47–54.

[81] Ebd., 55–71.

und weiter über Ludwig Wittgenstein zum Pragmatismus bis hin zur modernen Sozialwissenschaft.[82] Vor dem Hintergrund dieser voluminösen Rekonstruktion des Diskurses über philosophische und theologische Theoriebildung im 20. Jahrhundert bestimmt Peukert in einem dritten Teil[83] „die Theorie kommunikativen Handelns [...] als Konvergenzpunkt methodologischer Fragen der Theologie und Wissenschaftstheorie."[84] Die Achillesferse dieser Theorie, so die Pointe, besteht im „Widerspruch zwischen der ihrem Diskursverständnis impliziten Forderung nach universaler Geltung von Reziprozität, Gleichberechtigung und Solidarität einerseits und der Feststellung der faktischen Unmöglichkeit eines solchen Ethos andererseits."[85] An dieser Stelle tut sich ein Scheideweg von Philosophie und Theologie auf:

> „Es ist die faktische Erfahrung, daß Menschen, die solidarisch zu handeln versucht haben, denen man also eigene Lebensmöglichkeiten verdankt, vernichtet werden. Die ganze Schärfe dieser Erfahrung wird erst deutlich, wenn man sie in ihrer geschichtlichen Dimension untersucht. Die normativen Implikationen einer Theorie kommunikativen Handelns für die Identität von Subjekten wie für die Struktur einer Gesellschaft werden aporetisch, wo man die historische Konstitution der einen, solidarischen Menschheit zu denken versucht."[86]

Die Philosophie alleine kann diese Herausforderung nicht schultern. Es handelt sich um ein aporetisches Grenzproblem von Theoriebildung überhaupt. Wie bereits Metz verschiebt auch Peukert im Anschluss an Kant den epistemischen Modus vom „Wissen" zum „Hoffen".[87] Damit ist die Theologie angesprochen. Peukerts Interesse gilt der im Kommunikationsakt implizit gesetzten Anerkennung des Diskussionspartners als menschliches Subjekt. Denn, so Peukert, „kommunikatives Handeln in erinnernder Solidarität mit unschul-

---

[82] Ebd., 75–227.

[83] Ebd., 229–355.

[84] Ebd., 311.

[85] Ansgar Kreutzer, *Kenopraxis. Eine handlungstheoretische Erschließung der Kenosis-Christologie*, Herder, Freiburg im Breisgau 2011, S. 113.

[86] Helmut Peukert, *Wissenschaftstheorie – Handlungstheorie – Fundamentale Theologie*, 311.

[87] Ebd., 312.

dig Vernichteten erschiene dann als die Behauptung einer Wirklichkeit, die den anderen als den, der geschichtlich gehandelt hat, vor der Vernichtung bewahrt; erst in dieser Art von Interaktion und von der in ihr erschlossenen Wirklichkeit her erhalte ich die Möglichkeit meiner eigenen Identität in einer auf den Tod zugehenden Existenz."[88] Bei der herausgestellten Wirklichkeit handelt es sich um das, was die christliche Theologie mit der sperrigen Formulierung „Selbstoffenbarung Gottes als Liebe" begrifflich einzufangen versucht.[89] Begrifflich indes lässt sie sich nur, wie bereits Kant vorführt, als Fluchtpunkt in den Blick nehmen, was zugleich ihre konkrete Anschauung als universale Solidarität mit unschuldig Vernichteten verdunkelt.

Ohne Zweifel markiert Jürgen Habermas' Modell einer postsäkularen Gesellschaftskonzeption einen Durchbruch in der Debatte um Religion in der Moderne und gilt daher zu Recht in dieser Frage als wegweisend. Dennoch verfügt das Modell über Schwächen, die sich philosophisch im Rationalitätsverständnis von Geltungsansprüchen und theologisch im Fehlen der anamnetischen Dimension manifestieren.

---

[88] Ebd., 342.
[89] Vgl. Thomas Pröpper, *Erlösungsglaube und Freiheitsgeschichte. Eine Skizze zur Soteriologie*, Kösel, München ²1988.

Historische Konstellation
Zur jüdisch-christlichen Identitätsbildung

Vielfalt als intrinsisches Merkmal frühen Christentums (1./2. Jh.)

Peter Lampe, Heidelberg

Seit der Spätantike, zurückgehend auf nicht zuletzt Hegesipp, Irenäus und Eusebius, hielt sich lange die Sicht,[1] das frühe Christentum habe eine weitgehend homogene Größe dargestellt, die Ketzergruppen lediglich an den Rändern zu erodieren vermochten. Apostolische Sukzession habe die Kirche mit Jesus verknüpft und so eine weitgehend einheitliche Lehre garantiert. Die Kirche verwalte eine reine Lehre, zeitlose Sakramente und sei gegen historisches Verändern mehr oder weniger immun. Ein stabiles Orthodoxie-Kontinuum, nur flankiert von irritierenden Heterodoxien, durchziehe die Zeit.

Hegesipp (2. Jh.) hatte diese Geschichtssicht vorbereitet. Er hatte verschiedene christliche Gemeinden bereist und nahm an, dass die leitenden Personen vor Ort seit den Aposteln eine einheitliche Lehre getreulich tradiert hätten (Eusebius, Hist. Eccl. 4,22,2–3). In Rom etwa wurde er um 160 n. Chr. von Anicet bewirtet,[2] um zufrieden festzustellen, dass dessen Lehrmeinungen den eigenen entsprachen. Nicht erwähnte er, dass Anicet – obwohl eine Führungsfigur in Rom, die mit den Außenkontakten der stadtrömischen Christen betraut war – damals nicht der einzige Vertreter christlicher Überlieferung in der Welthauptstadt war, geschweige denn bereits ein monarchischer Bischof, der für alle Christen der Stadt hätte sprechen können. Um 160 n. Chr. existierte das stadtrömi-

---

[1] Siehe dazu und zum Folgenden Peter Lampe, „Induction as Historiographical Tool. Methodological and Conceptual Reflections on Locally and Regionally Focused Studies", in: *Annali di Storia dell'Esegesi* (30:1/2013), S. 9–20, hier bes. Abschnitt II; Ders., „Das Neue Testament als kanonisierte Heterogenität. Eine Vielheit von Glaubensansichten setzt nicht notwenig die Vielheit getrennter Gemeinschaften aus sich heraus", in: *Ökumene im Religionsunterricht*, hg. von Stefan Altmeyer, Rudolf Englert, Helge Kohler-Spiegel, Elisabeth Naurath, Bernd Schröder, Friedrich Schweitzer (Jahrbuch der Religionspädagogik 32) Göttingen 2016, S. 25–39.

[2] Dazu Peter Lampe, *From Paul to Valentinus. Christians at Rome in the First Two Centuries*, Continuum, Minneapolis/London [4]2010, S. 403.

sche Christentum in verschiedenen Einzelgruppen, die über die
Stadt verstreut sich in Hausgemeinden trafen und im zweiten Jahrhundert eine Vielfalt von Glaubenslehren vertraten.[3] Hegesipps
Sicht verkürzte. Darüber hinaus bleibt apostolische Sukzession
(διαδοχή), ein lückenloses Übermitteln reiner Lehre in Rom seit
den apostolischen Anfängen, ein Postulat, für das Hegesipp keinen
Beleg liefert. Er kann keinen Träger apostolischer Überlieferung
vor Anicet mit Namen nennen. Der Grund ist einfach: Es gab den
Quellen des fraglichen Zeitraums zufolge keine einlinige Kette von
„authentischen" Lehrern, die – einer nach dem anderen – den Staf-
felstab einer solchen apostolischen Tradition an Anicet weiterge-
reicht hätten. Eine Vielheit von Menschen überlieferte (modifizier-
te und kreierte) in den Hausgemeinden Roms ein breites Spektrum
christlicher Traditionen. Aber auch ein zweiter, noch wichtigerer
Sachverhalt lässt den fiktiven Charakter des Hegesipp'schen Ge-
schichtsbilds erkennen. Selbst wenn es in jeder Großstadt des
Reichs eine Kette nacheinander treu überliefernder Tradenten gegeben hätte, bleibt die Frage, was sie übermittelt hätten. Eine einheitliche Doktrin der Apostel gab es im Urchristentum nicht. Paulus
hatte sich mit Petrus in Antiochien (Gal 2) heftig zerstritten. Nicht
einmal über den Umfang des Apostelkreises waren die Christen des
ersten Jahrhunderts sich einig. Waren Apostel die Zwölf (so Lukas)
oder alle, die den Auferstandenen in einer Ostervision gesehen und
sich so von ihm in die Mission hatten rufen lassen (so Paulus in
u. a. 1 Kor 15 und Röm 16,7)? Der Jerusalemer Apostelkonvent
(Gal 2) hatte abgrundtiefe theologische Gräben zwischen Fraktio-
nen gezeigt, die sich über den Geltungsradius der Tora stritten.
Die Christologien, auch die frühen, liefen auseinander. Der vorpaulinische Philipperhymnus (Phil 2) etwa nahm früh den jüdischen Sophiamythos auf und proklamierte auf dieser Basis die Prä-
existenz Jesu, während in Römer 1, 3–4 eine alte judenchristliche
Zweistufenchristologie nachzuhallen scheint, nach der Jesus, „geboren aus dem Samen Davids", erst mit der Auferstehung in die Got-
tessohnschaft eingesetzt wurde. Jedes der Evangelien vertrat ein
eigenes Profil, wie seit dem Aufkommen der redaktionsgeschicht-
lichen Methode und des Narrative Criticism deutlich wurde. Das

---

[3] Dazu s. u. und ausführlich P. Lampe, *From Paul to Valentinus*, bes. 357–408.

matthäische Christentum, das, von den jüdischen Synagogen mittlerweile getrennt, eigene Synagogen mit christlichen Schriftgelehrten bildete und dem Toragehorsam weiterhin verpflichtet war, sich zugleich aber der Mission gegenüber Heiden öffnete,[4] stand den Gegnern des Paulus in Galatien eine Generation vorher theologisch näher als Paulus. Der Johannesapokalyptiker polemisierte in seinen Sendschreiben (Off 2–3) gegen im Wesentlichen vom Paulinismus geprägte Gemeinden des westlichen Kleinasiens und fand für Paulus keinen Apostelplatz im himmlischen Jerusalem (21,14). Die Beispiele ließen sich vermehren. Die spätantike Kirche kanonisierte – gewollt oder ungewollt – eine atemberaubende, zum Teil widersprüchliche Vielfalt im Neuen Testament, nicht eine monolithische Lehre, die von den Aposteln den späteren Kirchenlehrern „rein" hätte übermittelt werden können. Eine solche Geschichtsfiktion freilich half, Machtpositionen zu stabilisieren: Für Rom wurde Hegesipps Fiktion im letzten Viertel des zweiten Jahrhunderts zu einem römischen „Bischofskatalog" ausgebaut (Irenäus, Haereses 3.3.3), der behauptete, dass die Kette treuer Übermittler apostolischer Tradition in Rom eine nahtlose Sukzession zwölf namentlich genannter Kirchenführer war, die den Apostel Petrus mit Eleutherus von Rom (ca. 175–189 n. Chr.) verband. Die Liste lässt sich nicht durch die Quellen, die der fiktiven Kette zeitgenössisch gewesen wären, abdecken, ja sie läuft ihnen zuwider.[5] Sie entstand vielmehr, als in Rom der Monepiskopat sich herausbildete.

Nachdem bereits protestantische Reformation und Pietismus dieses klassische Geschichtsbild hinterfragt und durch ebenso schlagseitige Bilder ersetzt hatten,[6] begrüßte besonders die Post-

---

[4] Wenn Mt 28,19 neben 5,17 f. gelegt wird, liegt der Schluss nahe, dass auch die zu missionierenden Heiden die Tora in der radikalisierten Form, die die Bergpredigt vorführte, zu halten hatten.

[5] Zu den Einzelheiten P. Lampe, *From Paul to Valentinus,* 403–406.

[6] Die Reformatoren, vor allem Luther und die Schöpfer der *Magdeburger Centurien* um Matthias Flacius, die 1559–1574 dieses Quellenwerk herausgaben, schossen gegen die Papstkirche, indem sie eine Kluft zwischen der Anfangszeit des Christentums und der späteren Kirchengeschichte diagnostizierten. Ihre antithetisch orientierte Geschichtsschreibung kreierte ein Bild „reiner" Anfänge, die im Geschichtsverlauf verwässert worden seien: Kirchengeschichte als Verfallsgeschichte, als Entfremdung von modellhafter Urzeit, welche die Reformatoren

moderne ein sehr anderes Bild: das eines heterogenen Frühchristentums. Vorher, bereits 1951, hatte Ernst Käsemann in seinem berühmten Vortrag „Begründet der neutestamentliche Kanon die
Einheit der Kirche?" auf die Heterogenität des Kanons hingewiesen, die eher die Vielzahl der Konfessionen erkläre als Kircheneinheit begründe. Enttäuschte dieses exegetische Ergebnis die Ökumenebegeisterten der Nachkriegszeit, wurde und wird es von
Postmodernisten begrüßt, die Vielfalt als bereichernd empfinden
und über die kirchlichen Kontexte hinaus in der Gesamtgesellschaft eine kulturelle Mannigfaltigkeit, gepaart mit Toleranz, bewerben. In postmoderner Forschung zeigt sich entsprechend nicht
selten ein hohes Wertschätzen der lange Zeit mit dem Ketzerstigma
belegten heterodoxen spätantiken Gruppen, beispielsweise in Elaine
Pagels Büchern zu gnostischen Kreisen.[7]

Blättern wir die Quellen des ersten und zweiten Jahrhunderts auf,
treten uns verschiedene Christentümer entgegen, die auf unterschiedliche Art und Weise ihre Identität formten, sich an verschiedenen Orten zu unterschiedlichen Zeiten und auf differente Art und
Weise (zum Beispiel auch *mit* Toragehorsam wie Matthäus) von
den jüdischen Synagogen lösten und dabei unterschiedliche Lehren
und Praktiken ausprägten. *Das* frühe Christentum – als monolithische Größe – gab es nicht.

Der Ablösungsprozess von den jüdischen Synagogen war alles andere als einheitlich, vielmehr regional verschieden und zeitlich nicht
synchronisiert, wie neuerlich der Sammelband *Partings: How Ju-*

---

meinten, neu zum Tragen zu bringen. Die antagonistische Schlagseite dieser Geschichtsschau ist deutlich. Schlagseite zeigt auch das 1699/1700 veröffentlichte
pietistische Geschichtswerk *Unpartheyische Kirchen- und Ketzerhistorie vom Anfang des Neuen Testaments bis auf das Jahr Christi 1688* von Gottfried Arnold. Er
provozierte mit der These, dass oft die Häretiker authentischen Glauben gelebt,
die etablierten Kirchen dagegen mit Ämterhierarchien und Dogmatismus die
Wahrheit institutionell verobjektiviert und so erstarrt hätten. Der das Subjektive
bei der Wahrheitssuche herausstreichende Pietist schwang Ketzergeschichte als
Hellebarde gegen vermeintlich verkrustete Kirchen. „Unparteyisch" war auch
sein Opus nicht.
[7] Z. B. Elaine Pagels, *Beyond Belief. The Secret Gospel of Thomas*, Vitage, New
York 2003; Dies. *The Gnostic Gospels*, Weidenfeld & Nicolson, Harrisburg, PA
[2]1992; Dies. / Karen L. King, *Reading Judas. The Gospel of Judas and the Shaping
of Christianity*, Penguin Books, London/New York 2007.

daism and Christianity Became Two[8] anhand literarischer, aber auch archäologischer Quellen nochmals illustriert. Während in Rom zum Beispiel bereits zur Zeit des paulinischen Römerbriefs mehrheitlich heidenchristliche Hausgemeinden, die sich vor allem aus paganen „gottesfürchtigen" Sympathisanten des Judentums rekrutierten, abseits der jüdischen Synagogen trafen und im Jahr 64 selbst die neronische Administration die Christen von den Juden zu unterscheiden wusste,[9] setzten sich in Palästina die Christen erst nach dem jüdischen Aufstand von 132–135 n. Chr. endgültig vom Judentum ab – nicht zuletzt, um sich vor den hadrianischen Strafsanktionen gegen Juden wegzuducken.[10] Vor allem in Galiläa hingen Christen und Juden länger zusammen, als bislang angenommen. Nur spärliche spezifisch christliche archäologische Spuren lassen sich vor Konstantin erkennen – und selbst nach Konstantin lebten christliche und jüdische Gruppen in Galiläa friedlich nebeneinander.[11] In Ägypten, um noch ein weiteres Beispiel zu nennen, florierte das Christentum als eigenständige Größe erst, nachdem die jüdischen Gemeinden nach den jüdischen Aufständen unter Trajan (115–117 n. Chr.) dort fast ausgelöscht worden waren; es zehrte jedoch weiter vom kulturell-religiösen jüdischen Erbe.[12] Eigenständige Versammlungen ägyptisch-alexandrinischer Christen sind zu Beginn des zweiten Jahrhunderts im Barnanbasbrief belegt, der zuerst in Alexandrien benutzt wurde und am ehesten dort entstand. Ihm zufolge begehen die Christen nicht mehr den Sabbat, sondern den „achten Tag", den Sonntag, als Freudentag zur Erinnerung an Jesu Totenauferstehung und Erhöhung in den Himmel (15,8–9).

---

[8] *Partings. How Judaism and Christianity Became Two*, hg. von Hershel Shanks, Biblical Archaeology Society, Washington, DC 2013.

[9] Siehe P. Lampe, *From Paul to Valentinus*, 69–84.

[10] Joan Taylor, „Parting in Palestine", in: *Partings. How Judaism and Christianity Became Two*, hg. von Hershel Shanks, Biblical Archaeology Society, Washington, DC 2013, S. 87–104.

[11] Erich Meyers, „Living Side by Side in Galilee", in: *Partings. How Judaism and Christianity Became Two*, hg. von Hershel Shanks, Biblical Archaeology Society, Washington, DC 2013, S. 133–150.

[12] Robert A. Kraft, AnneMarie Luijendijk, „Christianity's Rise after Judaism's Demise in Early Egypt", in: *Partings. How Judaism and Christianity Became Two*, hg. von Hershel Shanks, Biblical Archaeology Society, Washington, DC 2013, S. 179–186.

Nicht nur die Ablösung von den jüdischen Synagogen, auch die
Ausbildung eines monarchischen Ortsepiskopats verlief je nach Re-
gion unterschiedlich. In Rom, wo wie in andern Großstädten verschiedene weitgehend autonome christliche Hausgemeinden nebeneinander lebten und so eine fraktionierte Ortsgemeindestruktur
darstellten,[13] bildete sich eine ortsbischöfliche Zentralgewalt erst relativ spät heraus.[14] Erst im Verlauf der zweiten Hälfte des zweiten
Jahrhunderts traten Persönlichkeiten auf, die als stadtrömische
Ortsbischöfe sich zu präsentieren suchten, indem sie wenigstens
probierten, alle christlichen Gruppen in Rom unter ihre Ägide zu
bringen, ohne dabei immer erfolgreich zu sein; nicht einmal Bischof
Viktor im letzten Jahrzehnt des zweiten Jahrhunderts gelang dies.
Vor der Mitte des zweiten Jahrhunderts traten in Rom lediglich Leiter von Hausgemeinden auf, kein einzelner, zentraler Bischof. Im
Osten des Reichs hingegen kamen Ortsepiskopate mehrere Jahrzehnte früher auf, in den ersten Jahrzehnten des zweiten Jahrhunderts. Ignatius von Antiochien zum Beispiel sah sich als *den* Bischof
Antiochiens. Aber ob diese frühen, dem Anspruch nach monarchischen Ortsbischöfe als solche von allen Christen ihrer Stadt anerkannt waren, bleibt zu bezweifeln. Auch im Osten, zum Beispiel im
kleinasiatischen Philadelphia, gab es etliche Christen, die sich nicht
zum jeweiligen Ortsbischof halten wollten.[15] Wieder anders verlief
die Entwicklung in Zentralanatolien. Noch am Ende des zweiten
Jahrhunderts leitete ein presbyteriales Gremium und nicht ein Ortsbischof die Kirche von Ankyra (Ankara).[16]

Die dezentrale, fraktionierte Struktur des frühchristlichen
Gemeinschaftslebens, gegen die zentralisierende, monepiskopale
Tendenzen nur allmählich Platz griffen, begünstigte theologischen
Pluralismus. Seit den nachösterlichen Anfängen lebten Christen-
gruppen mit verschiedenen Glaubensansichten und -praktiken nebeneinander her – in einem trotz unterschiedlicher Sichtweisen
aufs Ganze gesehen relativ unkomplizierten Verhältnis. Der Grund
dafür lag nicht darin beschlossen, dass die frühchristlichen Gruppen besonders tolerant gewesen wären, sondern darin, dass sie

---

[13] P. Lampe, *From Paul to Valentinus,* 357–396.
[14] Dazu im einzelnen P. Lampe, *From Paul to Valentinus,* 397–412.
[15] Ignatius, Phil. 7–8 (vgl. auch Magn. 6–8).
[16] Eusebius, Hist. Eccles. 5,16,5.

schlicht oft nicht vom Anderssein der anderen wussten. Lukas und
Matthäus wussten nicht voneinander, Paulus und Markus kannten
nicht die Logienquelle Q. Dezentral manifestierte sich christliches
Gemeinschaftsleben in den ersten beiden Jahrhunderten ausschließlich in Kleingruppen, die, über das Reich und seine Städte
verstreut, sich im Rahmen privater Wohnungen und Häuser trafen.
In diesem dezentralen Netz nahmen die Gruppen nur gelegentlich
Ärger erregende Reibung mit dem Anderssein anderer Gruppen
wahr und zogen trennende Demarkationslinien.[17] Insgesamt stellte
im zweiten Jahrhundert die Hauptstadt Rom ein experimentelles
Laboratorium dar, in dem eine Vielfalt christlicher Identitäts-
bildungen ausprobiert werden konnte, ohne dass in den meisten
Fällen schon ausgehandelt worden wäre, was als „orthodox" oder
„heterodox" zu gelten hätte. Die Liste der verschiedenen Christentümer im Rom des zweiten Jahrhunderts ist lang[18] und spiegelt
Gruppierungen, die meist auch anderswo im Reich vertreten waren: Marcioniten, Valentinianer, Karpokratianer, Theodotianer,
Modalisten, Montanisten, Quartodecimaner, Anhänger eines Cerdo
sowie Hausgemeinden mit einem Glauben, der erst später als
„rechtgläubig" sich durchsetzte. Ein judenchristlicher (ebioniti-
scher?) Zirkel observierte auch im zweiten Jahrhundert noch die
Tora. Einige Gruppen vertraten eine Logos-Theologie, die für weniger gebildete Christen zu kompliziert war. Einige Kreise hofften
auf ein tausendjähriges eschatologisches Reich Christi (Millenianis-
mus), andere nicht. Die stadtrömische Christenheit war bunt und
spiegelte so auch verschiedene geographische und bildungsmäßige
Herkommen der stadtrömischen Christen.

Die Vielfalt frühchristlicher Gruppen stellt nur eine Seite dar.
Theologisch spannender wird es – und für viele schwerer zu akzeptieren –, wenn inkonsistente Heterogenität innerhalb der Theologie
eines einzelnen Autors zutage tritt. Als Heikki Räisänen, heute Alt-
meister der finnischen Neutestamentler, 1983 sein Buch *Paul and
the Law*[19] vorstellte, das schonungslos Brüche in der (Rechtfer-

---

[17] So in Rom im Falle Marcions im Jahre 144 und dann vermehrt seit dem Ende
des zweiten Jahrhunderts, als sich in Rom der Monepiskopat herausgebildet hatte. Siehe P. Lampe, *From Paul to Valentinus*, 392–393 bzw. 385–408.
[18] Siehe ausführlich P. Lampe, *From Paul to Valentinus*, 381–396.
[19] Heikki Räisänen, *Paul and the Law*, Mohr Siebeck, Tübingen [2]1987.

tigungs-) Theologie des Apostels Paulus offenlegte, hagelte es Kritik,[20] denn sein Finger stocherte mit Recht in einer schmerzhaften Wunde.

Gleichwohl sollen an dieser Stelle nicht Probleme der Gesetzes- und Rechtfertigungslehre des Paulus beschäftigen, sondern ein Beispiel der Heterogenität, das in der Kirchengeschichte die konfessionellen Abgrenzungen besonders beförderte: die Interpretation des Abendmahls bei Paulus. Um spannungsreiche Heterogenität zu entdecken, reicht es bereits, sich auf wenige Paulustexte zu beschränken (1 Kor 10,14–22; 11,17–34), ohne den Gesamtkanon in den Blick nehmen zu müssen. Auch reicht es, sich auf die Frage zu beschränken, wie die Präsenz Christi in diesem Mahl gedacht wurde, während andere Aspekte der vielschichtigen Texte ausgeblendet bleiben.

Die vorpaulinische Abendsmahlstradition von 1 Kor 11,24–25 stellt das Abendmahl – ein in Gemeinschaft eingenommenes Sättigungsmahl im Urchristentum – noch als *Erinnerungsmahl* vor.[21] Der Kelch, aus dem gemeinsam getrunken wird, deutet auf den neuen am Kreuz gestifteten Bundesschluss (V.25); das Brechen des Brotes deutet auf das Zerbrechen des Kreuzesleibs Christi im Tode auf Golgotha (V.24).[22] An eine Identität von Wein und Blut oder von Brot und Kreuzesleib ist noch nicht gedacht, auch nicht an eine Präsenz des Gekreuzigten in Mahl*elementen*.

Bald jedoch, spätestens bei Paulus, kam eine Deutung auf, die nicht nur auf erinnerte Vergangenheit abhob, sondern eine besondere Christus*gegenwart* behauptete – wenn auch noch nicht in den

---

[20] Vgl. z. B. Teunis Erik van Spanje, *Inconsistency in Paul? A Critique of the Work of Heikki Räisänen,* Mohr Siebeck, Tübingen 1999.

[21] Vgl. zum Folgenden ausführlicher Peter Lampe, *Die Wirklichkeit als Bild,* Neukirchener Verlag, Neukirchen-Vluyn 2006, S. 135–140.

[22] Da 11,24 zu 11,25; 10,16 parallel steht, ist „ist" (ἐστίν) nicht nur beim Kelch-, sondern auch beim Brotwort mit „bedeutet" zu übersetzen (wie auch z. B. Gal 4,24). Dieses philologische Argument steht anderslautenden dogmatischen Lesarten entgegen. Darüber hinaus ist das erste „dieses" (τοῦτο) in V.24 eher auf den *Akt* des Brotbrechens und Danksagens (V.24a) als auf das Element Brot zu beziehen, denn das zweite τοῦτο („dieses *tut*", nämlich Danksagen und Brotbrechen) nimmt das erste τοῦτο auf. Darüber hinaus bezieht sich der Parallelvers V.25b („dieses tut") ebenfalls auf den liturgischen *Akt,* in diesem Fall auf Kelchnehmen und Danken (in der Breviloquenz von V.25a fehlen die beiden Handlungen, sind jedoch aus V.23f zu ergänzen, damit V.25a ein Prädikat erhält).

Mahlelementen. In hellenistischer Umwelt lebende frühe Christen wie Paulus und die Korinther waren von der sog. *prinzipalen Realpräsenz*[23] des Kyrios Christus während des Herrenmahles überzeugt: Der erhöhte Christus war, so wurde vorgestellt, im *Pneuma* (Geist) als *Princeps,* Tischherr und Gastgeber personal zugegen,[24] so dass in Gemeinschaft mit ihm getafelt wurde. Das Pneuma, das „in euch wohnt" (1 Kor 3,16), wurde mit Christus identisch gedacht (2 Kor 3,17), so dass Pneumapräsenz Christusgegenwart bedeutete.

In der hellenistischen Umwelt nahmen Teilnehmer an paganen kultischen Sättigungsmahlzeiten eine ähnliche Realpräsenz ihrer Gottheit an. Im zweiten Jahrhundert n. Chr. zum Beispiel schrieb Aelius Aristides über die Sarapis-Kultmahlzeit: „Gott Sarapis sei präsent inmitten derer, die sich in seinem Namen versammeln und Speisen zum Opfermahl mitbringen. Sarapis selbst sei Tischgenosse, Gastgeber und Leiter des Opfermahls."[25]

Für Paulus kam freilich noch eine besondere Nuance zur prinzipalen Realpräsenz hinzu. Der Apostel dachte den Erhöhten nie losgelöst von der Kreuzigung. Solange der eschatologische Vorbehalt galt (1 Kor 11,26d), war der Erhöhte für paulinische Christen immer zugleich der Gekreuzigte. Bereits das griechische Perfekt „Gekreuzigter" von 1 Kor 2,2 vermittelte den Gedanken: Wird Christus verkündet, so als jemand, dessen Tod nicht nur (aoristisch) verging, sondern Gegenwart qualifiziert. Kombinierte Paulus diesen Gedanken mit dem der prinzipalen Realpräsenz Christi im Herrenmahl, so er-

---

[23] Zur Terminologie Hans-Josef Klauck, *Herrenmahl und hellenistischer Kult. Eine religionsgeschichtliche Untersuchung zum ersten Korintherbrief,* Aschendorff, Münster 1982, S. 373–374.

[24] Vgl. z. B. 1 Kor 10,21: „Den Kelch des Herrn trinken …am Tisch des Herrn Anteil haben". Darüber hinaus vermittelte jeder liturgische Leiter des eucharistischen Mahls beim Zitieren der in der 1. Person gehaltenen Herrenworte von 1 Kor 11,24f den Eindruck, Christus selbst teile Brot und Wein aus. Angesichts der Geistpräsenz stellte dies für Paulus nicht bloße Rhetorik dar. Auch dem typologischen Midrasch von 1 Kor 10,1 ff. zufolge wird in der Eucharistie „zum Geist gehörende, vom Geist (= Christus) gegebene" Nahrung gegessen und getrunken (1 Kor 10,3 f).

[25] Aelius Aristides, Sarap. 54,20ff (ed. Dindorf); dazu Peter Lampe, „Das korinthische Herrenmahl im Schnittpunkt hellenistisch-römischer Mahlpraxis und paulinischer Theologia Crucis (1 Kor 11,17–34)", in: *ZNW* (82/1991) S. 183–213, hier v.a. S. 196f. mit Anm. 40; 49. Paulus selbst parallelisiert in 1 Kor 10,18–22 Herrenmahl und pagan-kultische Opfermahlzeiten.

gab sich, dass in Gemeinschaft mit Christus das Abendmahl einzunehmen, bedeutete, in die Tischgemeinschaft nicht nur des Erhöhten, sondern auch des Gekreuzigten einzutreten.

Folgerichtig schrieb Paulus in 1 Kor 10,16, dass im Abendmahl
der Christ in die *Gemeinschaft mit dem Gekreuzigten* gestellt werde.
Eine solche Akzentsetzung lag umso näher, als die vorpaulinische
Abendmahlstradition selbst deutlich auf den Kreuzestod abgehoben
hatte (1 Kor 11,23–25). Gemeinschaft mit dem Gekreuzigten aus-
drückend, formulierte Paulus in 1 Kor 10,16: Der Kelch „bedeutet
Gemeinschaft (Koinonia) mit dem Blute Christi", das Brot „bedeutet Gemeinschaft mit dem (Kreuzes)leib Christi", was dem paulinischen Selbstverständnis des Mit-Christus-Mitgekreuzigtseins entsprach (z. B. 2 Kor 4,10; Gal 6,17.19; Phil 3,10; Röm 6,3–6). Die
Alternativübersetzung von Koinonia in 1 Kor 10,16 wäre: „*Teilhabe*
am Blute Christi" und „am Leibe Christi", was auf Christuspräsenz
in den Mahlelementen hindeuten würde. Doch dagegen spricht
deutlich der Kontext: In 10,20 kann das griechische *koinonoi* nur
„Leute, die *mit* den Dämonen in *Gemeinschaft* stehen" heißen.
Denn Opfernde haben nicht teil *an* den Dämonen, sondern sie haben *mit* den Dämonen zusammen an den Opfern teil, die diesen
dargebracht werden.[26] Gleichermaßen auf den Kreuzestod legt Paulus den Akzent in 1 Kor 11,26, wenn er die vorpaulinische eucharistische Tradition zusammenfasst: Wenn immer die Christen das eucharistische Brot essen und aus dem einen Kelch trinken,
„verkünden" sie den Tod Christi.[27]

Kurz, dadurch, dass der Gekreuzigte im Mahl gegenwärtig ist und
die Teilnehmer in seine Tischgemeinschaft aufnimmt, wird sein Tod

---

[26] Paulus rechnet damit, dass pagane Opfer nicht, wie von den Opfernden inten-
diert, Göttern, sondern Dämonen dargebracht werden. Dazu Peter Lampe, „Die
dämonologischen Implikationen von I Korinther 8 und 10 vor dem Hintergrund
paganer Zeugnisse", in: *Die Dämonen. Die Dämonologie der israelitisch-jüdischen
und frühchristlichen Literatur im Kontext ihrer Umwelt,* hg. von Armin Lange et
al., Mohr Siebeck, Tübingen 2003, S. 584–599.

[27] „Verkünden" ist für Paulus ein kraftvolles Vergegenwärtigen. Nach 1 Kor
1,18–2,5 kommt im Verkünden die Dynamis des verkündeten Ereignisses selbst
auf den Hörer zu: Paulus' Predigt vergegenwärtigt den Christus-Tod so wirksam,
dass *in* diesen Worten die rettende und richtende Kraft des Kreuzestodes präsent
wird und die Existenz der Hörer verändert.

im Ritus präsent. Der Ritus setzt die Zeitdifferenz zwischen Golgatha und Sakrament außer Kraft.[28]

Christuspräsenz in den *Elementen* von Brot und Wein ist so jedoch noch nicht ausgesagt. In 1 Kor 10,16 werden – anders als in der vorpaulinischen Abendmahlstradition 11,24–25 – zwar schon Kelch/Blut und Brot/Leib parallelisiert, doch gilt noch nicht, dass der Kelchinhalt das Blut ist (1 Kor 11,25) und das Brot der Leib. 1 Kor 10,16 lautet gerade nicht: „Der Kelch …, ist er nicht das Blut Christi? Das Brot …, ist es nicht der Leib Christi?" Auch der Trank Israels in der Wüste von 1 Kor 10,4, der für Paulus typologisch auf den eucharistischen Trank vorausweist, ist nicht mit Christus *identisch*, sondern kommt von diesem *her* und stiftet so Gemeinschaft mit ihm. Die Vorstellung des im Mahl gegenwärtigen Gastgeber-Christus, in dessen Gemeinschaft gespeist wird und der v. a. als Gekreuzigter zu denken ist, gibt Paulus' Auffassung besser wieder als die der Christuspräsenz in den Abendmahlselementen.

Letztere ist erst in Joh 6,52–58 zu greifen, allerdings nur in einer vorredaktionellen Schicht;[29] möglicherweise, obwohl unentscheidbar, auch in Markus 14,22. Mit fortschreitender Parallelisierung von Brot- und Kelchwort wurde nun die Identität (und nicht nur eine symbolhafte Ähnlichkeit) von eucharistischem Wein und am Kreuz vergossenem Blut sowie von gebrochenem Brot und Kreuzesleib behauptet.

Was ist hermeneutisch zu folgern? Die exegetische Skizze zeigt, dass im Kanon, ja selbst bei ein und demselben Autor (Paulus) verschiedene Eucharistiedeutungen nebeneinander standen. Bereits im neutestamentlichen Kanon versammelten sich die Referenztexte für alle späteren, von den Konfessionen vertretenen Abendmahlslehren, die eine Palette vom bloßen Erinnerungsmahl bis hin zur Christuspräsenz in den Elementen bieten. Die widersprüchliche Vielfalt des historisch gewachsenen Kanons spiegelt den Reichtum der Christen-

---

[28] Dasselbe gilt Röm 6,3–8 für den Taufritus, in dem der Täufling mit Christus mitstirbt.

[29] Der Endredaktor selbst distanziert sich von einem materiellen Verständnis, indem er es spiritualisiert: „Der Geist gibt Leben, das Fleisch nützt zu nichts. Die Worte, die ich (in den vorangegangenen Versen) zu euch sprach, sind Geist" (6,63). D. h., sie müssen metaphorisch, symbolisch, nicht wörtlich verstanden werden. Justin im zweiten Jahrhundert dagegen scheint das materielle Verständnis akzeptiert zu haben (Apol. 1,66,2).

heit und kanonisiert an diesem Punkt *nicht* das Rechthaben-Wollen der Einzelkonfession. Kanonisiert wurde ein Nebeneinander, welches sich – angesichts des Gemeinschafts-Charakters der Eucharistie – zu einem versöhnten Miteinander entwickeln könnte, bei dem alle an denselben Mahltisch treten und Gemeinschaft leben, obwohl sie zum Teil unterschiedliche Deutungskategorien im Kopf mit sich tragen. Vielleicht werden sich die Konfessionen einmal auf einen Minimalnenner bei der Abendmahlsdeutung einigen können, beispielsweise auf den, dass während des Mahls das Pneuma, das mit dem erhöhten Christus in eins ist, in besonderer Weise anwesend ist und Gemeinschaft der Teilnehmer untereinander stiftet. Der Minimalnenner verwehrt dem einzelnen nicht, den Quotienten im Nenner und Zähler mit anderen Faktoren zu multiplizieren, welche ihm erlaubten, auch noch weitere Arten der Realpräsenz zu denken. Der Wert des Quotienten änderte sich dadurch nicht.

Für Paulus jedenfalls waren das *Dass* der Präsenz Christi und die *ethische Implikation* des Ritus, nämlich achtsame Agape der Gemeindeglieder untereinander (1 Kor 11,17–34), lebenswichtiger als ein neugieriges Ausfasern des *Wie*. Bedeutsamer als das Wie der Präsenz war ihm deren Funktion: Rettend und richtend (11,29–32) tritt Christus in die Gemeinschaft der Mahlfeiernden ein. Richtend für die, die die ethische Implikation nicht wahrnehmen – nicht etwa für die, die das Wie anders als andere zu denken wagen. Nicht über Heterodoxie regt sich Paulus in 1 Kor 11 auf, sondern über Heteropraxie, über das lieblose, Gemeinschaft zerstörende Benehmen gegenüber anderen Gemeindegliedern, die vom eucharistischen Sättigungsmahl hungrig aufstehen müssen.

Das skizzierte Material zeigt, bereits in den neutestamentlichen Schriften des ersten Jahrhunderts leuchtet eine atemberaubende Buntheit der Traditionen auf, die nicht als Mangel, sondern als Reichtum begriffen werden kann. Kanonisiert wurde im Neuen Testament eine Vielfalt, was weitreichendere theologische Folgen zeitigen müsste, als die Konfessionen bislang bereit sind, sich einzugestehen. Die kanonische Varianz beim *Wie* der eucharistischen Christuspräsenz zwingt zur Einsicht, dass allein das *Dass* wichtig wäre. Das Kirchenvolk weiß dies seit langem. Vielleicht werden die Kirchen im nächsten Halbjahrtausend sich einmal von dieser schlichten Einsicht leiten lassen und in versöhnter Vielfalt gemeinsam an einen Tisch treten. Der Kanon lehrt: Die Gemeinden um den eucharistischen Altar dürfen so farbenfreudig sein wie das Buch, das auf diesem liegt.

Dass das auf Gemeinschaft angelegte eucharistische Mahl in besonderer Weise Konfessionen trennte – eine bittere Ironie –, zeigt die Brisanz des Abendmahlsbeispiels. Es zeigt aber auch, dass Interpretationsdifferenzen in neutestamentlicher Zeit noch nicht als Spaltpilz empfunden wurden. Selbst bei ein und demselben Autor (Paulus) konnten Erinnerungscharakter und prinzipale Realpräsenz im selben Text nebeneinander stehen, ohne dass Paulus darin einen Widerspruch entdeckt hätte. Insofern ist das Abendmahlsbeispiel auch repräsentativ. Denn insgesamt, so sahen wir, wurde aufgrund von Lehrdifferenzen in den ersten 150 Jahren des Christentums nur in Ausnahmefällen die Koinonia gekündigt.[30]

Am ehesten zerbrach Kononia, wenn *Verhaltensweisen* differierten. 1 Kor 11,17–34 zeigte, liebloses Nicht-Aufeinander-Warten beim sättigenden Abendmahl, nicht Lehrdifferenz, führte zu Spaltungen (σχίσματα) in Korinth. Einige Mitchristen wurden nicht satt, was die anderen, satt und teilweise beschwipst, wenig störte. Ähnlich hatten sich Apostelparteien in Korinth formiert (1 Kor 1–4), die je denjenigen Apostel auf den Schild hoben, der die jeweiligen Parteigänger in den Glauben eingeführt hatte. Neben Petrus und Apollos war Paulus so ohne sein Zutun zu einem verehrten Parteihaupt geworden. Was Paulus in seiner Reaktion nicht thematisierte, sind Lehrdifferenzen. Er hielt es für überflüssig, Inhalte, die den Parteien bei ihrem Streben nach „Weisheit" wichtig gewesen wären, zu besprechen. Vielmehr regte er sich über das Verhalten auf: dass überhaupt menschliche Apostel heroisiert wurden, die Parteien sich gegeneinander aufbliesen und auf die jeweils anderen herabblickten. Dieser lieblose Personenkult spaltete, so dass der Apostel erneut von Schismen (σχίσματα) in der Gemeinde sprach (vgl. 1 Kor 11,18 mit 1,10f).

Ein Kapitel weiter exkommunizierte Paulus einen Übel*täter*, der eine Inzuchtsform pflegte, die auch in der paganen Umwelt verpönt war (1 Kor 5). Hier zog Paulus die Trennlinie, weil er fürchtete, andere in der Gemeinde könnten in ihrem Verhalten angesteckt werden. Ähnlich schleuderte er in 2 Kor 10–13 ein Anathema gegen in

---

[30] S. o. zur „Toleranz" der Andersartigen.

Korinth zugereiste charismatische Prediger, die des Paulus Legitimität in Frage stellten. Sie taten dies nicht wegen ersichtlicher Lehrdifferenzen. Sowohl sie als auch Paulus waren pneumatische Charisma-
tiker, aber sie lebten ihre Geistesgaben anders aus als Paulus:
Während Paulus über sein ekstatisches Erleben, namentlich ein ex-
trakorporelles „Himmelsreise"-Erlebnis (2 Kor 12), am liebsten
nicht redete[31] bzw. Geistesgaben ausschließlich in den Dienst der Gemeinde zu stellen empfahl, anstatt sich selbst damit zu beweihräu-
chern (1 Kor 12), stellten jene – für Paulus Geschmack – zu sehr
ihre Charismen selbstrühmend heraus und höhnten über Paulus,
dass er kein authentischer, vom Geist begabter Apostel sei. Dass sie
wie die Gegner im Galaterbrief in der Lehre von Paulus abgewichen
wären, indem sie Toragehorsam auch von Heidenchristen forderten,
ist nicht ersichtlich.

Im 2./3. Jh. sollte den Montanisten Ähnliches widerfahren wie
den korinthischen Fremdmissionaren. Dogmatisch unterschieden
sie sich nicht von den übrigen Gemeinden. Sie praktizierten jedoch
ihre Prophetie auf betont ekstatische Weise. Auch ließen sie in ihren
Orakeln Gott unvermittelt in der ersten Person sprechen, was Mon-
tanus den Spott einbrachte, er geriere sich als Gottheit. Zu allem
Überfluss nahmen Frauen einflussreiche Positionen in ihren Gemeinden ein. Diese *Praxeis* riefen Gegner auf den Plan.

Bei Paulus' Konflikt mit seinen „judaistischen" Gegnern, die ihm in seine
neugegründeten Gemeinden nachreisten und die Heidenchristen davon zu
überzeugen suchten, auch die Tora zu befolgen, damit sie vollgültige Christen werden könnten, schien es vordergründig ebenfalls nur um Praxis zu gehen: um toraobservantes Verhalten. Jedoch stand für Paulus hier zugleich die
soteriologische Lehre auf dem Spiel: Reicht das Vertrauen auf Christus und
seine Heilstat vollends aus, oder muss auch der Sinaibund mitsamt seinen
Vertragsklauseln, der Tora, eingehalten werden? Falls ja, würde für Paulus
dadurch die Heilstat Christi geschmälert. In Gal 1,8 f. schleuderte er deshalb
ein Anathema aufgrund eines für ihn zentralen Lehrdissenses.

Ähnlich brach er beim Antiochenischen Konflikt mit Petrus (Gal 2),
weil dieser trotz seiner vorher gelebten Torafreiheit bei der Ankunft der
strikt toratreuen Jakobusleute dafür plädierte, dass die Antiochener um

---

[31] Auch über Details seiner Ostervision (was nahm er wahr, als er Christus zu
sehen glaubte?) schreibt er nicht. Erst Spätere wie Lukas meinten hier mehr wissen zu sollen.

der Einheit der Gemeinde willen die diätischen Vorschriften der Jakobus-leute für die Zeit des Besuches übernehmen. Für Paulus war damit der Status confessionis gegeben, während Petrus den Fall scheinbar so beur-teilte, wie Paulus es später in Röm 14 f. tat: Für Petrus war hier offensicht-lich nicht eine soteriologische Grundsatzfrage zu diskutieren, sondern pragmatisch eine Frage der Liebespraxis, bei der auch einmal auf Freiheit verzichtet werden kann, wenn damit „schwächeren" Mitchristen geholfen und die Koinonia in der Gemeinde bewahrt werden kann.

Fazit, wird von der Frage einer soteriologischen Rolle der Tora abge-sehen, wurden Trennlinien v. a. dann gezogen, wenn Praxeis missfielen, weil sie Agape vermissen ließen, übersteigerte Eigensucht verrieten, die moralische „Reinheit" der Gemeinde gefährdeten oder eine Praxis der Geistesgaben Anstoß erregte. Nicht von ungefähr schleuderte Paulus in 1 Kor 16,22 ein Anathema für den Fall, dass „jemand den Herrn nicht liebt (φιλέω)". Damit wies er nicht auf Lehrdifferenzen als Trennungs-kriterium zwischen Christen, sondern wiederum auf die Liebe, in diesem Fall auf die affektive Intensität der Gottesbeziehung, die sich vor allem an den Früchten im Verhalten ablesen lässt. Programmtisch schreibt Mat-thäus (7,21): „Nicht jeder wird in das Reich der Himmel eingehen, der zu mir sagt: Herr, Herr," also das richtige Bekenntnis pflegt, „sondern der den Willen meines Vaters in den Himmeln *tut*." Heteropraxie vermag zu scheiden, während Orthodoxie allein Einheit nicht garantiert. Die Herausforderung des Logions Mt 7,21 besteht darin, dass beide, Ortho-doxie und Orthopraxie, notwendige Bedingungen für den „Eintritt ins Himmelreich" und so für christliche Koinonia darstellen, aber beide je für sich keine hinreichenden Bedingungen.

Blicken wir auf die skizzierte frühchristliche Heterogenität zu-rück, die sich in Sozialisationsformen, Lehransichten und Praxeis zeigte, stellt sich die hermeneutische Frage ihrer Bewertung. Ist sie als ein zu überwindendes Übel oder im Hinblick auf Lehr-ansichten sogar als eine theologische Notwendigkeit einzustu-fen?[32] Einiges spricht für letzteres. Nachdenkliche in der Theo-logiegeschichte machten punktuell sich immer wieder bewusst, den von ihnen verkündeten souveränen Gott nie in ihren Sätzen einfangen zu können, immer nur unter Vorbehalt zu formulieren und im tiefen Grunde theologisches Reden nur in doxologischer, in anredender Gebetssprache – so wie Augustin in seinen *Confes-*

---

[32] Siehe zum Folgenden P. Lampe, *Wirklichkeit als Bild*, 88–91.

siones – verantworten zu können, nicht in Aussageform. Aber selbst für die Anredeform galt: „Sei nicht schnell mit dem Munde ..., etwas zu reden vor Gott. Denn Gott ist im Himmel und du auf Erden. Darum lass deiner Worte wenig sein ... Wo viele Worte sind, hört man den Toren" (Prediger 5,1–2.11). Die Souveränität Gottes weist das Reden des Gläubigen in die Bescheidenheit.[33]

Auch Paulus wusste um die Relativität von Theologie als einem Reden unter dem Kreuz. Das heißt, theologisches Reden konnte für ihn nicht Absolutheit beanspruchen, sondern immer nur „mit Zagen und Zittern" (1 Kor 2,3) als etwas Fragmentarisches und in situationsgebundene Briefe Zerstückeltes verantwortet werden. Ein Beispiel sei genannt. Zu Paulus' Verzicht auf eine Dogmatik aus einem Guss gehörte, dass er mehrere soteriologische Konzepte relativ unverbunden nebeneinander stellte. Soteriologie entfaltete er in verschiedenen Sprachhorizonten: im *taufsprachlich-partizipatorischen* (Mitsterben und Mitauferstehen mit Christus: Röm 6), im *forensischen* (Rechtfertigung), im *kultischen* (Bund stiftender Opfertod: 1 Kor 11,25/Ex 24; Christus als Ort der Sühne, der zwischen Gott und Menschen vermittelt: Röm 3,25/Lev 16); im unkultischen der *Stellvertretung* (Jes 53; hierher und weniger in kultischen Zusammenhang gehören alle ὑπέρ-Aussagen[34]); im *ökonomisch-rechtlichen* (Lösegeld: 1 Kor 6,20; 7,23) und im *politischen* (Versöhnung: Röm 5,11; 2 Kor 5,18 f). Das Nebeneinander der Kategorien („Währungen") bedeutet für ihn nicht, dass sie nicht miteinander vereinbar wären; Währungen können ineinander gewechselt werden. Doch zeigt das immer wieder versuchte Anlaufnehmen aus verschiedenen Richtungen, dass Paulus nicht den Anspruch erhob, das Geheimnis Gottes in letztgültiger Weise zu greifen. Deshalb die Vielfalt soteriologischer Anschauungen.

Dem zentralen Evangeliumsinhalt, einem Gekreuzigten, entsprach für ihn die Form eines vom Kreuz, das heißt, von Vorläufigkeit und Schwäche (ἀσθένεια) gezeichneten Verkündigens. Theologie auf der Basis des „Wortes vom Kreuz" (1 Kor 1–2) stand für

---

[33] Vgl. auch z. B. 8,8.17; 11,5; Jer 23,18; Hiob 15,8; Jes 40,13 LXX; Röm 11,34.

[34] Dazu Peter Lampe, „Human Sacrifice and Pauline Christology", in: *Human Sacrifice in Jewish and Christian Tradition,* hg. von Karin Finsterbusch et al., Numen Books, Leiden/Boston 2007, S. 191–209.

Paulus unter der richtenden Kraft eines souveränen Gottes, der als Gegenstand der Theologie dieselbe immer wieder in Frage stellt, wenn es denn sinnvoll bleiben soll, von einem souveränen, nicht zu vereinnahmenden Gott zu reden, nicht einholbar von einer Theologie, die Gott die Freiheit lässt, möglicherweise anders zu sein, als sie ihn definiert.[35]

Wenigstens latent waren Juden und Christen, aber auch der Islam seit jeher sich bewusst, dass sie mit ihren Gottesaussagen lediglich Gottes*modelle* erstellten, ohne den Anspruch erheben zu können, ein *ähnliches Abbild* zu kreieren. Über der Schwelle der drei monotheistischen Religionen hängt ein ausdrückliches Abbild-Verbot.

Jahwe, der Ich-bin-der-ich-bin, offenbart sich dem Mose als der, der sich entzieht. Für den Monotheismus ist Gott entsprechend nicht in kultischen Abbildern zu fassen. Vielmehr bringt ein Buch Gott nahe, indem es ihn gleichzeitig in der Distanz belässt: Das Medium der Schrift verweigert sich, kultisches Abbild zu sein. Als Verweiszeichen weist es von sich selbst weg. An die Stelle der Idolatrie tritt ein Hochschätzen des Zeichens. Dort, wo im Kultraum ein Bild zu erwarten wäre, steht die Schriftrolle.[36] Der im Monotheismus vollzogene Schritt vom Kultbild zur Schrift entließ den einzigen Gott in die unverfügbare Distanz und dient den Erben als Warnung, die sprachliche Aussage nicht selbst wieder zum Götzenbild und damit tötenden Buchstaben werden zu lassen (vgl. 2 Kor 3,6). Nicht in Stein gemeißelt, sondern plastisch hat theologische Sprache zu sein, das letztlich nicht Fassbare nur umkreisend, in immer wieder neuen – durchaus heterogenen – Anläufen das Unaussprechliche auszusprechen versuchend ohne Anspruch auf Absolutheit.

---

[35] Zu Paulus' kreuzestheologischer Einsicht in die Begrenztheit theologischen Redens s. weiter Peter Lampe, „Theological Wisdom and the ‚Word about the Cross'", in: *Interpretation* (44/1990) S. 117–131, bes. S. 122–125.

[36] Wenn im Christentum dann doch wieder der Wunsch nach der Abbild-Kategorie aufkeimt, indem Christus zum wahren Bild Gottes gekürt wird (z. B. 2 Kor 4,4 oder auch Joh 14,9), heißt es bezeichnenderweise zugleich, dass dieser Christus *Logos* sei, Wort (Joh 1), dessen Nachhall uns wieder nur als Schrift oder von Menschen verkündetes Wort (1 Kor 1,18) begegnet.

Angesichts der genannten frühchristlichen Befunde ist zu bilanzieren, dass die Anfänge des Christentums Vielfalt in sich einschlossen, ja diese Vielfalt ein intrinsisches Merkmal der Frühchristenheit war, das *kanonisiert* wurde und so gegenwärtigem Christentum vorgegeben – um nicht zu sagen: vorgeschrieben – ist.

Im Hinblick auf Lehrinhalte heißt das, anstatt dem Anderssein von anderen Christen mit Ausgrenzen zu begegnen oder in ein Sowie-wir-Sein umzukrempeln, gälte es, Vielfalt als stimulierenden Reichtum zu begreifen und zu fragen, ob Gemeinschaft und Kooperation – mithin Kononia – gelebt werden können, obwohl unterschiedliche Lehransichten gepflegt werden. Leitfrage: Lassen sich bestimmte Lehrinhalte im Hinblick auf zu lebende Koinonia als Adiaphora einstufen? Lässt sich z. B. konkret – als schwierigster Testfall – gemeinsam Eucharistie feiern, obwohl die Teilnehmenden wissen, dass sie das Wie der Christuspräsenz im Sakrament oder auch die kirchlichen Ämter anders verstehen? Die dogmatischen Unterschiede und damit konfessionellen Identitäten wären dabei nicht zu verwischen, sondern mit klarem Blick auf dieselben wäre *trotzdem* Koinonia zu praktizieren. Denn alle wüssten demselben Kyrios sich im Mahl verbunden. Das Neue Testament, das Heterogenität von Glaubensinhalten als kanonisierte Norm vorstellt, ruft dazu auf, so radikal zu denken.

Neben der Lehrebene wäre die pragmatische Dimension noch klarer ins Auge zu fassen: *das tatsächliche Handeln,* das für die Konstitution von Einheit und den Vollzug von Trennung dem Neuen Testament zufolge mindestens ebenso wichtig ist wie Lehrinhalte (s. o.). Konkret wäre zu fragen – und die Kirchen tun dies bereits –, wieweit *gemeinsame* Handlungsfelder erschlossen und beackert werden können, obwohl Differenzen in der Lehre bestehen. Als Kriterium für authentisches gemeinsames Handeln gibt das Neue Testament vor allem die Agape vor. Was treibt sie, was nicht?

Was für den interkonfessionellen Bezug gilt, könnte auch für das interreligiöse Begegnen bedeutsam werden. Im klarem Bewusstsein der Differenz in religiösen Glaubensinhalten – ohne Aufgabe der eigenen Identität – ist zu fragen, wie weit gemeinsame Handlungsfelder erschlossen werden können und auf diese Weise ein Stück interreligiöse Gemeinschaft gelebt werden kann. In der derzeitigen Flüchtlingshilfe gibt es Ansätze zu solchen Kooperationen auf der pragmatischen Ebene. Mit Kreativität lassen sich weitere gemeinsame Handlungsfelder erschließen. Multikulturalismus heißt dann nicht, kulturelle und religiöse Eigenidentität zu verlieren, sondern gemeinsames Leben und Handeln trotz unterschiedlicher religiös-kultureller Färbungen zu versuchen.

Die christliche Eucharistiefeier als Identitätsstifter des „Abendlandes"?

Florian Wegscheider, Linz

„Sine dominico non possumus." Mit dieser Aussage einer der Märtyrer von Abitina († 304), welche unter der Regierung Kaiser Diokletians verhaftet wurden, weil sie die Heiligen Schriften nicht abgaben und trotz Verbotes am Sonntag Eucharistie feierten, steht bis heute in Anlehnung an Apg 4,20 als Prämisse dafür, dass die Eucharistiefeier (resp. Göttliche Liturgie, Abendmahl, etc.) für die Christen und die christlichen Gemeinden identitätsstiftend ist. Die Feier des Herrentages als den achten Tag ist die Verwirklichung des apostolischen Auftrags der Vergegenwärtigung des Pascha-Mysteriums, welches in der Auferstehung seine Kulmination findet und in der Wiederkunft Christi vollendet wird (vgl. SC 106). Im Verständnis der katholischen Kirche stellt die Eucharistie Quelle und Höhepunkt des gesamten christlichen Lebens (vgl. LG 11) dar. Doch ist die Eucharistiefeier wirklich Identitätsmerkmal bzw. Stifter des genuin Christlichen oder finden wir in ihr eine inkulturierte Feierform vor, welche in ihren Charakteristika deutlich von anderem Ursprung ist?

Diese Fragestellung erhält aufgrund der momentanen Entwicklungen in Hinblick auf Migration – besonders im Kontakt zum Islam und der Frage nach dem christlichen „Abendland" – eine neue Brisanz, da zu klären ist, ob und was das christliche Proprium ist. Dabei erscheint die Thematik der Inkulturation besonders dort virulent zu werden, wo sich Identitätsbildung ereignet oder das zumindest der Anschein vorhanden ist, dass diese dort geschieht. Hierbei kommt dem Sakralen bzw. der Religion eine ambivalente Rolle zu. Einerseits möchte Religion ihren Anhänger eine identitätsstiftende Dimension anbieten, andererseits weiß sie darum, dass aufgrund des (göttlichen) Absoluten eine letzte Identität immer entzogen sein muss bzw. Religion immer auch in die Lebenswelt der einzelnen Gläubigen eingewebt wird.

In dieser Auseinandersetzung soll nach der Prämisse, dass die Eucharistie Identitätsmerkmal des Christentums ist, beleuchtet werden, inwiefern die Feier der Danksagung in Form eines Mahles genuin christlich ist.

Das 2. Jahrhundert als Übergang von der Synagoge zur Herausbildung der christlichen Identität

Scheint es nach der Apostelgeschichte (Apg 2,42–45) noch eine Tetraktys von apostolischer Lehre, Brotbrechen, bestimmten (liturgischen) Gebeten und Gütergemeinschaft zu sein, welche die Bewegung Jesu auszeichnet, so macht Justin (100–165) im 2. Jahrhundert in seiner Ersten Apologie vor allem Taufe und Sonntagseucharistiefeier als christliche Wesensmerkmale stark. Die Rechtfertigung in Form einer Apologie scheint aufgrund einer außenperspektivischen Anfrage notwendig geworden zu sein, welche die sich zu etablierende Religion des Christentums im Römischen Reich kritisch ins Auge gefasst hat.

Hierbei darf man nicht übersehen, dass die Apologie eines genauen Blickes bedarf, denn es ist in erster Linie nicht ihr „normativer" Charakter ausschlaggebend[1] um als authentische Quelle fungieren zu können, sondern vor allem die Auswahl, welche Justin trifft, um das Christentum dem Adressaten näherzubringen. Das bedeutet, dass eben diese angesprochenen Punkte von allgemeinem Interesse, oder anders gesagt, von größerer Bekanntheit bzw. vermehrter Kritik innerhalb der damaligen Gesellschaft ausgesetzt waren. Hierbei darf bei der Relecture der Schwerpunkt nicht so sehr auf die konkrete Feiergestalt im Sinne einer genormten oder aus einer bestimmten Tradition erwachsenen Liturgie gelegt werden, sondern der in vielen Bereichen des Römischen Reiches herumgekommene Justin erläutert die Wichtigkeit der Taufe und Feier der Eucharistie für die Christen des 2. Jahrhunderts. Die Wahrnehmung der andersgläubigen Bevölkerung veranlasst Justin jene Eigenheiten zu erschließen, welche einer kritischen Anfrage unterlagen bzw. für die Christen von solcher Bedeutung waren, dass es unverzichtbar erschien, diesen eine Erläuterung beizustellen.

Im ersten nachchristlichen Jahrhundert ergab sich die Frage nach den Propria des Christentums aus zweierlei Gründen nicht in dieser Dimension, da einerseits die Anhänger des Jesus von Nazareth sich noch der Synagoge zugehörig fühlten und andererseits die Erwar-

---

[1] Vgl. u. a. Adalbert Hamman, „Valeur et signification des reseignements liturgiques des Justin", in: *Études patristiques. Méthodologie, Liturgie, Histoire, Théologie* (ThH 85), hg. von Adalbert Hamman, Beauchesne, Paris 1991, S. 101–111.

tung der Parusie eine Herausbildung der genuin eigenen Identität in dieser Form nicht forderte.

Die Anhänger Jesu sahen sich selbst als jüdische Bewegung mit eschatologischer Ausrichtung, welche sich in ihrer Feierkultur weiterhin den Traditionen des Judentums verpflichtet fühlte. Bei der sukzessiv erfolgenden Herausbildung eigener gottesdienstlicher Formen bestand das Fundament weiterhin im jüdischen Synagogengottesdienst: das Herrenmahl als Eigenart des jüdischen Kultmahls, die Taufe als Weiterentwicklung der prophetisch-apokalyptischen Handlung von Johannes dem Täufer, etc., wobei eben diese mit der Lehre Jesu in ihrer Dimension neuverstanden und auf die endgültige Wiederkunft hin ausgerichtet werden wollten.[2]

Innerhalb der wenigen Zeugnisse aus apostolischer Zeit findet vor allem die Darstellung des Mahls aus dem 1. Korinther-Brief besondere Beachtung. Bei aller inhaltlicher Auseinandersetzung stellt Paulus weniger die theologische Bedeutung des Mahlcharakters in den Mittelpunkt des Schreibens, sondern vielmehr die Wertvorstellung der Gemeinde von Korinth.[3] Auch wenn das Herrenmahl als „sakramentale" Größe zu verstehen ist[4], so ist die dominierende Thematik die realumsetzende Communio-Struktur mit ihrem caritativen Charakter. Die Feier des Herrenmahls steht hierbei vielmehr als Symbol für eben diese Einheit innerhalb der Gemeinde, aber (noch) nicht als Wesensmerkmal im eigentlichen Sinn. Den Feiergehalt, wie wir in der heutigen Form der Liturgie in der Eucharistie vorfinden, verortet G. Rouwhorst nicht so sehr im sonntäglichen Herrenmahl, sondern in der jährlichen Oster-/Pessachfeier der christlichen Gemeinden.[5]

---

[2] Vgl. Valeriy A. Alikin, *The Earliest History of the Christian Gathering. Origin, Development and Content of the Christian Gathering in the First to Third Centuries,* Supplements to Vigiliae Chris, Leiden / Boston 2010, S. 103–105.

[3] Vgl. Daniel Powers, *Salvation Through Participation. An Examination of the Notion of the Believers' Corporate Unity with Christ in Early Christian Soteriology,* Contributions to Biblical Exegesis & Theology 29, Leuven 2001, S. 179–180.

[4] Paulus erinnert die Gemeinde (vgl. 1 Kor 11,23), dass er ihnen bei seinem Besuch die anamnetisch-soteriologische Dimension des Herrenmahls nahegebrachte: *„Das ist mein Leib für euch."* resp. *„Dieser Kelch ist der Neue Bund in meinem Blut."* (vgl. 1 Kor 11,23–26)

[5] Vgl. Gerhard Rouwhorst, „La célébration de l'Eucharistie dans l'Église primitive", in: *QL* 74 (1993), S. 89–111, bes. S. 109–111.

Die Christen entwickelten in den ersten Jahrzehnten noch keine eigenständige Identität, nachdem selbst über das Verständnis des Jesus von Nazareth kein Konsens unter seinen Anhängern herrschte und dies aufgrund der erwartenden Parusie auch nicht als nötig erschien.[6] Des Weiteren muss festgehalten werden, dass der wissenschaftliche Umgang mit der neutestamentlichen Quellenlage nunmehr vorsichtiger geworden ist und Rekonstruktionsversuche liturgischer Hymnen und Lieder, welche möglicherweise eine christliche Identitätsausbildung nachzeichnen ließen, anhand der Briefliteratur seltener werden.[7] Das bedeutet, wenn es eine christliche Identitätsbildung anhand des Herrenmahls gegeben haben sollte, so ist dies für das 1. Jahrhundert seriös nicht mehr zu belegen.

Mit dem 2. Jahrhundert finden wir die älteste Kirchenordnung (Didache bzw. Lehre der zwölf Apostel) vor, welche sich mit dem Taufritus, dem täglichen Pflichtgebet und dem Kultmahl mit den dazugehörigen Gebeten befasst. Dabei ist festzuhalten, dass Kirchenordnungen nicht in erster Linie eine *„kirchliche Realität widerspiegeln als vielmehr Zielnormen formulieren."*[8] Neben der Didache erscheinen in dieser Zeit als Quellen verschiedene apokryphe Schriften und Texte einiger weniger Kirchenväter zu dieser Thematik. Bei der allgemein dünnen Quellenlage erscheint die Apologie Justins in diesem Bereich als die ausführlichste.

---

[6] Vgl. Daniel Marguerat, „Einleitung: Jesus von Nazaret", in: *Geschichte des Christentums. Religion, Politik, Kultur,* hg. von Jean-Marie Mayeur, Herder, Freiburg im Breisgau 2003, Bd. 1, S. 1–53, bes. S. 48–51.

[7] Vgl. Ralph Brucker, *‚Christushymnus' oder ‚epideiktische Passage'? Studien zum Stilwechsel im Neuen Testament und seiner Umwelt* (FRLANT 176), Vandenhoeck & Ruprecht, Göttingen 1997, S. 1–17.

[8] Reinhard Meßner, „Der Gottesdienst in der vornizänischen Kirche, in: *Geschichte des Christentums. Religion, Politik, Kultur,* hg. von Jean-Marie Mayeur, Herder, Freiburg im Breisgau 2003, Bd. 1, S. 340–441, hier: S. 341.

Taufe und Eucharistie als zwei Identitätsmerkmale des Christentums im 2. Jahrhundert[9]

Justin möchte in seiner apologetisch angelegten Schrift die Mysterien der Taufe[10] und der Eucharistie und ihre Bedeutung für das Christentum dem Leser mit einem damals römisch-philosophischen geprägten Verständnis näherbringen. Ist die Taufe Fundament der christlichen Lehre, so erscheint es Justin entscheidend, die Feier der Eucharistie den außenstehenden Personen zu erläutern, wenn er sie bewusst ans Ende seiner Ausführungen stellt. Wie bei Justin wird auch in den anderen Quellen dieser Zeit[11] die Taufe nicht als isoliertes einmaliges Ereignis gesehen, sondern mit dem Taufritus geht neben einer Phase des Fastens[12] eine Zeit der Vorbereitung einher (auch wenn sich das Katechumenat noch nicht herausgebildet hat), in welcher den Täuflingen die Lehre der Apostel, die Schriften des Neuen Testamentes und der christliche Lebenswandel nähergebracht werden[13].

Die Taufe, die Eingliederung in das Pascha-Mysterium, erscheint in ihrer Symbolsprache eine stärkere Binnenperspektive zu haben als jene der Eucharistie, was wiederum nicht zu bedeuten hat, dass die Außenwelt nicht anhand der Taufe mit dem christlichen Glauben konfrontiert wurde. War doch im 2. Jahrhundert die Konversion zu den Lehren Jesu eine bewusste Entscheidung mit teilweise weitreichenden Folgen bzw. Einschränkungen. So sieht es Justin als Notwendigkeit an, Kaiser Antoninus Pius, dem Adressaten seiner Ersten

---

[9] Die von den Quellen nur wenig belegte Auseinanderentwicklung des Christentums und des rabbinischen Judentums, welchen nach der Zerstörung des Tempels in Jerusalem (70 n. Chr.) einsetzt und im 2. Jahrhundert seinen Höhepunkt findet, wird als „formative periods" bezeichnet.

[10] Hinweise hinsichtlich des Taufrituals sind für das 2. Jahrhundert äußerst spärlich und finden sich in bescheidener Form in der Didache und in der Apologie des Justins.

[11] Neben der Apologie des Justins sind hier vor allem die Didache und der Hirt des Hermas zu nennen. Letzter stellt die Taufe weniger in ihrer rituell-liturgischen Handlung dar als vielmehr in mystagogischer Weise und setzt dabei das Hauptaugenmerk auf eine postbaptismale Buße.

[12] Vgl. Didache 7. U. a. *Didache/Zwölf-Apostel-Lehre* (Fontes Christiani Bd. 1), übersetzt von Georg Schöllgen, Herder, Freiburg im Breisgau 1991.

[13] Vgl. Didache 1–6; Justin, 1 Apologia 61 (PTS 38), hrsg. v. Miroslav Marcovich), De Gruyter, Berlin/New York 1994, S. 118 f.

Apologie, zu erläutern, warum die Christen die besten Helfer zur Aufrechterhaltung der staatlichen Ordnung sind.[14] Damit stellt einerseits das Bekenntnis zum christlichen Glauben für den nichtchristlichen Teil der Gesellschaft eine Änderung der Sicht auf die Neugetauften dar, andererseits ist mit der Taufe ein Wandel der ethisch-religiösen Wertvorstellung für die Neophyten verbunden. Die Taufe ist auch die endgültige Eingliederung in die Gemeinschaft der Gläubigen, was bedeutet, dass die Getauften nun Teil des kirchlichen Lebens sind und als solcher gesehen werden. Diese Veränderung der sozioreligiösen Stellung wird aber durch die Mitfeier des sonntäglichen Gottesdienstes und der damit verbundenen Gebetsgemeinschaft für die Außenwelt signifikant. Findet in der Taufe die soziale Veränderung statt, auch in Hinblick auf einen etwaigen Staats- bzw. Militärdienst, so wird diese durch die regelmäßige Eucharistiefeier zum Wiedererkennungswert der Christen. Auch wenn bei einem vorsichtigen Rekonstruktionsversuch der Quellenlage, welche durch die Apologie des Justins vorliegt, festzustellen ist, dass die Parallelen zum jüdischen Nachtischgebet nicht zu übersehen sind, so ist doch zu konstatieren, dass sich im Laufe des 2. Jahrhunderts die Eucharistie zu einem der beiden großen Identitätsmerkmale des Christentums herausgebildet hat.[15]

Ursprung und Parallelen im jüdischen Gastmahl

Die Entwicklung der christlichen Eucharistiefeier wird einerseits aus dem jüdischen Abendmahl oder dem griechisch-römischen Symposium gesehen. Hierbei muss aber zuerst Erwähnung finden, dass die rabbinischen Quellen, welche zur Rekonstruktion der jüdischen Mahlpraxis herangezogen werden, für das 3.–7. Jh. n. Chr. belegt

---

[14] Vgl. Justin, 1. Apologia 12.

[15] Die Feier des Herrenmahls richtete sich auf die Parusie aus und war der bevorzugte Ort der Erwartung der Wiederkunft Christi. So formuliert Paulus in 1 Kor 11,26 die Antizipation der Gemeinde im Gottesdienst am endgültigen Kommen des Menschensohnes. Dabei ist weniger die zeitliche Dimension – das Warten auf die Parusie – Mittelpunkt der Überlegungen, sondern das flehentliche Bitten, das unterstrichen wird durch das Verständnis, dass das Herrenmahl Vorwegnahme des eigentlichen himmlischen Mahles ist (vgl. R.Meßner, „Der Gottesdienst in der vornizänischen Kirche", 356).

sind. Gewisse Textschichten können bis ins 1. Jh. zurückreichen, aber hierfür gibt es keine gesicherten Anhaltspunkte.[16] In Anwendung der Quellen kann gesagt werden, dass das altjüdische Gastmahl aus drei Teilen bestanden hat: einerseits die Einnahme der Vorspeisen in einem separaten Raum, dann die Hauptmahlzeit und andererseits der Nachtisch. Die Hauptmahlzeit wurde auch in der jüdischen Tradition nach der hellenistischen Form eingenommen. Im Speisesaal, wo der Hauptgang gereicht wurde, nahm man auf Polster liegend Platz, was im markinischen Bericht (Mk 14,15) mit dem Partizip ἐστρωμένον (mit Polstern ausgelegt) eindeutig überliefert ist. Das bedeutet, dass der Brotgestus, dass Jesus Brot genommen und es in Stücke gerissen hat, eingebettet ist in einen damals üblichen Hauptgang. Mit der Berakah (*„Gepriesen bist Du, Herr, unser Gott, König der Welt, der das Brot aus der Erde hervorgehen lässt.“*) und dem Weiterreichen der Brotstücke sollen alle Anwesenden Anteil haben am Segen Gottes und so auch die Mahlgemeinschaft konstituiert werden. Der Bechergestus verlangt hingegen eine weitere Analyse, da im jüdischen Mahl der Wein an mehreren Stellen gereicht wird: zur Vorspeise, während und zum Abschluss der Hauptmahlzeit sowie zum Nachtisch. Bei den biblischen Überlieferungen kann man davon ausgehen, dass der Becher nach der Beendigung der Hauptmahlzeit gemeint ist (so auch 1 Kor 10,16: Τὸ ποτήριον τῆς εὐλογίας – der Becher des Segens), bei dem der Gastgeber oder einer der Gäste mehrere Segensgebete spricht und danach seinen Becher austrinkt, woraufhin die versammelte Tischgemeinschaft ihm das gleich tut.[17] Die markinische Anmerkung (Mk 14,23), dass Jesus seinen Becher weiterreicht, könnte eine Parallele dazu sein, dass der Gastgeber besonderen (abwesenden) Personen den Weinbecher geschickt hat, um die Verbundenheit auszudrücken.[18]

---

[16] Vgl. Bernhard Heininger, „Das letzte Mahl Jesu. Rekonstruktion und Deutung“, in: *Mehr als Brot und Wein. Theologische Kontexte der Eucharistie*, hg. von Winfried Haunerland, Echter, Würzburg 2005, S. 10–49, hier: S. 36.

[17] Vgl. B. Heininger, „Das letzte Mahl Jesu. Rekonstruktion und Deutung“, 36 f.

[18] Sollte es sich beim Letzten Abendmahl Jesu – wie wir es in der Tradition des Evangelisten Markus vorfinden – um ein Paschamahl gehandelt haben, dann würden sich das berichtete Szenario auf die Hauptmahlzeit des Paschamahles beziehen, das sich im Mahlteil vor allem anhand der gereichten Speisen (Lamm, Mazzen, Bitterkräuter, etc.) unterschied (vgl. Gerd Theißen, Annette Merz, *Der historische Jesus. Ein Lehrbuch,* Vandenhoeck & Ruprecht, Göttingen ⁴2011,

Ursprung und Parallelen im hellenistischen Symposium

Das römisch-hellenistische (Gast-)Mahl zeichnet sich vor allem durch seinen sozial-gesellschaftlichen Charakter aus. So finden wir in den *Tischgesprächen* des griechischen Schriftstellers Plutarch (45–125) die ironische Aussage: *„Ich habe heute gegessen, aber nicht gespeist."*[19] Das Mahl stellte eine Form der Unterhaltung, der Gastfreundschaft dar, welches sich nach einer gewissen Etikette zu richten hatte und dessen Ablauf zwar nicht verschriftlicht war, aber doch gesellschaftlich genormt. Aufgrund der damit einhergehenden Codierung war es möglich diesen Anlass des Essens für soziale Botschaften zu nutzen. So konnte der Patron des Hauses einem geladenen Gast durch verschiedene Gesten seine besondere Wertschätzung, aber auch das Gegenteil ausdrücken und dabei öffentlichen Charakter für sich beanspruchen. Auch wenn sich das griechische und das römische Symposium im Triclinium in manchen Punkten unterscheiden, so ähneln sie sich in Form und Aufbau sehr stark. Der Gastgeber und die Gäste lagen auf niedrigen Bänken, welche zu einem offenen Viereck bzw. Quadrat angeordnet waren, davor standen in derselben Höhe Tische mit Speisen. Man unterhielt sich miteinander, lauschte den Reden der Tischgesellschaft oder beobachtete die Künstler und Musiker, welcher im Inneren des Bankvierecks ihre Darbietungen zum Besten gaben.

Dabei wurde das (griechische) Gastmahl[20] in zwei Teile unterschieden: Auf der einen Seite stand das Sättigungsmahl (δεῖπνον) und auf der anderen Seite das „Trinkgelage" (das eigentliche συμπόσιον), welches aber nach der hellenistischen Vorstellung von Tugendhaftigkeit nicht ausufern durfte.

Bevor der Gast aber Platz nahm, wurde er von einem Diener bei der Eingangstür des Hauses abgeholt, ihm die Schuhe aufgeschnürt und die Füße gewaschen.[21] Nachdem sich der Gast niedergelassen hat-

---

S. 374 f.). Hinsichtlich der Rekonstruktion genügt das jüdische Gastmahl, die Umrahmung mit dem Paschamahl scheint kultätiologischen Ursprungs zu sein, ändert aber selbst an der Mahlsituation nichts.

[19] Plutarch, *Tischgespräche*, zitiert nach: *From Symposium to Eucharist. The Banquet in the Early Christian World*, hg. von Dennis E. Smith, From Symposium to Eucharist. The Banquet in the Early Christian World, Augsburg Fortress, Minneapolis 2003, S. 13 – Übersetzung vom Verf.

[20] Ähnliches galt für die römische Version.

[21] Vgl. hierzu u. a. die Darstellungen bei Plato, *Symposium*, 175A.

te und ihm Wasser zum Hände waschen gebracht worden war sowie weitere vorbereitende Riten abgeschlossen waren, servierten Sklaven die Speisen. Nach dem Sättigungsmahl wurde der Übergang zum Symposium entsprechend inszeniert, indem Waschungen vorgenommen, Lieder angestimmt, Trank- und Speiseopfer den Göttern dargebracht wurden. Es versteht sich von selbst, dass die Übergangsriten variieren konnten, *„but it is clear that, at the least, a ritual libation and removal of the tables commonly marked the transition from the eating to the drinking part of the meal."*[22] Wie auch der Wechsel vom δεῖπνον zum συμπόσιον nicht überall einheitlich war, so gestaltete sich dies auch beim rituellen Wein- bzw. Bechergestus. Einheitlich hingegen erscheint, dass die ersten Becher Wein bewusst im Gedenken an Götter herumgereicht oder getrunken wurden. Dazu konnten Laudationes oder ähnliches vorgetragen werden.

Die Eucharistie als rituelles Hauptmerkmal des Christentums im Laufe der Geschichte

Das Herrenmahl, wie es noch von Justin für das 2. Jahrhundert beschrieben wird, setzt eine relativ kleine Gruppe an Gläubigen voraus, welche sich in privaten Speisesälen versammelte, um in Form eines hellenistischen Symposions den Lobpreis Gottes zu begehen. Aufgrund der größer werdenden Gemeinden, besonders im 3. und 4. Jahrhundert, war es notwendig, dass das Herrenmahl zu einem Kultmahl stilisiert wurde: Anstatt eines Sättigungsmahls gab es ein Stück Brot, anstatt des Bechers Wein, einen Schluck. Mit der sich neu etablierenden Struktur von Wortgottesdienst, Auslegung, Allgemeinem Gebet und Mahlhandlung, kommt es auch zu einer Verschiebung der Akzentuierung. Durch die Parallelisierung von Brot- und Kelchhandlung, welche ursprünglich durch das Sättigungsmahl getrennt waren, entsteht ein Fokus auf die symbolische Inszenierung des anamnetischen Verständnisses der Eucharistie in Hinblick auf die Handlung Jesu bei seinem Abschiedsmahl. Brot- und Kelchhandlung werden als Tod und Auferstehung gedeutet, wobei es zur deutlichen Abgrenzung von alltäglichen Mählern kommt.

---

[22] D. Smith, From Symposium to Eucharist, 29.

Ähnliches gilt für den Wortgottesdienst, bei welchen die verschriftete Evangelienlesung in den Mittelpunkt tritt und den mündlichen Bericht der Lehre und des Lebens Jesu ablöst. Mit der Stilisierung des Herrenmahls zu einem Kultmahl geht eine beginnende Normierung einher. Die Abfolge der Eucharistiefeier wird – zwar regional unterschiedlich – nunmehr verstärkt geregelt.

Diese im 3. und 4. Jahrhundert stattfindende Zweiteilung der Eucharistie in Wortgottesdienst und Mahlhandlung besteht in ihrer Grundform bis heute.

Der Anlass für die Versammlung zur Eucharistiefeier (Messfeier) war seit Beginn das sonntägliche Gedächtnis an den Tod und die Auferstehung Jesu. Zeitgleich zur Normierung der Gottesdienstform kam es zu einem Anstieg der Häufigkeit der Feier, bis hin zur täglichen Zusammenkunft.[23] In diesem Zusammenhang wurden viele weitere Liturgieformen aus den Gemeinden verdrängt bzw. konnten sich nur schwer bis gar nicht dauerhaft etablieren. Auch wenn bis zur Karolingerzeit die tägliche Messe nicht anlasslos zur Frömmigkeitsübung oder Andachtsform des Priesters und der Gläubigen geworden war, so wurden doch die Anlässe, an welchen eine Eucharistiefeier stattfand, stetig mehr: Heiligengedächtnisse, Votivmessen unterschiedlichster Prägung, etc. Die Sakramentare dieser Zeit verdeutlichen dieses Bild, wenn sich die hinzukommende Zahl an Messformularen für besondere Anlässe an ihnen nachzeichnen lässt.[24] Auch wenn nicht pauschalisiert behauptet werden kann, dass die Messe die einzige regelmäßige Gottesdienstform der christlichen Gemeinde nach dem 4. Jahrhundert war, so ist ihre besondere Stellung hinsichtlich christlicher Spiritualität jedoch unbestritten. Vor allem aufgrund der Umformung der Oblationen der Gläubigen, welche sich in späterer Zeit zu den sogenannten Messstipendien entwickelten. Waren es im 2. und 3. Jahrhundert noch die Gaben der Gläubigen, welche sie zur Feier mitbrachten und die eben für diese

---

[23] Vgl. Robert Taft, „Die Häufigkeit der Eucharistie im Lauf der Geschichte", in: *Concilium* 18 (1982) S. 86–95, hier: S. 87 f.

[24] Auch wenn in der Sakramentarforschung einige Rekonstruktionen hinsichtlich der liturgischen Entwicklung stark hypothetisch erscheinen, so lässt sich mit dem heutigen Stand doch die steigende Häufigkeit der Messformulare belegen. Für das Gelasianum Vetus bis heute nicht überholt: Antoine Chavasse, *Le sacramentaire Gélasien (Vat. Reg. 316), sacramentaire presbytéral en usage dans les Titres romains au VIIe siècle,* Springer, Berlin 1985 (ND).

nötig waren, so entstand danach eine Theologie bzw. Frömmigkeit, welche statt der Naturalgaben Geldspenden für den Unterhalt des Klerus, die Versorgung der Armen und Witwen vorsah, wobei eine wirksame Gegenleistung in der Darbringung des Messopfers erwartet wurde. Diese voranschreitende Privatisierung der Oblationen veränderte die liturgietheologische Wahrnehmung der Eucharistiefeier. Die Akzentuierung wurde von der sonntäglichen Gemeindefeier hin zur Quelle zuwendbarer Gnadenfrüchte, welche vom Priester als Kultdiener vermittelt werden.[25] Dies hatte zur Folge, dass die Anzahl der Messfeiern, wie jene der Priester stetig anstieg und die Zahl der Gläubigen, welche dem Geschehen mit Andachtsübungen beiwohnten, je einzelner Feier abnahm. Diese Zunahme der Messhäufigkeit hatte für die Außenperspektive zur Folge, dass sie als einzige christliche Kulthandlung wahrgenommen wurde. Hinsichtlich der Binnensicht war die theologische Neuakzentuierung ausschlaggebend für die beinahe monopolartige Stellung der Eucharistiefeier.

Auch wenn das Konzil von Trient (1545–1563) darum bemüht war, die Missstände, welche mit dieser Entwicklung einhergingen – Subjektwechsel innerhalb des Hochgebetes, apologetische Privatgebete des Priesters, etc. –, auszubessern und die Liturgie der Eucharistiefeier zu ordnen, so musst doch festgestellt werden, dass weder die zuständige Kommission vom Reformwillen geprägt, noch das nötige Fachwissen vorhanden war. Die Reform, welche eine notwendige Normierung mit sich bringen wollte, entwickelte sich zu einer Uniformität der kirchlichen Liturgie mit einer Verbindlichkeitserklärung, welche – abgesehen von Ausnahmen – eine ausschließliche Verwendung der römischen Bücher vorsah bzw. anordnete.[26]

Wenn die Eucharistie im Laufe der Geschichte Identifikationsmöglichkeit und rituelles Hauptmerkmal der christlichen Glaubensgemeinschaft geworden ist, stellt sich nun die Frage, ob dies für die Eigenwahrnehmung des einzelnen Christen ausschlaggebend ist oder ob sich dieser auch anders dazu verhalten kann?

---

[25] Vgl. Hans Bernhard Meyer, *Eucharistie. Geschichte, Theologie, Pastoral. Mit einem Beitrag von Irmgard Pahl* (Gottesdienst der Kirche. Handbuch der Liturgiewissenschaft. Teil 4), Friedrich Pustet, Regensburg 1989, S. 244 f.

[26] Vgl. Adrien Nocent, *La messe avant et après Saint Pie V*, Beauchesne, Paris 1977, S. 44 f.

Eucharistie als Identitätsstifter des Christentums?

Es erscheint als allgemeiner Konsens, dass ein Konnex zwischen der Identität einer Gemeinschaft und der (liturgischen) Riten ebendieser existiert, wobei die verschiedenen Riten in unterschiedlicher Gradualität diese Identität darstellen bzw. widerspiegeln. Auch wenn religiöse Gesten, Kult bzw. Liturgie eine gewisse Darstellung des Verständnisses, wie sich die Gruppe gegenüber jenen, welche ihr nicht angehören, sein kann oder auch sein will, so ist es nicht möglich, dass hierbei ein vollständiges Bild der Identität angegeben wird. Die Identität ist an und für sich nicht fassbar, da sie stets im Begriff ist, sich zu verändern. Ein Versuch die Identität anhand von Ritualen bzw. der Liturgie greifbar zu machen, ist von Beginn an zum Scheitern verurteilt, da sich Gläubige nur teilweise mit den Riten, Gesten und dem Gehalt der jeweiligen Feier identifizieren können. Es scheint sogar den Ritualen genuin eigen zu sein, *„ein bestimmtes Maß an Zweifel, Skepsis und sogar Unwahrhaftigkeit"*[27] vorauszusetzen. Das verdeutlicht auch die Funktion der Riten, dass sie eben nicht Bild einer Identität sind, sondern dass sie, dort wo Identifikation fehlt oder nur teilweise vorhanden ist, eben diese zu bilden im Stande ist bzw. vorhandene zu stärken. Und doch kann von der Liturgie, dem Kult einer Gruppe eine gewisse inhaltliche Prägung abgeleitet werden.

„Und das gilt insbesondere für die Riten und ihre Entwicklung in den für die weitere Geschichte so entscheidende Perioden […], in denen sich das frühe Christentum und das rabbinische Judentum zu zwei selbstständigen Religionen entwickelt haben (zweites bis viertes Jahrhundert der christlichen Zeitrechnung)."[28]

Somit wird deutlich, dass sowohl die religiöse Kommunikation – das Absolute lässt sich nicht endgültig begreifen – als auch die Identitätsstiftung keinen fertigen Prozess darstellen.

---

[27] Gerard Rouwhorst, „Identität durch Gebet. Gebetstexte als Zeugen eines jahrhundertelangen Ringens um Kontinuität und Differenz zwischen Judentum und Christentum", in: *Identität durch Gebet. Zur gemeinschaftsbildenden Funktion institutionalisierten Betens im Judentum und Christentum* (Studien zu Judentum und Christentum), hg. von Albert Gerhards, Andrea Doecker, Peter Ebenbauer, Ferdinand Schöningh, Paderborn, 2003, S. 37–55, hier: S 37.

[28] Ebd., „Identität", 38.

Conclusio

Erscheinen doch etliche Parallelen zwischen der christliche Eucharistie, wie sie z. B. Justin in seiner Apologie beschreibt, und dem jüdischen Gastmahl bzw. dem hellenistischen zu existieren, welche sie durch die Kontextualität Jesu und seiner Jünger hinsichtlich des jüdischen Glaubens wie auch des Tradition des griechisch-römischen Mahles im Umfeld des damaligen Palästina und jenen Gegenden, in welche sich christliche Gemeinden bildeten, erhält, so muss doch festgehalten werden, dass die beschriebene Feier per se weder jüdischer noch hellenistischer Form ist. Bevor die christlichen Eucharistiefeiern eine Normierung erfahren haben, passten sie sich den jeweiligen Gegebenheiten bzw. Notwendigkeiten an, mit Beibehaltung wesentlicher Merkmale. So ist sie wie in ihrer ursprünglichen Form (wenn man das Abendmahl Jesu als solches bezeichnen möchte), ein Sättigungsmahl mit rituell-kultischen Gesten. Einerseits wird die Lebensgeschichte Jesu (und apostolische Briefliteratur) weitergetragen und andererseits wird im Brotritus dem Stiftungsauftrag gedacht (dabei muss es sich nicht um den Einsetzungsbericht handeln, wie wir anhand der verschiedenen Quellen sehen können[29]). Im Zuge der Normierung der Eucharistiefeier zu einem kultischen Mahl, welches nicht mehr primär auf Sättigung ausgerichtet ist, bildet sich sukzessiv die Form heraus, die als Messe, etc. bezeichnet wird. Neben den so genannten Einsetzungsworten, welche relativ rasch in der Mehrzahl der Anaphoren[30] Einzug gefunden haben, der von einem Sättigungs- zu einem Kultmahl transformierten Feiergestalt und der Tatsache, dass die rasche Verbreitung des Christentums nach der Konstantinischen Wende im Imperium Romanum eine monopolartige Stellung des christlichen Gottesdienstes mit sich bringt, eröffnet den Anschein, dass die Eucharistiefeier eine genuin christliche Feier darstellt. Die anamnetische Feier des Letzten Abendmahls ist aufgrund ihres hohen Wiedererkennungswertes sicherlich eine prägende Größe des Christentums, kann aber per se nicht als genuin christliche Feiergestalt mit exklusiven identitätsstif-

---

[29] Siehe hierfür auch: Enrico Mazza, *La celebrazione eucaristica. Genesi del rito e sviluppo dell'interpretazione*, Dehoninane, Bologna 2003, u. a. S. 39 f.
[30] Einen genauen Überblick hierzu bietet die kürzlich an der Universität Wien von Predrag Bukovec eingereichte Dissertationsschrift.

tenden Charakter betrachtet werden, da sie einerseits in ihrer Beschaffenheit Identität erlaubt, aber zugleich Identität infrage stellt. Andererseits wird die Feier der Eucharistie – vor allem wegen ihrem neutestamentarischen Stiftungsauftrag – von den Gläubigen in ihre jeweilige Lebenswelt transformiert und hat ihren Sitz ebenso, aus einer anderen Kultur- und Religionsvorstellung kommend, in der Transformation: vom hellenistisch-römischen bzw. jüdischen Mahl zum gedächtnisstiftenden Abendmahl Jesu und von diesem zur christlichen Eucharistiefeier.

Kehren wir zur Eingangsfrage zurück: Ist die Eucharistie nun Identitätsmerkmal des genuin Christlichen oder finden wir in ihr eine inkulturierte Feierform?

In allen Zeiten und Kulturen wurde die Eucharistie verändert[31] und adaptiert[32]. Dabei wurde die Feiergestalt in Gesten, Worten, Riten immer wieder umstrukturiert, variiert und angepasst, was aber keine Willkür darstellt, sondern auf die Lebenssituation der Gläubigen und den Wandel innerhalb der Gesellschaft eingeht. So finden wir selbst in jüngster Zeit Überlegungen zur Adaptierung des (römischen) Messritus.[33]

Die Eucharistiefeier (resp. Göttliche Liturgie, Abendmahlsfeier, etc.) hat aufgrund ihres anamnetischen Charakters den Ursprung im jüdischen Gastmahl geprägt von hellenistischer Tradition, wobei

---

[31] Vgl. Andreas Odenthal, „„Organische Liturgieentwicklung'? Überlegungen zur sogenannten bonifatianisch-karolingischen Liturgiereform im Hinblick auf die heutige Diskussion um die römische Messe", in: *Römische Messe und Liturgie in der Moderne*, hg. von Stephan Wahle, Helmut Hoping und Winfried Haunerland, Herder, Freiburg im Breisgau 2013, S. 40–72. Neben der Liturgiereform nach dem Zweiten Vatikanischen Konzil gab es in der Kirchengeschichte eine ganze Reihe an Reformen und Reformbemühungen, welche als Ziel die Anpassung und Erneuerung der Liturgie, insbesondere jene der Eucharistiefeier hatten.

[32] Hier kann unter anderem der Messritus von Zaire aus dem Jahre 1988 erwähnt werden, welcher sich auf die Diözesen Zaires (heute: Demokratischen Republik Kongo) erstreckt und die dortige Verehrung der Ahnen – welche in dieser Form nicht christlichen Ursprungs ist – in die gottesdienstliche Gestalt integriert.

[33] Vgl. Kongregation für den Gottesdienst und die Sakramentenordnung an die Bischöfe, 12. Juli 2014 (Prot. N. 414/14) sowie Florian Wegscheider u. a., „Friedensritus", in: *Leib Christi empfangen, werden und leben. Die Liturgie mit biblischen Augen betrachten* (Luzerner Biblisch-Liturgischer Kommentar zum Ordo Missae 3), hg. von Birgit Jeggle-Merz, Walter Kirchschläger und Jörg Müller, Bibelwerk, Stuttgart 2016, S. 73–90, hier: 86 f.

die sukzessive Entwicklung der Feiergestalt nur mehr wenige Elemente dieser ausweist. Der Festgehalt hingegen kann aufgrund der starken Identifizierung mit der Gestalt Jesus von Nazareth als christlich betrachtet werden. Auch wenn gewisse Parallelen zur jüdischen Frömmigkeit oder zum Mithras-Kult ausgemacht werden können, so kann zu Recht die in der Feier angenommene Vergegenwärtigung des Gottmenschen Jesus als genuin christlich betrachtet werden. Die von den Gläubigen kontextuell vorgenommene Interpretation des Lebens und der Lehre Jesu unterliegt hingegen kulturellen, sozialen Einflüssen und ist einer ständigen Veränderung unterworfen.

Das bedeutet, so wie die Feierform (sowohl Feiergestalt als auch Festgehalt) äußeren Einflüssen ausgesetzt ist, so wird auch die Umwelt von der christlichen Eucharistiefeier mitgeprägt. Im Sinne von Joh 14,6 stellt die sich wandelnde Form der Feier ein sichtbares Ringen um die Person Jesu dar, das im Sinne von G. Rouwhorst nie abgeschlossen sein kann.[34]

---

[34] Vgl. G. Rouwhorst, „Identität", 37 f.

„Hellenisierung des Christentums" als kulturhermeneutische Deutungskategorie der Moderne

Georg Essen, Bochum

Das Wort „Geschichte" kann im Deutschen zweierlei bedeuten. Es steht einmal für Ereignisse, die in der Vergangenheit stattgefunden haben, dann aber auch für deren Darstellung. Auf diesem Doppelsinn beruht die altehrwürdige Unterscheidung von res gestae, das Geschehene, und historia rerum gestarum, der Bericht über sie, beziehungsweise memoria rerum gestarum, die Erinnerung an sie. Seit der Mitte des 18. Jahrhunderts und insbesondere dann im 19. Jahrhundert, der Epoche von Historismus und Hermeneutik, schälte sich allmählich die Einsicht heraus, wie diese verschiedenen Momente miteinander zusammenhängen. „Geschichte", so können diese Reflexionen knapp zusammengefasst werden, ist das Resultat einer gegenwartsbezogenen Konstruktionsleistung. Aus einem Geschehen der Vergangenheit, so können diese Einsichten knapp zusammengefasst werden, soll eine Geschichte für die Gegenwart gemacht werden. Folglich ist jede Erkenntnis vergangener Ereignisse stets von Gegenwartsinteressen bedingt.

Wer nach der „Hellenisierung des Christentums" fragt, beschäftigt sich nicht lediglich mit dem Anfang und der Frühgeschichte des Christentums. Es geht um die „rerum gestarum memoria" und mit ihr um das Gegenwartsinteresse, aus dem heraus die Geschichte über die „Hellenisierung des Christentums" erzählt wird. Was so genannt wird, ist eine gegenwartsbezogene Konstruktion jener Vergangenheit, die mit Hilfe der Semantiken „hellenistisch", „Hellenismus" und so weiter als Epoche charakterisiert wird. Es wird im Folgenden also primär darum gehen müssen, die Diskurskonstellationen zu rekonstruieren, in denen der Begriff „Hellenisierung" jeweils zur Anwendung gekommen ist und um die Frage gerungen wurde, wie die mit ihm bezeichneten Transformationsprozesse des antiken Christentums zu bewerten sind. Im Mittelpunkt steht mithin das Gegenwartsinteresse der an den Debatten beteiligten Positionen sowie das Aufspüren der Funktion, die das Ringen mit der Hellenisierungsfrage jeweils erfüllt. Dieser Umgang mit der Hellenisierungsproblematik empfiehlt sich um so mehr, als sich in den Debatten um sie stets historiographische und systematische Fragen überlagert haben. Kaum irgendwo wird der Begriff „Hellenisierung" ausschließlich als eine historiographische Kategorie verwendet, mit der die Selbstverortung des Christentums in der Spätantike beschrieben werden soll. Vielmehr geht es bei seiner Verwendung offenkundig immer auch um die systematisch-theologische respektive philosophische Frage nach dem Verhältnis des Christentums zur Kultur im Allgemeinen und zum Verhältnis der christlichen Theologie zur Philosophie im Besonderen – et vice versa. Letzteres soll, der Zielsetzung des vorliegenden Aufsatzbandes folgend, im Vordergrund stehen. Nachdem in knappen Ausführungen der Begriff selbst und seine Funktion als dogmenhistorische Deutungskategorie wenigstens soweit erläutert werden, wie es für das Verständnis vonnöten ist (1), besteht die Aufgabe darin, in paradigmatische Absicht Hellenisierungsdebatten auf ihren jeweiligen Subtext hin durchsichtig zu machen. Deren umfassender Problemzusammenhang ist mithin zu analysieren und zwar im Blick auf das bereits mehrfach genannte Gegenwartsinteresse, das entweder explizit oder doch zumindest implizit verfolgt wird. Dabei konzentriere ich mich auf einige wenige Ansätze, die auch nur insoweit zur Darstellung gelangen, wie es die Freilegung des Subtexts verlangt. Einzusetzen ist mit der jüngsten Erörterung der Hellenisierungsproblematik, wie sie von Papst Benedikt XVI. in seiner sogenannten „Regensburger Vorlesung" vorgetragen wurde (2). Diesen Analysen folgen Rekonstruktionen zu einer Debatte, die Jürgen Habermas und Johann Baptist Metz zum selben Thema geführt haben (3). Aus aktuellen Gründen, die auf die momentane religionspolitische Diskurslage zurückzuführen sind, werde ich ein weiteres Beispiel heranziehen, das freilich, auf den ersten Blick jedenfalls, den engeren christlichen Kontext übersteigt. Einzugehen ist auf religionskulturelle Versuche, die Formierungsprozesse des Islam in die Geschichte der Spätantike einzuschreiben und seine Entstehung als Teil einer übergreifenden Hellenisierungsdynamik zu interpretieren, von der in dieser Epoche alle drei monotheistischen Religionen erfasst wurden (4).

1. Konturen eines umstrittenen Begriffs der Dogmengeschichte

Obwohl die Semantiken „hellenistisch" und „Hellenismus" bereits im 16. Jahrhundert gebräuchlich waren, geht sein heutiger Gebrauch offenbar auf Johann Gustav Droysen zurück, der 1877/78 eine dreibändige „Geschichte des Hellenismus" vorgelegt hat.[1] Bemerkenswert ist freilich die „Diffusität", mit der er sein Hellenismuskonzept entfaltete[2]. Auffallend ist nicht nur die fehlende chronologische Präzision, mit der Droysen die Epoche des „Hellenismus" umreißt. Inhaltlich umgreift dieser Begriff geschichtsphilosophische, politische und kulturelle Aspekte. Chronologisch wie politisch bezieht er sich auf den durch die Feldzüge des Alexander eröffneten und durch die Diadochenreiche politisch und sozial, kulturell und religiös geprägten Kulturraum, der sich von Unteritalien über Griechenland bis nach Indien und vom Schwarzen Meer bis nach Ägypten erstreckte. In diesem Sinne bezeichnet der „Hellenismus" folglich eine hochkomplexe geistesgeschichtliche Formation, in der sich griechische und orientalische Kulturen wechselseitig beeinflusst und durchdrungen haben. So gefasst, endet die Hellenismus genannte Epoche mit der Einverleibung Ägyptens als des letzten hellenistischen Reiches in das römische Imperium. Wer folglich das Ende des Hellenismus mit dem Jahr 30 v. Chr. ansetzt, müsste zu der Schlussfolgerung gelangen, dass die infragestehende „Hellenisierung" des Christentums nicht mehr in die gleichnamige Epoche fällt. In dogmenhistorischen Diskussionszusammenhängen gilt deshalb gemeinhin das 8. Jahrhundert, in das beispielsweise

---

[1] Vgl. Johann G. Droysen, *Geschichte des Hellenismus*, 1–3, hg. von Erich Bayer und Hans J. Gehrke, WBG, Darmstadt 2008. Eine ausführliche Bibliographie kann im Rahmen dieses Beitrages nicht aufgelistet werden. Vgl. stattdessen aus der neueren Forschung, in der auf weitere Publikationen Bezug genommen wird, Christoph Markschies, *Hellenisierung des Christentums. Sinn und Unsinn einer historischen Deutungskategorie* (ThLZ.F, 25), Evangelische Verlangsanstalt, Leipzig 2012; Georg Essen, „Hellenisierung des Christentums? Zur Problematik und Überwindung einer polarisierenden Deutungsfigur", in: *ThPh* 87 (2012) S. 1–17 (gelegentlich greife ich auf Überlegungen und Formulierungen dieses Aufsatzes zurück); Arnaud Perrot (Hg.), *Les chrétiens et l'hellénisme. Identités religieuses et culture grecque dans l'Antiquité tardive* (Études de littérature ancienne, 20), Rue d'Ulm, Paris 2012.

[2] Ch. Markschies, *Hellenisierung*, 46; vgl. ebd., 42–46.

das Zweite Konzil von Nikaia, 786/87, fällt, als das Ende des Hellenismus.

Bereits diese chronologische Frage lenkt die Aufmerksamkeit auf die Tatsache, dass sich das genuin dogmenhistorische Interesse an der Hellenisierungsfrage weniger an politischen Konstellationen entzündet. Stattdessen ist die Dogmengeschichtsschreibung primär an Bildungs- und Wissenskulturen interessiert, wie sie für das hellenistische Selbst- und Weltverständnis charakteristisch sind. Unter Hellenisierung des Christentums versteht man darüber hinaus die soziale und kulturelle, die literarische und theologische Formung des Christentums, die als Folge seiner überregionalen Ausbreitung zu einer Selbstverortung innerhalb des „hellenistisch" geprägten Kulturraums führte. Zwar betrafen dieser Prozess von Adaption und Assimilation, Aneignung und Inkulturation nahezu alle Lebensbereiche christlicher Gemeinden und erstreckten sich auf politische, ökonomische, soziale und kulturelle Fragen. Doch ist die Dogmengeschichte lediglich an einem Segment dieser vielschichtigen Transformationsprozesse interessiert und zwar an dem Einwirken der hellenistischen Wissenskultur und insbesondere der Philosophie auf die Ausgestaltung christlicher Lehre und Theologie. Aus dogmenhistorischer Perspektive versteht man unter Hellenisierung folglich die Rezeption hellenistischer Philosophie im Christentum, die zur Ausbildung seiner dogmatischen Lehr- und theologischen Reflexionsgestalt beitrug. Vor diesem Hintergrund legt sich nahe, unter Hellenisierung des Christentums eine historiographische Deutungskategorie zu verstehen, mit der namentlich Inkulturationsprozesse beschrieben und gedeutet werden. Denn was Hellenisierung genannt wird, geht zurück auf zunächst sozial- und religionsgeschichtlich beschreibbare Transformationsprozesse, die sich unter dem Einfluss hellenistischer Kultur ereigneten und sich auf alle Bereiche christlichen Glaubens auswirkten. Die hellenistisch geprägte Theologie, wie sie sich seit dem 2. Jahrhundert herausbildete, wäre in diesem Sinne jene Theoriegestalt, in der diese Inkulturationsprozesse reflexiv eingeholt und zum Gegenstand eines eigenen Diskurses werden.

Konflikte um die Transformationsprozesse, die als Hellenisierung des Christentums beschrieben werden, entzünden sich an deren Deutung. Hier ist die Stelle erreicht, an der ein normativer Gebrauch dieser Kategorie den deskriptiven zu überlagen beginnt. Die Frage nach normativen Implikationen der Hellenisierungsdebatten ist die Frage nach dem jeweiligen Gegenwartsinteresse, aus dem heraus die Geschichte über die „Hellenisierung des Christentums" erzählt wird.

Idealtypisch lassen sich die Debatten auf zwei Positionen zurückführen! Beiden ist gemeinsam, dass sie eine Differenz zwischen dem biblischen Ursprung des christlichen Glauben einerseits und seiner theologischen Entfaltung im Medium griechischer Philosophie andererseits unterstellen. Dabei kann das Verhältnis dieses Ursprungs zu seiner theologisch-philosophischen Theoriegestalt unterschiedlich interpretiert werden und führt in dieser Konsequenz zu jenen Polarisierungen, die für die Hellenisierungsdebatten so charakteristisch sind. Da ist zum einen die verfallstheoretische Deutung der Hellenisierungsprozesse, mit der diese als Abfall oder doch zumindest als Entfremdung von den ursprünglichen Anfängen interpretiert werden. Da ist zum anderen die affirmative Deutung dieser Transformations- und Umbildungsprozesse, mit der diese als geglückte Synthese von beidem, von biblischem Ursprung und hellenistischer Reflexionsform, begriffen werden.

In der Konsequenz dieser polarisierenden Dialektik der Hellenisierungsdebatte besteht die im engeren Sinne dogmenhistorische Aufgabe darin, die empirische und normative Triftigkeit der Deutungskategorie „Hellenisierung des Christentums" zu überprüfen und mit ihr die historische Präzision und hermeneutische Differenziertheit. Doch diese Aufgabe soll in diesem Beitrag nicht weiter verfolgt werden![3] Stattdessen soll anhand exemplarischer Ansätze versucht werden, gewissermaßen das Thema hinter dem Thema freizulegen.

---

[3] Vgl. hierzu meinen Aufsatz: G. Essen, „Hellenisierung des Christentums?". In ihm begründe ich die These, dass „der Mangel an historischer Präzision und hermeneutischer Differenziertheit sowie die drohende Gefahr der Simplifizierung hochkomplexer Wandlungen und gegenläufiger, teils widersprüchlicher Tendenzen auf dualistische Typologien, Klischees gar, [...] den begründeten Schluss nahe[legen], den Begriff der ‚Hellenisierung' in der Dogmengeschichtsschreibung nicht weiter zu verwenden." Ebd., 7. Zur Kontroverse vgl. wiederum Ch. Markschies, *Hellenisierung des Christentums*, 99–125. Im Rahmen dieses Beitrages ist es mir nicht möglich, auf die von Christoph Markschies vorgetragene Kritik einzugehen.

2. Die Legitimität der Neuzeit

Die in seiner „Regensburger Vorlesung" ausgesprochene Würdigung der Hellenisierung des Christentums findet bei Papst Benedikt, ebenso wie bereits in früheren Veröffentlichungen, eine geradezu heilsgeschichtliche Fundierung. Folgen wir ihm, dann sei das „Zusammentreffen der biblischen Botschaft und des griechischen Denkens" kein Zufall gewesen, sondern das „von innen her" geforderte „Aufeinanderzugehen zwischen biblischem Glauben und griechischem Fragen"[4]; der biblische Glaube gehe, heißt es an anderer Stelle, „dem Besten des griechischen Denkens von innen her entgegen zu einer gegenseitigen Berührung" (19). Darum sei es dann auch folgerichtig, dass, wie es in einer früheren Veröffentlichung Ratzingers heißt, das Christentums die in Jesus Christus „vermittelte Synthese zwischen dem Glauben Israels und dem griechischen Geist" sei[5].

Für das Thema meines Beitrages ist die Gesamtrahmung, in die Benedikt diese Thesen einfügt, entscheidend. Das Verhältnis von Glaube und Vernunft steht im Mittelpunkt! Zunächst geht es ihm um die Praxis gelebten Glaubens, die nur als vernunftgemäße friedensfähig sei. Diese Aussage wird wiederum theologisch begründet und zwar im Rückgriff auf ein Zitat aus einem christlich-islamischen Dialog des 14. Jahrhunderts, das im Anschluss an die Vorlesung in der islamischen Welt für Empörung gesorgt hatte: „Gott hat kein Gefallen am Blut, [...] und nicht vernunftgemäß [...] zu handeln, ist dem Wesen Gottes zuwider" (16)[6]. Wichtig ist, dass Benedikts Hellenisie-

---

[4] Benedikt XVI., *Glaube und Vernunft. Die Regensburger Vorlesung*. Vollständige Ausgabe. Kommentiert von Gesine Schwan, Adel Theodor Khoury, Karl Lehmann, Herder, Freiburg u. a. 2006, S. 12–32, hier: S. 18. Die weiteren Seitenzahlen im Text beziehen sich auf diese Vorlesung. Zur Hellenisierungsthese Ratzingers vgl. auch Detlef Schneider-Stengel, *Das Kreuz der Hellenisierung. Zu Joseph Ratzingers Konzeption von Kreuzestheologie und Vollendung des Christentums*, LIT, Münster u. a. 2006.

[5] Joseph Ratzinger, „Europa – verpflichtendes Erbe für die Christen", in: *Europa. Horizonte und Hoffnung*, hg. von Franz König und Karl Rahner, Styra, Graz u. a. 1983, S. 61–74, hier: S. 68.

[6] Belege finden sich in Papst Benedikts XVI. Regensburger Vorlesung und desgleichen in einer Replik auf den islamischen Protest, den die Regensburger Vorlesung auslöste. Zur Kontroverse vgl. *Die Religionen und die Vernunft. Die Debatte um die Regensburger Vorlesung des Papstes*, hg. von Knut Wenzel, Herder, Freiburg u. a. 2007.

rungsthese in diesem Zusammenhang eine zentrale Schlüsselfunktion für seine Argumentation einnimmt. Denn allein in der Synthese von biblischem und griechischen Denken kann das Verhältnis von Vernunft und Glaube in einer Weise verfugt werden, dass die infragestehende religiöse Gewaltförmigkeit verhindern werden könne. Gegenwartrelevant sind diese Überlegungen für den Papst, weil er in der Moderne einen positivistisch verengten Vernunftbegriff auszumachen glaubt, der „dem Göttlichen gegenüber taub ist und Religionen in den Bereich der Subkulturen abdrängt" (30). Diese Kritik wendet sich dort ins Positive, wo Benedikt eine „Ausweitung unseres Vernunftbegriffs und -gebrauchs" einfordert. Diese Weitung aber sei nur möglich, „wenn Vernunft und Glaube auf neue Weise zueinanderfinden" (29). Den Weg dazu beschreibt er in einer Weise, die der Erinnerung an die Hellenisierungsfrage ihre Aktualität gibt. „Für die Philosophie und in anderer Weise für die Theologie ist das Hören auf die großen Erfahrungen und Einsichten der religiösen Traditionen der Menschheit, besonders des christlichen Glaubens, eine Erkenntnisquelle, der sich zu verweigern eine unzulässige Verengung unseres Hörens und Antwortens wäre" (31).

Das Thema hinter dem Thema der Hellenisierung des Christentums ist für Benedikt somit die Suche nach einem Idealbild für die Synthese von Vernunft und Glaube, wie er sie im christlichen Gottesbegriff verwirklicht sieht. Vor diesem Hintergrund kann verständlich werden, dass eine solche affirmativ vorgetragene Hellenisierungsthese in der Absicht erfolgt, die gesamte abendländische Philosophiegeschichte normativ zu zentrieren. Die in der Spätantike verortete geglückte Synthese zwischen dem Gott des christlichen Glaubens und dem Gott der griechischen Philosophie fungiert hier als Maßstab einer ideologiekritischen Rekonstruktion insbesondere des Schicksals der Philosophie in der Moderne. Auch dieses Thema, die Neuzeitlichkeit von Christentum und Theologie, gehören zum Subtext der Hellenisierungsdebatten[7]. Dass sie Teil der Diskurse um die „Legitimität der Neuzeit" sind[8], wird schlagartig deutlich, wenn auf das Narrativ geschaut wird, das Papst Benedikt

---

[7] Vgl. Ch. Markschies, *Hellenisierung des Christentums*, 33–97.

[8] Vgl. Hans Blumenberg, *Die Legitimität der Neuzeit*. Erneuerte Ausgabe, Suhrkamp, Frankfurt am Main 1996 ([1]1966); Wolfhart Pannenberg, „Die christliche Legitimität der Neuzeit. Gedanken zu einem Buch von Hans Blumenberg", in:

in seiner Regensburger Vorlesung entfaltet. Es folgt nahezu abstandslos der im 19. Jahrhundert von der katholischen Theologie konzipierten verfallstheoretischen Deutung der Heraufkunft der Neuzeit. Das Aufsprengen, so die starke Metapher, die Benedikt in diesem Zusammenhang verwendet, der Synthese von Griechischem und Christlichem findet für ihn bereits im Mittelalter, näherhin im sogenannten „Voluntarismus" eines Duns Scotus statt. Benedikt ist in diesem Zusammenhang an dem Übergang von jenem zum Nominalismus interessiert, der um der Freiheit Gottes willen die Differenz von potentia ordinata und potentia absoluta eingeführt hatte. Papst Benedikt glaubt, sie in der Weise interpretieren zu müssen, dass Gott in einen „reinen und undurchschaubaren Voluntarismus" entrückt werde. Dieses Bild von Gott laufe jedoch auf einen Willkür-Gott hinaus, „der auch nicht an die Wahrheit und an das Gute gebunden ist" (21). In die weitere Wirkungsgeschichte dieser Aufkündigung der besagten Synthese ordnet Benedikt dann auch die „drei Wellen des Enthellenisierungsprogramms" ein, die ihm zufolge für die Neuzeit diagnostiziert werden müssen (23). Als erstes nennt er die Reformation, für die das sola scriptura auf eine „reine Urgestalt des Glaubens" zurückführe. Demgegenüber erscheine dessen philosophisch-metaphysische Durchdringung als „Fremdbestimmung" (23). In der Fluchtlinie wird die Vernunftkritik Immanuel Kants gewissermaßen als Radikalisierung der Reformation dargestellt. Benedikt zufolge habe dieser die Auffassung vertreten, „er habe das Denken beiseiteschaffen müssen, um dem Glauben Platz zu machen". Ferner habe Kant „den Glauben ausschließlich in der praktischen Philosophie verankert und ihm den Zugang zum Ganzen der Wirklichkeit abgesprochen" (24). Der von Kant epistemologisch auf den Weg gebrachte Primat der Praktischen Vernunft verbündet sich dem emeritierten Papst zufolge im weiteren Gang der neuzeitlichen Wissenschaftsgeschichte des 19. und 20. Jahrhunderts schließlich mit dem Siegeszug von Historismus und Naturwissenschaften. Dies geschehe in der Form, dass Kants Selbstbegrenzung der Vernunft vom naturwissenschaftlichen Denken „radikalisiert" wurde (26f). Die antimetaphysische Vernunftkonzeption, dass Moral und

Ders., *Gottesgedanke und menschliche Freiheit*, Vandenhoeck & Ruprecht, Göttingen 1972, S. 114–128.

Religion „ins Subjektive verlegt werden", was so viel besagen soll, dass das „subjektive ‚Gewissen' [...] zur letztlich einzigen ethischen Instanz" werde, sei das Problem. Damit aber verlören „Ethos und Religion ihre gemeinschaftsbildende Kraft und verfallen in Beliebigkeit. Dieser Zustand", heißt es schließlich in gegenwartsdiagnostischer Zuspitzung, „ist für die Menschheit gefährlich. Wir sehen es an den uns bedrohenden Pathologien der Religion und der Vernunft, die notwendig ausbrechen müssen, wo die Vernunft verengt wird, dass ihr die Fragen der Religion und des Ethos nicht mehr zugehören" (27f).

Im Rahmen dieses Spannungsbogens verortet Benedikt „eine zweite Welle im Programm der Enthellenisierung", die mit dem Namen Adolf von Harnacks verknüpft sei (24). Das Proprium der von ihm freigesetzten Enthellenisierungsdynamik bestehe in der „Rückkehr zum einfachen Menschen Jesus und zu seiner einfachen Botschaft, die allen Theologisierungen und eben auch Hellenisierungen vorausliege". Im Hintergrund dieser Rekonstruktion Harnacks stehe letztlich das Motiv, die Wissenschaftsförmigkeit der Theologie zu erweisen und zwar dadurch, sie den Rationalitätsstandards der historischen Kritik zu unterwerfen. Es gehe Harnack darum, „das Christentum wieder mit der modernen Vernunft in Einklang zu bringen, eben indem man es von scheinbar philosophischen und theologischen Elementen wie etwa dem Glauben an die Gottheit Christi und die Dreieinheit Gottes befreie" (25).

Eine „dritte Enthellenisierungswelle" gehe schließlich „zurzeit" um (28). Sie besteht nach Benedikt in dem Aufweis, dass sich die Hellenisierung des Christentums in der Spätantike als kontingente Transformationsprozesse vollzogen habe. Sie sei „eine erste Inkulturation des Christlichen gewesen, auf die man die anderen Kulturen nicht festlegen dürfe". Das Ziel derartige Überlegungen sei es, „hinter diese Inkulturation zurückzugehen auf die einfache Botschaft des Neuen Testaments, um sie in ihren Räumen jeweils neu zu inkulturieren" (28). Dieser Auffassung über die Inkulturationsproblematik setzt der emeritierte Papst die These entgegen, dass die Synthese von Christlichem und Griechischen zu diesem Glauben selbst gehöre und seine ihm gemäße Entfaltung sei. Der „Zusammenhang des Glaubens mit dem Suchen der menschlichen Vernunft" beruht Benedikt zufolge auf „Grundentscheidungen", die keineswegs zufällig zustande gekommen und in diesem Sinne auch nicht beliebig sind.

In analogen Argumentationen konnte er darum auch vom „Finger der Vorsehung" sprechen, der hier den Weg gewiesen habe.[9]

3. Die Denkform der Philosophie in der Moderne

Die Auffassung von der Hellenisierung des Christlichen als einer geglückten Synthese ist innerhalb der katholischen Theologie lediglich eine Stimme unter vielen, auch wenn sie in Regensburg mit lehramtlicher Autorität vorgetragen wurde. Johann Baptist Metz hat ihr stets energisch widersprochen. Dies geschah erstmals bereits 1962 in seiner Monographie über die „Christliche Anthropozentrik". In ihr arbeitet er einen Begriff christlicher Theologie aus, der mehr sein muss als „das ins griechische Exil geratene Wort Gottes". Das „Christliche" an ihr müsse mehr sein, als das „in die apriorische griechische Denkkoordinate eingetragene und darin systematisch durchsichtige Heilswort" (105)[10]. Unter dem Leitbegriff der „Anthropozentrik" reflektiert Metz den transformativen Charakter der christlichen Theologie, den er bei Thomas von Aquin ausmacht. „So bricht im thomanischen Denken selbst jene Kehre von der griechischen Kosmozentrik, unter der die Offenbarung vor-läufig rezipiert wurde, zur christlichen Anthropozentrik auf, die Wende von der Gegenständlichkeit zur Subjektivität, von der Substanz zum Subjekt bzw. genauer von einem objektivistischen zu einem transzendentalen, von einem ontischen zu einem onto-logischen Verständnis des Subjektes, von der Welt zum Menschen, von der Natur zur Geschichte, von der abstrakten zur konkreten Allgemeinheit, von der statisch-räumlich-dinghaften zur temporal-personalen Anschauung – und diese ‚anthropozentrische Wende' der Denkform bzw. des Seinsverständnisses entspricht den ‚philosophischen Ansprüchen des Christlichen'" (111). Den Synthesischarakter von Christlichem und Griechischem betont zwar auch Metz, aber er akzentuiert wesentlich

---

[9] Joseph Ratzinger, *Glaube – Wahrheit – Toleranz. Das Christentum und die Weltreligionen,* Herder, Freiburg im Breisgau [4]2005, S. 78.
[10] Johann Baptist Metz, *Christliche Anthropozentrik. Über die Denkform des Thomas von Aquin,* Kösel, München 1962. Die nachstehenden Seitenverweise im Text beziehen sich auf dieses Buch (aufgenommen in: *Gesammelte Schriften,* Bd. 2, Herder, Freiburg i. Br. 2015, S. 15–115.)

deutlicher, als Joseph Ratzinger dies stets getan hatte, den philoso-
phiehistorischen Umbruch, der christlicherseits erzwungen wurde.
Bemerkenswert an dieser These ist nicht nur, dass auch Metz dieser
geistesgeschichtlichen Entwicklung ebenfalls, wie Ratzinger, eine
„heilsgeschichtliche Relevanz" zuerkennt (124). Sondern entscheidend ist, dass Metz, anders als jener, in der mittelalterlichen Philosophie eine Drehscheibe sieht, die zu gänzlich anderen Einschätzungen
zur Legitimität der Neuzeit führt. Er deutet deren Heraufkunft dezidiert nicht verfallstheoretisch! „‚Neuzeit' ist, indem in ihr jener
Seinshorizont, der bei Thomas aufbricht, wirksam ausgebildet wird,
die philosophische Durchführung des Geistes des Christentums"
(126). Es gilt, „diese neuzeitliche Denkepoche in ihrem Grundzug
positiv verstehen zu lernen als den Prozess der wachsenden ‚Inkar-
nation' des christlichen Logos im reflexen menschlichen Selbstverständnis" (127).

Auch wenn Metz diesen Thesen zur Neuzeitlichkeit der Theologie
in allen nachfolgenden Phasen seines Theologietreibens treu geblieben ist, so kam es doch in deren Verlauf zu markanten Umakzentu-
ierungen, die auch Folgen für seine Interpretation der christlichen
Hellenisierungsprozesse haben sollte. Dies wird vor allem an der Debatte deutlich, die Jürgen Habermas und er zu diesem Thema geführt haben. Hier wird im Medium der Hellenisierungsproblematik
der Begriff einer an Selbstbegründung interessierten philosophischen Moderne zum Thema und damit ineins die Frage nach ihrer
offenkundig vom Erbe jüdisch-christlicher Tradition zehrenden normativen Substanz.[11] In dieser Debatte stellt Metz sehr entschieden
die „Halbierung des Geistes des Christentums bei der Theologiewerdung des Christentums" heraus. Gemeint ist eine Deutung der Hellenisierungsprozesse, in denen ein „Sieg" der theologischen Vernunft
„über die jüdischen Traditionen im Christentum" stattfand[12]. Die
1993 ausgetragene Kontroverse nahm ihren Ausgang bei einem Fest-

---

[11] Vgl. vor allem Jürgen Habermas, „Israel und Athen oder: Wem gehört die
anamnetische Vernunft? Zur Einheit in der multikulturellen Vielfalt", in: *Diagnosen zur Zeit,* hg. von Johann Baptist Metz, Patmos, Düsseldorf 1994, S. 51–64;
Johann Baptist Metz, „Gotteskrise. Versuch zur ‚geistigen Situation der Zeit'",
in: *Diagnosen zur Zeit,* hg. von Johann Baptist Metz, Patmos, Düsseldorf 1994,
S. 76–92 (vgl. ders., „Gotteskrise als Signatur der Zeit", in: *Gesammelte Schriften,*
Bd. 4, Herder, Freiburg i. Br. 2015, S. 75–83).
[12] J. B. Metz, *Gotteskrise,* 84.

schriftbeitrag von Metz für Habermas.[13] In ihm grenzt Metz sich von
der bereits rekonstruierten These Ratzingers ab, das Christentum sei
die „Synthese zwischen dem Glauben Israels und dem griechischen
Geist".[14] Der springende Punkt ist für ihn, dass diese These – der
„Glaube" komme aus Israel, der „Geist" hingegen aus Athen – den
kognitiven, vernunftförmigen Anspruch jüdischen Denkens ignorie-
re. Diese, wie Metz dies nennt, „Halbierung des Geistes" habe die
Dominanz einer „subjektlosen Argumentationssprache der griechischen Metaphysik" zur Folge, in der die Kategorie des „geschichtlichen Eingedenkens" vernachlässigt werde[15]. Sie wiederum sei für
die Krise der Moderne mitverantwortlich, weil sie die Relevanz
„wahrheitsfähiger und lebensbestimmender Traditionen" unter-
schlage, die für die Humanität gesellschaftlichen Zusammenlebens
unabdingbar seien. Diese These ist ein indirekter Kommentar zu
der von Habermas vertretenen Theorie der Moderne. Modernisie-
rungsprozesse sind ihm zufolge unter anderem durch einen reflex
gewordenen Umgang mit Traditionen gekennzeichnet, was dazu
führt, dass orientierende Maßstäbe des eigenen Selbstverständnisses
nicht durch einen Rückgriff auf Sinnvorgaben voraufgegangener
Epochen entlehnt werden. Stattdessen muss die Moderne „ihre Nor-
mativität aus sich selber schöpfen"; sie sieht sich, „ohne Möglichkeit
der Ausflucht, an sich selbst verwiesen"[16].

Das Problem einer Begründung der Moderne aus sich selbst hat
Metz vor Augen, wenn er die „Gestalt einer anamnetischen Vernunft" als „die im *ursprünglichen* Christentum wirksame Art der

---

[13] Vgl. Johann Baptist Metz, „Anamnetische Vernunft. Anmerkungen eines
Theologen zur Krise der Geisteswissenschaften", in: *Zwischenbetrachtungen. Im
Prozess der Aufklärung. Jürgen Habermas zum 60. Geburtstag*, hg. von Axel Honneth, Suhrkamp, Frankfurt am Main 1989, S. 733–738 (aufgenommen in: *Gesammelte Schriften*, Bd. 3/2, Herder, Freiburg im Breisgau 2016, S. 215–220);
vgl. ferner Ders., „Athen versus Jerusalem? Über die Verbergung der anamnetischen Grundverfassung des europäischen Geistes", in: Ders., *Memoria passionis.
Ein provozierendes Gedächtnis in pluralistischer Gesellschaft*, Herder, Freiburg u. a.
2006, S. 236–244 (aufgenommen in: JBMGS 4, S. 215–222).
[14] Ebd., 734, unter Berufung auf J. Ratzinger, „Europa – verpflichtendes Erbe für
die Christen", 68.
[15] Ebd., 738, 734.
[16] Jürgen Habermas, *Der philosophische Diskurs der Moderne. Zwölf Vorlesungen*,
Suhrkamp, Frankfurt am Main ²1989, S. 16.

Weltwahrnehmung" in Erinnerung ruft[17]. Das „ursprünglich" bezieht sich in diesem Zusammenhang auf den „Rationalitätstypus
der biblischen Traditionen", der auf die „unauflösliche Einheit von
ratio und memoria" besteht. „Erinnernd", so Metz, „sucht sich diese
Vernunft der semantischen Gehalte zu vergewissern, aus denen sich
nicht nur die Substanz des Glaubens, sondern auch das Interesse an
subjekthafter und solidarischer Freiheit nähren"[18]. Dieses Identitätsangebot, das das Christentum der abstrakten Moderne als kulturell
vermittelter Sinnvorgabe anbieten kann, hängt freilich, Metz zufolge, von der Bereitschaft der christlichen Theologie ab, die besagte
„Halbierung des Geistes des Christentums" zu widerrufen und zwar
durch eine kritische Revision der Hellenisierungsprozesse, die das
theologische Denken in die Sackgassen eines „subjektlosen und ge-
schichtsfernen Seins- und Identitätsdenkens" geführt hatten[19].

Jürgen Habermas hat den Metzschen Rekonstruktionen abend-
ländischer, insbesondere neuzeitlicher Philosophiegeschichte widersprochen, da Metz ihm zufolge das Bild dieser philosophischen Tradition allzu „flächig" gezeichnet habe.[20] Der Sache nach, wenn auch
nicht durch einen direkten Bezug auf sie, knüpft Habermas an die
Thesen des frühen Metz an, der, wie aufgezeigt, auf die transforma-
tive Kraft genuin christlicher Philosophietraditionen hingewiesen
hat, die gewissermaßen zum „christlichen Apriori" neuzeitlicher
Philosophie geworden seien[21]. Soweit würde Habermas nicht gehen,
da er – so beispielsweise in seiner Debatte mit Joseph Ratzinger – auf
einem autonomen Geltungssinn moderner Philosophie besteht.[22]

---

[17] Johann Baptist Metz, „In der Krise des europäischen Geistes", in: Ders., *Zum Begriff der neuen Politischen Theologie. 1967–1997*, Matthias Grünewald, Mainz 1997, S. 142–148, hier: S. 145. – Hervorhebung vom Verf.

[18] Ebd., 145 f.

[19] Johann Baptist Metz, *Zwischen Erinnern und Vergessen: Die Shoah im Zeitalter der kulturellen Amnesie*, in: Ders., *Zum Begriff der neuen Politischen Theologie*, S. 149–155, hier: S. 151 (aufgenommen in: *Gesammelte Schriften*, Bd. 3/2, Herder, Freiburg i. Br. 2016, S. 244–251).

[20] J. Habermas, „Israel und Athen oder: Wem gehört die anamnetische Vernunft? Zur Einheit in der multikulturellen Vielfalt", 54.

[21] J. B. Metz, *Christliche Anthropozentrik*, 125.

[22] Vgl. Jürgen Habermas, „Vorpolitische Grundlagen des demokratischen Rechtsstaates?", in: Ders., Joseph Ratzinger, *Dialektik der Säkularisierung. Über Vernunft und Religion*, Herder, Freiburg u. a. 2005, S. 15–37.

Aber Habermas verteidigt in seiner Replik auf Metz die These, dass die Neuzeitphilosophie das Resultat einer tiefgreifenden Umgestaltung des griechischen Denkens sei. Sie gehe ja keineswegs in Platonismus auf, sondern habe im Laufe ihrer Geschichte wesentliche Gehalte der jüdisch-christlichen Überlieferung aufgenommen und sei „durch das Erbe bis in ihre griechischen Wurzeln hinein erschüttert worden"[23]. Gegenläufig zu Ratzingers Verfallstheorie rekonstruiert Habermas folgerichtig die Geschichte als eine des „Protests" gegen den Platonismus: „Dieser Proteste, ob sie nun im Zeichen des Nominalismus oder des Empirismus, des Individualismus oder des Existentialismus, des Negativismus oder des Historischen Materialismus aufgetreten sind, lassen sich als ebensoviele Versuche begreifen, das semantische Potential des heilsgeschichtlichen Denkens in das Universum der begründeten Rede einzuholen. Damit sind praktische Intuitionen in die Philosophie eingedrungen, die dem ontologischen Denken und seinen erkenntnis- und sprachphilosophischen Umformungen von Haus aus fremd sind"[24]. Die geistesgeschichtliche Abhängigkeit ist Habermas zufolge so groß, dass wir „ohne diese Unterwanderung der griechischen Metaphysik durch Gedanken genuin jüdischer und christlicher Herkunft [...] jenes Netzwerk spezifisch moderner Begriffe, die im Begriff der kommunikativen und zugleich geschichtlich situierten Vernunft zusammenschießen, nicht ausbilden können": subjekthafte und zugleich kommunikative Freiheit; Autonomie; Befreiung; Geschichte; Kontingenz und Endlichkeit ...[25].

4. Die kulturelle Identität Europas

In beiden der genannten Diskurskonstellationen, zu Papst Benedikt sowie zu Johann Baptist Metz und Jürgen Habermas, wurde der Hellenisierungsbegriff als eine kulturhermeneutische Deutungskategorie verwendet. Sie zielt einerseits auf das Problem der Legitimität der Neuzeit und zwar im Sinne einer Klärung von Erbschaftverhält-

---

[23] J. Habermas, „Israel und Athen oder: Wem gehört die anamnetische Vernunft? Zur Einheit in der multikulturellen Vielfalt", 54.

[24] Ebd., 54f.

[25] Ebd., 55.

nissen. Andererseits zielt die kulturhermeneutische Verwendung des Hellenisierungsbegriffs auf eine Klärung der europäischen Identität. Die Weitung der Hellenisierungsproblematik zu dem was Ernst Troeltsch einst „Kultursynthese" genannt hatte[26], zeigte sich bei Papst Benedikt und auch bei Johann Baptist Metz. In ganz unterschiedlicher und teils konträrer Weise versuchen sie die als Hellenisierung beschriebenen Transformationsprozesse von Philosophie und christlicher Theologie als, wie man vielleicht sagen könnte, historisches Vermächtnis jener Epoche an Europa zu beschreiben, die wir die Spätantike nennen. Dass diese Formierungsphase für die europäische Identität konstitutiv ist, wird von beiden vorausgesetzt. Sie differieren hingegen in der Interpretation der gegenwartserschließenden Bedeutung der Traditionen, die sich in diese Hellenisierungsprozesse eingeschrieben haben.

Beide arbeiten sich, recht verstanden, an dem Projekt einer europäischen „Kultursynthese" ab.

Das wird besonders in der vom emeritierten Papst vertretenen Hellenisierungsthese deutlich, die ja ausdrücklich nicht als lediglich philosophische und theologische vorgetragen wird. Sie kennt vielmehr eine geokulturelle Facette! Denn die Synthese von Biblischem und Griechischen im Christlichen sei ein „weltgeschichtlich entscheidender Vorgang, der uns auch heute in die Pflicht nimmt". Das Christentum habe, „trotz seines Ursprungs und wichtiger Entfaltung im Orient" die historisch „entscheidende Prägung" in Europa gefunden. Die „Begegnung" zwischen biblischen Glauben und griechisch-philosophischem Fragen, zu der das Erbe Roms hinzugetreten sei, habe Europa „geschaffen" und bleibe „die Grundlage dessen, was man mit Recht Europa nennen kann"[27]. Diese Thesen werden nicht lediglich in historiographischer Absicht vorgetragen, sondern verweisen auf eine politische Programmatik, die der Theologe Joseph Ratzinger schon seit langer Zeit verfolgt und die er in

---

[26] Ernst Troeltsch, „Ueber den Aufbau der europäischen Kulturgeschichte", in: Ders., *Der Historismus und seine Probleme. Erstes (einziges) Buch: Das logische Problem der Geschichtsphilosophie* (= Gesammelte Schriften; Bd. 3), Scientia Verlag, Aalen 1977, S. 664–772. Zur Weitung der Hellenisierungsfrage zur der nach Europa vgl. J. Ratzinger, „Europa – verpflichtendes Erbe für die Christen"; Johann B. Metz, *Memoria passionis. Ein provozierendes Gedächtnis in pluralistischer Gesellschaft*, Herder, Freiburg u. a. 2006, S. 158–211.

[27] Benedikt XVI, *Glaube, Vernunft und Universität*, 22.

mehreren Publikationen ausgearbeitet hat. Dabei stehen ihm die in den letzten zwanzig Jahren geführten Debatten über die Identität Europas vor Augen. In sie mischte er sich mit der kulturhistorischen Auffassung ein, dass das Christentum konstitutiv zu der krisengeschüttelten Identität Europas gehöre.[28]

Bereits bei Troeltsch zeichnete sich jedoch ab, dass der von ihm verwendete Begriff der Synthese als Konstruktionsprinzip jenes Erfahrungsraumes, der Europa genannt wird, der kulturellen Vielfalt europäischer Identitätskonzeptionen nicht gerecht wurde. Gleichwohl stellen die Arbeiten Troeltschs zu diesem Thema einen Fortschritt auch in Bezug zum neuzeitlichen Hellenisierungsdiskurs dar, weil er ihn methodisch von der Wesens-Debatte entkoppelt hat, die sein Zeitgenosse Adolf von Harnack angestoßen hatte. In gegenwartsorientierter Absicht war dieser bei seiner Suche nach dem Gemeinsamen und Verbindenden des Christentums im reinen Ursprung fündig geworden, den er in der Predigt Jesu vom anbrechenden Gottesreich zu finden glaubte.[29] Hatte bereits Troeltsch in seinen christentumshistorischen Arbeiten auf die konstitutive Pluralität der Frühgeschichte des Christentums aufmerksam gemacht, so konnte die historische Forschung der zurückliegenden Jahrzehnte den Blick auf die Epoche der Spätantike erst recht gründlich revidieren. Vor dem Hintergrund der Globalisierung und der mit ihr einhergehenden Entwicklung multireligiöser und -kultureller Gesellschaften lässt sich die Spätantike nicht länger als nivelliert-hellenisierte Einheitskultur in den Blick nehmen, sondern vielmehr als Transformationsepoche[30]. Eine solche Sichtweise korrigiert einerseits einen Begriff

---

[28] Vgl. Joseph Ratzinger, *Werte in Zeiten des Umbruchs. Die Herausforderungen der Zukunft bestehen,* Herder, Freiburg 2005; Marcello Pera, Joseph Ratzinger, *Ohne Wurzeln. Der Relativismus und die Krise der europäischen Kultur,* Sankt Ulrich Verlag, Augsburg 2005; J. Ratzinger, „Europa – verpflichtendes Erbe für die Christen".

[29] Vgl. Ernst Troeltsch, „Was heißt ‚Wesen des Christentums'?", in: Ders., *Zur religiösen Lage, Religionsphilosophie und Ethik* (= Gesammelte Schriften; Bd. 2), Scientia Verlag, Aalen 1981, S. 386–451. Zur Verfügung von Wesens- und Hellenisierungsdebatte bei Harnack vgl. Georg Essen, „Adolf von Harnack (1851–1930)", in: *Arbeitsbuch Theologiegeschichte. Diskurse. Akteure. Wissensformen, 2. 16. Jahrhundert bis zur Gegenwart,* hg. von Gregor Maria Hoff und Ulrich H. J. Körtner, Kohlhammer, Stuttgart 2013, S. 198–217.

[30] Zur neueren Forschungslage vgl. unter anderem Glen W. Bowersock, Peter Brown, Oleg Grabar (Hg.), *Late Antiquity. A Guide to the Postclassical World,* Har-

von Hellenisierung, der die mit ihm bezeichneten historisch-kulturellen Prozesse als Synthetisierungs- und Unifizierungsvorgänge beschreibt. Sie lässt jedoch andererseits die Suche nach einem reinen Ursprung als dem authentischen Christentum ins Leere laufen. Auch wer der Spätantike den Rang einer normativ konstitutiven Phase des frühen Christentums belassen möchte, wird durch historiographisch gesättigtes Wissen über die ersten siebenhundert Jahre Christentumsgeschichte darüber belehrt, dass diese Epoche als Projektionsfläche der eigenen Frömmigkeits- oder Kirchenbilder wenig geeignet ist. Was hingegen hervortritt, ist eine Pluralität christlicher Lebensformen und Kirchentümer. Kennzeichnend für die Entstehung dieser Vielfalt sind wiederum tiefgreifende Umbildungs- und Veränderungsprozesse, die für das spätantike Christentums prägend sind. Die Wendung, die die Hellenisierungsdebatte mit dieser Einsicht nimmt, besteht darin, dass beides, Pluralität und Transformation, keineswegs erst das Signum von Neuzeit und Moderne sind, sondern bereits die Anfänge des Christentums in seiner Identität bestimmt haben. Insbesondere Umbruch oder Umbildung werden somit zum Definitionsmerkmal des Hellenisierungsbegriffs, unter dem die „Transformation solcher Lebens- und Denkformen" zu verstehen sind, „die für die Epoche des Hellenismus charakteristisch sind"[31].

Die Erfahrung, dass Transformation und Pluralität den individuellen wie gemeinschaftlich geteilten Lebensraum prägen, wird als Frage nach kultureller Selbstdeutung und insofern als der nach Identität artikuliert. Bemerkenswert ist, dass mit Ratzinger und Metz zwei der von mir in paradigmatischer Absicht herangezogenen Positionen zur theologischen Hellenisierungsdebatte ihre Thesen auch in identitätspolitischer Absicht vortragen. Dabei wird jeweils vorausgesetzt, dass die besagten hochkomplexen Wissenskulturen der Spätantike als europäisches Erbe beansprucht werden können. Näherhin geht es um religiöse und kulturelle Landschaften des östlichen Teils des Mittelmeerraums und Vorderasiens in der Spätantike, die als formative Epoche Europas gedeutet wird. Identitätspolitische Implikationen hat eine solche Konzeption, wo sie nicht lediglich in kul-

---

vard University Press, Cambridge, Mass. 1999; Jens-Uwe Krause, *Geschichte der Spätantike. Eine Einführung*, UTB, Tübingen 2017; Guy G. Stroumsa, Das Ende des Opferkults. Die religiösen Mutationen der Spätantike, Berlin [2]2012.

[31] Ch. Markschies, *Hellenisierung des Christentums*, 117; vgl. ebd., 114–125.

tursynthetischer Absicht vorgetragen wird. Dann nämlich gehen in
die Beschreibung und Deutung dessen, was „Europa" sein soll, nicht
nur „positive Komponenten" ein[32], sondern es wird ausdrücklich die
kontinentale Selbstbeschreibung „Europa" als „Reaktion auf die Bedrohung durch die Türken" verstanden: „Europa erfährt, was es selber ist, am deutlichsten dort, wo es nachdrücklich mit dem konfrontiert wird, was den Gegensatz seines Eigenen darstellt"[33]. Vom Ende
der Antike bis in die Frühneuzeit hinein habe sich der Islam als der
„eigentliche Gegenspieler" erwiesen. „Der Islam ist schon", so Ratzinger, „in seiner Entstehung in gewisser Hinsicht ein Zurückgehen
zu einem Monotheismus, der die christliche Wende zum menschge-
wordenen Gott nicht aufnimmt und sich ebenso der griechischen
Rationalität und ihrer Kultur verschließt, welche über den Gedanken
der Menschwerdung zum Bestandteil des christlichen Monotheismus geworden war"[34].

Ratzinger selbst deutet in seinem Beitrag zugleich an, dass die
von ihm vorgenommene Bestimmung der europäischen Identität
eine Vorgeschichte hat, die bis ins sechste vorchristliche Jahrhundert
zurückreiche. In ihm nämlich habe Hekatios von Milet die „nicht
nur geographisch gemeinte Gegenüberstellung von Europa und
Asien, von Erebos (Abend) und Oriens (Morgen)" markiert.[35] Es ist
offenkundig, dass eine solche Distinktionssemantik von „Orient"
und „Okzident" in dem Maße zu Glättungen neigt und nicht frei
von Stereotypen ist, wie sie dem Bedürfnis nach kultureller und politischer Orientierung durch Abgrenzung und Selbstdefinition nachkommen soll. Somit kann es nicht ausbleiben, dass in derartigen Debatten zu kulturellen Werten Europas die Tendenz greifbar wird,
dem Begriffspaar „Orient und Okzident" einen historisch-kulturellen Ordnungssinn zu unterlegen. In diesen Debatten spiegeln sich
das Selbstverständnis der Gegenwart und deren Interesse an kultureller Orientierung im Verhältnis zur Vergangenheit. Eine solche er-
innerungskulturelle Funktion übernimmt, wenn auch die verwende-

---

[32] Joseph Ratzinger, „Europa – verpflichtendes Erbe für die Christen", 66. Er
zählt zu ihnen das „griechische", „christliche" und „lateinische Erbe sowie das
„Erbe der Neuzeit". Ebd., 66–70.
[33] Ebd., 61.
[34] Ebd., 63.
[35] Ebd.

ten Begriffe verschieden verwendet werden, seit einiger Zeit das semantische Feld von „Hellenisierung" und „Spätantike" und zwar im Blick auf den Islam. Unzweifelhaft ist, dass der Islam als Folge von Migrationsprozessen inzwischen Teil der europäischen Lebenswelt geworden ist. Diese Erfahrung nötigt Europäerinnen und Europäer dazu, einen neuen Blick auf sich zu werfen und die Frage nach den kulturellen Voraussetzungen der europäischen Identität aufs Neue zu diskutieren. Dass sich diese Herausforderung nicht durch die flächige Zeichnung eines Bildes von der europäischen Geschichte bewältigen lässt, scheint evident. Auch müsste klar sein, dass die Möglichkeit einer Wiederanknüpfung an die Idee eines christlichen Abendlandes als identitätskulturelles Sinnangebot keine realistische Option darstellen dürfte. Umso bemerkenswerter sind deshalb Versuche, die hinter dem Europabegriff stehende Konzeptionen und das auf ihnen beruhende Narrativ kritisch zu hinterfragen. Sie bringen in Erinnerung, dass der hellenistische Orient durch das Aufkommen zweier Religionen in der Spätantike zu einem hochkomplexen Gebilde geworden ist, das den „christlichen Orient" ebenso umfasst wie den „islamischen Orient". Derartige Verstöße haben sowohl die Islamwissenschaftlerin Angelika Neuwirth als auch der Historiker Tom Holland unternommen.[36] In unterschiedlicher Weise steht im Mittelpunkt ihrer Forschungen das Bemühen, die einseitigen, identitätspolitisch vorangetriebenen Versuche zu korrigieren, die Spätantike und mit ihr die in dieser Epoche greifbaren Hellenisierungsprozesse exklusiv als europäisches Erbe zu reklamieren.

Bei Tom Holland steht das Anliegen im Vordergrund, das innerislamische Konstrukt der „djâhilîya" zu dekonstruieren. Gegenläufig zu dem letztlich wohl offenbarungstheologisch begründeten Anspruch einer Anfangsfiktion, mit der die Vorgeschichte des Islams als ein „Zeitalter des Nichtwissens", als „spirituelle Leere" erzählt wird, verortet Holland die Entstehung des Islams in „die von Welt-

---

[36] Vgl. Angelika Neuwirth, *Der Koran als Text der Spätantike. Ein europäischer Zugang*, Suhrkamp, Berlin [3]2013; Dies., *Koranforschung – eine politische Philologie? Bibel, Koran und Islamentstehung im Spiegel spätantiker Textpolitik und moderner Philosophie*, De Gruyter, Berlin u. a. 2014; Nora Schmidt, Nora K. Schmid, Angelika Neuwirth (Hg.), *Denkraum Spätantike. Reflexionen von Antiken im Umfeld des Koran*, Harrassowitz, Wiesbaden 2016; Tom Holland, *Im Schatten des Schwertes. Mohammed und die Entstehung des arabischen Weltreichs*, Klett-Cotta, Stuttgart [3]2013.

reichen überschattete, von Gott heimgesuchte Welt der Spätantike"
und rekonstruiert diese Epoche als einen „außerordentlichen
Schmelztiegel[…] imperialer und religiöser Traditionen, innerhalb
dessen der Islam entstand".[37] Näherhin konstelliert Holland diese
Epoche als Formierungsprozess dreier Monotheismen, in der sich
genuin religiöse mit religionskulturellen und -politischen Motiven
überlagern. In ihr formieren und verfestigen sich zugleich die religiösen Identitätskonzeptionen von Judentum, Christentum und,
neu hinzukommend, Islam, in denen die Offenbarungsansprüche
als jeweiliger Kulminationspunkt der definitiven Selbsterschließung
Gottes vorgetragen werden. Der Wettstreit der drei Monotheismen
führe zu einem „Nachdenken über die Frage, wie Gott sich auf Erden manifestierte", was Holland als die „möglicherweise umwäl-
zendste[…] Entdeckung der Spätantike" bezeichnet (42). Entscheidend sei Holland zufolge, dass die „Hinwendung zu einer ganz
bestimmten Vorstellung vom Göttlichen" in der Spätantike „zu einer
Gefühlsbewegung geworden [ist], die das Leben von Millionen und
Abermillionen Menschen bestimmte"; Identität wird nunmehr „auf
der Grundlage unterschiedlicher Vorstellungen des Einen, des Einzigen Gottes" definiert (20). In der Konsequenz dieser Einsicht ist
begründet, dass Holland zufolge der Islam integraler Bestandteil dieser Transformationsprozesse ist und zwar als „Quintessenz der Spätantike" (59). Das identitätspolitische Gegenwartsinteresse seiner
historiographischen Dekonstruktion überkommener Narrative zur
Spätantike tritt nirgends deutlicher zutage als im pathetischen
Schlusswort seiner Monographie: „Kaiser, Großkönige, Kalifen – sie
alle verschwanden. Aber die Worte der Rabbis, die in Sura lehrten,
der Bischöfe, die in Nicaea zusammenkamen, und der Ulama, die
in Kufa ihren Studien nachgingen – sie leben noch und prägen die
Welt. Nichts bezeugt den Einfluss der Revolution, die sich in der
Spätantike ereignete, klarer. Zu Beginn des 21. Jahrhunderts bekennen sich noch Millionen und Abermillionen Menschen zum Glauben an den Einen Gott und leben im Zeichen dieses Glaubens. Offenkundig ist die Feder doch mächtiger als das Schwert" (436).

„Augenhöhe" wiederum ist das identitätspolitische Signalwort,
das Angelika Neuwirth in die derzeitigen Debatten zur europäischen

---

[37] T. Holland, *Im Schatten des Schwertes*, 67; vgl. ebd., 15 – 69. Die nachfolgenden
Seitenzahlen im Text verweisen auf dieses Buch.

Identität einwirft[38] (23, 53, 768). Dass der Islam Teil der europäischen Kultur ist, begründet sie historisch mit der Einschreibung des Korans in den Kontext seines spätantiken Entstehungsmilieus. Zugleich begreift sie diesen Text der islamischen Tradition historisch als „Dokument einer Gemeindebildung inmitten einer christlich-jüdisch-synkretistisch geprägten Debattenlandschaft" und macht ihn damit „auch als europäisches Erbe erkennbar, als eine Stimme in dem Konzert von Traditionen einer Zeit, die wir gewohnt sind [,] als formative Epoche für das spätere Europa zu reklamieren. Der Koran wird so zu einem für Europäer signifikanten Text, einem Text, der nichtislamische Europäer und Muslime verbindet" (15). Der hermeneutische Schlüssel zu dieser These ist – über diachrone und literaturwissenschaftliche Koranexegesen hinaus – die Aufmerksamkeit, die die Spätantike seit einiger Zeit in den Orientwissenschaften erfährt und zu einem ausdifferenzierten historiographischen Bild dieser Epoche geführt habe. Leitend sei die Einsicht in die kulturelle und religiöse Pluriformität der Spätantike und, vor allem, die hochkomplexe Debattenkultur, auf die wir hier stoßen. Der Koran sei allererst aus der „Auseinandersetzung mit spätantiken Diskursen hervorgegangen" und habe sich „selber in jene vorgefundenen christlichen und jüdischen Traditionen eingeschrieben [...], die gemeinhin als europäisches Erbe reklamiert werden". Folglich sei er „auch selbst Teil des historischen Vermächtnisses der Spätantike an Europa" (21f). Der Koran sei ein „Zeugnis jenes ‚Argumentationsdramas'", das sich zwischen den frühen Muslimgemeinden und den Vertretern der übrigen Traditionen abgespielt habe (33). Er sei ein „Rekurs auf die großen Fragen der Zeit" und verstehe sich selbst als „innovative Antwort", „Gegenentwurf" und „Antithese" zu den bislang auf sie gegebenen Antworten (33, 24; vgl. 39–42). Vor diesem Hintergrund könne der Koran sogar als ein kultur- und religionsübergreifendes Identitätsangebot verstanden werden. Eben weil er die Debattenkultur der Spätantike mitgestaltet habe, gewinne er nicht nur „Signifikanz für den geschichtsbewussten europäischen Leser", sondern ermögliche es für die muslimischen Koranleser zugleich, die Spätantike „mit Fug und Recht als Teil seiner eigenen Geistesgeschichte" zu reklamieren (24).

---

[38] Vgl. A. Neuwirth, *Der Koran als Text der Spätantike*, 13–58 und 723–768. Die Seitenzahlen im Text verweisen auf dieses Buch.

Die These von der Verortung des Korans in die Welt der Spätantike kritisiert schließlich auch zwei Narrative, die als Exklusions- und Ausgrenzungsfiguren wirkmächtig wurden. Als solche sei einerseits die „islamische djâhilîya-Konstruktion" zu begreifen, die um der islamischen Selbstbehauptung willen die Spätantike als obsolet gewordene Vorzeit abgewertet habe, als auch andererseits die „exklusivistische westliche Spätantikekonstruktion", die ihrerseits den Islam ausgegrenzt habe (41). Was wiederum den Koran selbst betrifft, kann Neuwirth ihm in der Konsequenz dieser Einsichten sogar eine konstitutive Funktion für Hellenisierungsprozesse zuschreiben, die sich im arabischsprachigen Raum vollzogen haben; er sei zum „Schauplatz spätantiken Wissenstransfers" geworden (727). Insofern sei der Koran ein „universal relevanter Text", den es als „islamisches Erbe und als spätantikes Vermächtnis an Europa" anzuerkennen gelte und damit „endlich mit den beiden älteren Schriften auf Augenhöhe" gerückt werden könne (768).

5. „Hellenisierung" als kulturhermeneutische Deutungsfigur. Ein kurzes Fazit

In der Einleitung zu diesem Sammelband heißt es, dass Inklusionsprozesse in der Dimension, wie wir sie derzeit in Europa erfahren, uns Reflexionen abverlangen, die auch den vorfindlichen Werte- und Kulturraum miteinbeziehen müsse. Aber was heißt „vorfindlich"? Sollte sich der zuletzt genannte islamwissenschaftliche Forschungsansatz religionshistorisch bewähren und damit einen Beitrag dazu leisten können, in den gegenwärtigen kulturellen und politischen Debatten ein neues Narrativ über Europas Identität zu etablieren, nähmen die bislang primär christlich geführten Hellenisierungsdiskurse eine geradezu paradoxale Wendung. Die Spätantike als Zeit der Gestaltwerdung von Judentum, Christentum und Islam erhielte nunmehr den Rang einer unverzichtbaren, konstitutiven Phase, der bleibende religionspolitische Relevanz für ein um den Islam erweitertes europäisches Identitätsangebot einzuräumen wäre. Diese Ausweitung der Hellenisierungsfrage wäre dann in der Tat so etwas wie ein Prüfstein, um die Elastizität des christlichen Glaubens einer kritischen Prüfung zu unterziehen. An ihr ließe sich zeigen, wie der Inklusionsprozess des Islams in die europäische Kultur- und Werteunion durch das Christentum mitgetragen werden könnte. Damit sind freilich die übrigen Themen nicht obsolet geworden, die bislang im Medium von Hellenisierungsdebatten geführt wurden. Sowohl die Frage nach der Legitimität der Neuzeit wie die nach den kulturellen und politischen Errungenschaften der Moderne bleiben auf der religionspolitischen Agenda und damit zur theologischen Herausforderung sowohl des Christentums wie der beiden anderen monotheistischen Religionen.

Systematische Transformation
Zur christlichen Theologisierung

„Der echte Ring / Vermutlich ging verloren"
Lessings *Nathan* als religionstheologisches Paradigma?

Christian Danz, Wien

Das Christentum gibt es ebenso wie andere Religionsgemeinschaften lediglich in Form von sehr unterschiedlichen Selbstbeschreibungen. Diese sind stets eingebunden in eine konkrete geschichtlich gewordene Überlieferung und unterliegen selbst einem Wandel, der durch verschiedene Faktoren mitbestimmt ist. Das gilt auch für das Verhältnis der vielfältigen Christentümer zu anderen Religionsfamilien. Solche Beschreibungen lassen sich nur von einem jeweils bestimmten Standpunkt aus vornehmen, so dass in der Darstellung gleichsam erst die Grenze von innen und außen entsteht. Diese liegt keinesfalls als substantielle Größe schon vor, sondern solche Abgrenzungen sind das Resultat von Selbstbeschreibungen der eigenen Identität in Unterscheidung von anderen. Selbstdarstellungen religiöser Identitäten sind deshalb nicht nur fragil, sie sind auch in den einzelnen Religionsgemeinschaften umstritten und umkämpft, da es dabei stets um die Frage geht, wem die Deutungsmacht zukommt. Das lehrt schon ein Blick auf die Christentumsgeschichte.

Eine gravierende Zäsur für das Selbstverständnis des protestantischen Christentums markiert die europäische Aufklärung. Die einsetzende gesellschaftliche Modernisierung löste seine überlieferte Form, wie sie durch die Reformation und den Protestantismus des 16. und 17. Jahrhunderts geprägt wurde, auf. Die von Luther geltend gemachte und von der ihm nachfolgenden Theologie zum Schriftprinzip ausgebaute prinzipientheoretische Funktion der Bibel als alleinige Quelle und Autorität in religiösen und theologischen Fragen zersetzte sich durch die sich nun etablierende historische Kritik. Ebenso wurde die kirchlich-dogmatische Selbstbeschreibung der christlichen Religion, die Lehren von der Erbsünde sowie dem Gottmenschen, der durch seinen stellvertretenden Sühnetod die Menschheit von ihrer Schuld erlöste, den aufgeklärten Zeitgenossen unverständlich. Ernst Troeltsch hat in seinen Studien zur Genese der modernen Welt die angedeuteten Verschiebungen in der Selbstdarstellung des protestantischen Christentums als Übergang vom Alt-

zum Neuprotestantismus beschrieben. Während für den Protestantismus der Reformation und des 17. Jahrhunderts eine diesen mit
dem Mittelalter verbindende kirchliche Einheitskultur signifikant
gewesen sei, löste die gesellschaftliche Ausdifferenzierung dieses Ideal im 18. Jahrhundert auf. Im Kontrast hierzu kenne „die moderne
Welt [...] kein einheitliches Prinzip" mehr, „sondern eine Fülle zu-
sammentreffender oder auch sich stoßender Entwicklungen, für die
bei der Ausgelebtheit der alten Welt Raum geworden ist".[1] Das
schlägt sich in einer neuen Deutung des wesentlich Protestantischen
nieder. Dessen Gehalt sei „die Freiheit des Geistes und Gewissens,
die persönliche Gefühlsreligion, die Unabhängigkeit von Dogma
und Theologie, die Erprobung des Religiösen im Sittlichen, die ewige Gegenwart der religiösen Wahrheit und ihre Freiheit gegenüber
allem Geschichtlichen".[2] Als wichtigste Repräsentanten dieses neuen
Protestantismus nennt Troeltsch neben dem Hallenser Theologen
Johann Salomo Semler den Wolfenbütteler Bibliothekar Gotthold
Ephraim Lessing.[3]

Mit Lessing und seiner Deutung von Theologie und Christentum
ist das Thema der nachfolgenden Überlegungen benannt. In einer
Vielzahl von Schriften hat er, der sich als „Liebhaber der Theologie"
charakterisierte,[4] Stellung zu den zeitgenössischen Debatten über das
Christentum und seine fraglich gewordene Geltungsgrundlage genommen. Allerdings ist seine eigene Stellung in diesen Kontroversen
äußerst komplex und aufgrund des polemischen Charakters seiner
Texte sowie der durch die Kontroversen bedingten Situationen, in denen er sich äußerte, nur sehr schwer zu rekonstruieren.[5] Das gilt auch

[1] Ernst Troeltsch, *Protestantisches Christentum und Kirche in der Neuzeit
(1906/1909/1922)* (KGA 7), hg. von Volker Drehsen in Zusammenarbeit mit
Christian Albrecht, De Gruyter, Berlin/New York 2004, S. 320. Vgl. auch ders.,
Schriften zur Bedeutung des Protestantismus für die moderne Welt (1906–1913)
(KGA 8), hg. von Trutz Rendtorff in Zusammenarbeit mit Stefan Pautler, De
Gruyter, Berlin/New York 2002.

[2] E. Troeltsch, *Protestantisches Christentum*, 193.

[3] Vgl. ebd.

[4] Gotthold Ephraim Lessing, „Axiomata, wenn es deren in dergleichen Dingen
gibt", in: ders., *Werke in drei Bänden, Bd. 3: Geschichte der Kunst, Theologie, Philosophie*, hg. von Herbert G. Göpfert, dtv, München/Wien 1982, S. 445–476,
hier: S. 447.

[5] Vgl. hierzu Ernst-Peter Wieckenberg, „Wahrheit und Rhetorik. Lessings Theo-

für seine Sicht der Religionsgeschichte und der Wahrheit der geschichtlichen Religionen, wie sie in der Ringparabel des *Nathan* ausgeführt ist.[6] Bietet Lessing hier ein Paradigma für den Umgang mit dem Wirrwarr der geschichtlichen Religionen, welches auch heute noch zu überzeugen vermag? Um die aufgeworfene Frage zu beantworten, ist Lessings Verständnis des Christentums vor dem debattengeschichtlichen Hintergrund seiner Zeit in den Blick zu nehmen. Ich beschränke mich im Folgenden auf Texte aus der Zeit des Fragmentenstreits, in deren Kontext ebenso die 1777/80 entstandene Schrift *Die Erziehung des Menschengeschlechts* wie der *Nathan* von 1779 gehören. Einzusetzen ist mit Lessings Christentumsdeutung. Im Anschluss daran wird seine Konstruktion der Religionsgeschichte in den Blick genommen. Vor diesem Hintergrund kann Lessings religionstheologisches Paradigma allererst angemessen beurteilt werden.

1. „Aber was gehen dem Christen dieses Mannes Hypothesen, und Erklärungen und Beweise an?", oder: Lessings Deutung des Christentums

In seiner zu Beginn der öffentlichen Kontroversen über die von ihm publizierten Fragmente des Ungenannten im Jahre 1777 erschienenen Stellungnahme *Über den Beweis des Geistes und der Kraft* diskutiert Lessing die klassischen Argumente der antideistischen Apologetik, den Weissagungs- sowie den Wunderbeweis, und unterzieht diese seinerseits der Kritik. In der Auseinandersetzung mit der deistischen Kritik an der geoffenbarten Religion im 18. Jahrhundert fungierten beide Beweise als rationale Argumente zur Begründung des

---

logiekritik im Fragmentenstreit", in: *Lessings Religionsphilosophie im Kontext. Hamburger Fragmente und Wolfenbütteler Axiomata,* hg. von Christoph Bultmann und Friedrich Vollhardt, De Gruyter, Berlin/New York 2011, S. 261–279; Barbara Mahlmann-Bauer, „Lessings Fragment *Die Religion* und das Saatgut, das in *Die Erziehung des Menschengeschlechts* aufgegangen ist", in: *Lessings Religionsphilosophie im Kontext. Hamburger Fragmente und Wolfenbütteler Axiomata,* hg. von Christoph Bultmann und Friedrich Vollhardt, De Gruyter, Berlin/New York 2011, S. 27–72, bes. S. 27.
[6] Zu den gegenwärtigen Deutungen des *Nathan* vgl. Christoph Bultmann, Birka Siwczyk (Hg.), *Tolerant mit Lessing. Ein Lesebuch zur Ringparabel,* Evangelische Verlagsanstalt, Leipzig 2013.

göttlichen Ursprungs der christlichen Religion.[7] Um deren Überzeugungskraft sei es jedoch, wie der Wolfenbütteler Bibliothekar ausführt, schlecht bestellt. Dies liege, so sein Argument, daran, „daß dieser Beweis des Geistes und der Kraft itzt weder Geist noch Kraft mehr hat, sondern zu menschlichen Zeugnissen von Geist und Kraft herabgesunken ist".[8] Die historische Bibelkritik von Baruch de Spinoza, Hugo Grotius und anderen hatte, das war den aufgeklärten Theologen des 18. Jahrhunderts nur allzu deutlich, sowohl das altprotestantische Schriftprinzip, demzufolge der zweiteilige biblische Kanon gleichsam Wort für Wort von Gott diktiert sei, als auch die rationalen Argumente von der Erfüllung der alttestamentlichen Typoi in den neutestamentlichen Antitypoi sowie die den göttlichen Ursprung des Christentums bestätigenden Wunder aufgelöst. Bei den biblischen Schriften handle es sich mithin nicht um der Geschichte enthobene Texte göttlichen Ursprungs, sondern – so der *terminus technicus* – um Urkunden aus der Kindheit des Menschengeschlechts. Auf das damit verbundene Folgeproblem, welche Geltung die biblischen Texte dann noch für die Gegenwart des späten 18. Jahrhunderts haben können, spielt Lessing an, wenn er die Beweise der Apologetik als historische Berichte einstuft.[9] Aber was schlägt er selbst zur Begründung der Geltung des Christentums vor?

Lessings Antwort ist vielschichtig und aus seinen Stellungnahmen schwer zu erheben. Als Kandidaten für eine Begründung des Christentums jenseits der geoffenbarten Bibel wurde von der Forschung immer wieder die natürliche Religion diskutiert. Und in der Tat spielt dieses Konzept in seinen Texten aus der Zeit nicht nur des Fragmentenstreits eine prominente Rolle.[10] Das würde bedeuten,

---

[7] Vgl. hierzu Peter Stremmer, *Weissagung und Kritik. Eine Studie zur Hermeneutik bei Hermann Samuel Reimarus*, Vandenhoeck & Ruprecht, Göttingen 1983.

[8] Gotthold Ephraim Lessing, „Über den Beweis des Geistes und der Kraft", in: ders., *Freimäurergespräche und anderes. Ausgewählte Schriften*, hg. von Claus Träger, C.H. Beck, Leipzig/Weimar 1981, S. 29–34, hier S. 30.

[9] Das ist die Pointe seines bekannten Diktums, *„zufällige Geschichtswahrheiten können der Beweis von notwendigen Vernunftwahrheiten nie werden"* (G.E. Lessing, „Über den Beweis des Geistes und der Kraft", 32).

[10] Schon in seinen Breslauer Fragmenten aus den 1760er Jahren hatte Lessing, worauf Friedrich Vollhardt aufmerksam gemacht hat, die Argumente der antideistischen Kritik, also Weissagungs-, Wunderbeweis sowie die schnelle Ausbreitung des Christentums, ad absurdum geführt und die natürliche Religion als Be-

die geoffenbarte Religion, wie sie in der Bibel vorliegt, erhält ihre
Begründung durch die natürliche Religion. Diese ist der eigentliche
Gehalt von jener. Im Sinne von Lessings frühen Fragmenten wären
die über die natürliche Religion hinausgehenden Zusätze als unnötig
abzubauen und auszuscheiden. Die Bibel, so muss man das Argument verstehen, ist dann nichts weiter als eine bedeutungslose und
überholbare Hülle, welche die eigentliche Religion der Vernunft eher
verstellt als zugänglich macht. Aber wie lässt sich das mit den Bemerkungen Lessing am Ende seiner Schrift *Über den Beweis des Geistes und der Kraft* in einen konsistenten Zusammenhang bringen, wo
es von der geoffenbarten Religion heißt: „Die Menge aber auf etwas
aufmerksam machen, heißt, den gesunden Menschenverstand auf
die Spur helfen. / Auf die kam er; auf der ist er: und was er auf dieser
Spur rechts und links aufgejagt, das, das sind die Früchte jener Wunder und erfüllten Weissagungen"?[11] Hier scheint der geschichtlichen
Religion eine Funktion zuzukommen, die über die natürliche
hinausgeht.

Bereits in den seiner Veröffentlichung der Fragmente des Reimarus beigefügten *Gegensätzen des Herausgebers* unterscheidet Lessing
strikt zwischen Theologie und Religion. Den Christen, so argumentiert er hier, gehen die „Hypothesen, und Erklärungen und Beweise"
des Theologen nichts an. „Ihm", dem Christen, „ist es doch einmal
da, das Christentum, welches er so wahr, in welchem er sich so selig
fühlet".[12] Die christliche Religion ist unabhängig von der Theologie
und kann damit weder durch diese begründet noch bestritten werden. Das Christentum fällt aber auch nicht mit der Bibel zusammen,

---

gründungsgrundlage behauptet. Vgl. nur Gotthold Ephraim Lessing, „Ueber die
Entstehung der geoffenbarten Religion", in: ders., *Sämmtliche Schriften*, 17. Theil
Berlin 1793, S. 298–301, hier: S. 301: „Die beste geoffenbarte oder positive Religion ist die, welche die wenigsten conventionellen Zusätze zur natürlichen Religion enthält, die guten Wirkungen der natürlichen Religion am wenigsten ein-
schränkt". Vor diesem Hintergrund sind auch noch Lessings Aussagen im
Fragmentenstreit zu verstehen. Vgl. hierzu Friedrich Vollhardt, „Kritik der Apologetik. Ein vergessener Zugang zum Werk G.E. Lessings", in: *Prägnanter Moment. Studien zur deutschen Literatur der Aufklärung und Klassik* hg. von Peter-
André Alt u. a., Königshausen und Neumann, Würzburg 2002, S. 29–47.

[11] G. E. Lessing, „Über den Beweis des Geistes und der Kraft", 34.

[12] Gotthold Ephraim Lessing, „Gegensätze des Herausgebers", in: ders., *Werke in
drei Bänden, Bd. 3: Geschichte der Kunst, Theologie, Philosophie*, hg. von Herbert
G. Göpfert, dtv, München/Wien 1982, S. 327–348, hier: S. 327.

so dass die Religion von der Bibelkritik betroffen wäre.[13] Die Argumentation richtete sich gegen die Begründung der christlichen Religion durch das Schriftprinzip der altlutherischen Theologie, also die Behauptung der Wahrheit der christlichen Religion durch deren Rückführung auf die göttliche Offenbarung, die, verstanden als die Wahrheit, die Gott von sich selbst hat, in den biblisch-kanonischen Schriften vorliegt.[14] Dem setzt Lessing entgegen, die christliche Religion bedürfe gar keiner Begründung, sie gebe es ja schon, und der Mensch, der in sie hineingeboren wird, fühle sich in ihr selig. Hierfür rekurriert er auf die innere Wahrheit der christlichen Religion. Aus ihr „müssen die schriftlichen Überlieferungen erklärt werden, und alle schriftliche Überlieferung können ihr keine innere Wahrheit geben, wenn sie keine hat".[15]

Doch worin besteht die innere Wahrheit der christlichen Religion, an der die Überlieferungen, gemeint ist die Bibel, zu messen sind? Meint Lessing die natürliche Religion als Kriterium? Johann Melchior Goeze hat den Wolfenbütteler so verstanden.[16] Aber schon in den *Gegensätzen des Herausgebers* finden sich Ausführungen, die eine andere Lesart nahelegen. Im Kontext seiner Diskussion des ersten Fragments kommt Lessing auf den Offenbarungsbegriff zu sprechen. Zunächst betont er ganz auf der Linie der Kriterienfunktion der natürlichen Religion, nur die Vernunft könne entscheiden, ob

---

[13] Vgl. G. E. Lessing, „Gegensätze des Herausgebers", 327: „Kurz: der Buchstabe ist nicht der Geist; und die Bibel ist nicht die Religion. Folglich sind Einwürfe gegen den Buchstaben, und gegen die Bibel, nicht eben auch Einwürfe gegen den Geist und gegen die Religion."

[14] Es ist der Lehrbegriff der Offenbarung, wie er von den altlutherischen Theologen ausgearbeitet wurde, der im Hintergrund der ganzen Debatte steht. Ohne diesen scharfen Begriff in Betracht zu ziehen, bleibt die ganze Kontroverse, die Lessing mit seinen unterschiedlichen Gegnern führt, unverständlich.

[15] G. E. Lessing, „Gegensätze des Herausgebers", 328.

[16] Vgl. hierzu Christoph Bultmann, „Lessings *Axiomata* (1778) als hermeneutische Programmschrift", in: ders. *Lessings Religionsphilosophie im Kontext. Hamburger Fragmente und Wolfenbütteler Axiomata,* hg. von Christoph Bultmann und Friedrich Vollhardt, De Gruyter, Berlin/New York 2011, S. 242–260, bes. S. 250–253. Zur Diskussion von Lessings ‚innerer Wahrheit' vgl. auch Merio Scattola, „Was sind Axiomata? Lessing und die Suche nach religiöser Wahrheit", in: *Lessings Religionsphilosophie im Kontext. Hamburger Fragmente und Wolfenbütteler Axiomata,* hg. Christoph Bultmann und Friedrich Vollhardt, De Gruyter, Berlin/New York 2011, S. 219–241.

eine Offenbarung vorliege oder nicht. Er fährt dann aber fort: „Aber wenn eine sein kann, und eine sein muß, und die rechte einmal ausfindig gemacht worden: so muß es der Vernunft eher noch ein Beweis mehr für die Wahrheit derselben, als ein Einwurf darwider sein, wenn sie Dinge darin findet, die ihren Begriff übersteigen."[17] Die Vernunft, die über das Vorliegen einer Offenbarung entscheidet, findet etwas in dieser, was sie, die Vernunft, selbst übersteigt. Gemeint ist hier freilich nicht der Offenbarungsbegriff der altlutherischen Theologie, sondern ein von Lessing sogenannter „wesentliche[r] Begriff einer Offenbarung", der eben nicht, wie der theologische Lehrbegriff, auf „dieser oder jener Schriftstelle" beruht.[18] Von dieser Offenbarung wird die Vernunft gefangen genommen.[19] Was dem Autor mit einer Gefangennehmung der Vernunft bzw. den die Vernunft übersteigenden Dingen, welche die Offenbarung der Vernunft bietet, vorschwebt, wird deutlich, wenn man seine Kritik an Reimarus' Auslegung von Genesis 3 in näheren Augenschein nimmt. Das „*Märchen*" aus der Genesis vom Fall des ersten Menschen, ob es sich auf „Factum oder Allegorie" beziehe, lässt Lessing offen, bringe „die Macht unsrer sinnlichen Begierden, unsrer dunkeln Vorstellungen über alle noch so deutliche Erkenntnis [...] zur kräftigsten Anschauung".[20]

Leidenschaften, die sich in dunklen Vorstellungen ausdrücken, stellen der Auskunft Lessings zufolge dasjenige dar, was die Vernunft in der geoffenbarten Religion findet. Der Bereich der Affekte, so wird man das Votum zu verstehen haben, kann auch der rationalen Vernunft nicht gleichgültig bleiben, wenn sie sich ganz verstehen

---

[17] G. E. Lessing, „Gegensätze des Herausgebers", 331.

[18] Ebd., 331. Vgl. hierzu auch E.-P. Wieckenberg, „Wahrheit und Rhetorik", 273–276.

[19] Vgl. G. E. Lessing, „Gegensätze des Herausgebers", 331 f. Lessing grenzt diese Gefangennehmung der Vernunft ausdrücklich von der Vorstellung ab, bei der geoffenbarten Religion, also der Bibel, handle es sich um eine „erneuerte Sanction der Religion der Vernunft". Die „ganze geoffenbarte Religion" ist also gerade keine Bestätigung der Vernunftreligion (Ebd., 330). Lessings Formulierung (,die ganze geoffenbarte Religion') scheint sich nicht nur auf die Bibel als Dokument der Offenbarung zu beziehen, sondern auch den mündlichen Tradierungsprozess, der zur Entstehung der Bibel führte, sowie die Christentumsgeschichte mit zu meinen. Aber deutlich ist das, wie so oft, nicht.

[20] Ebd., 332.

möchte.[21] Die geschichtlichen Religionen repräsentieren mit der Affektdimension menschlichen Lebens, die sich in deren inhaltlichen Bestandteilen (Vorstellungen) niederschlägt, eine über die Vernunftreligion und ihren ethisch bestimmten Gottesgedanken hinausgehende Dimension. Darin besteht der systematische Gehalt der inneren Wahrheit der (christlichen) Religion, der sie von der Vernunftreligion unterscheidet.[22]

In der Auseinandersetzung mit Goeze in den *Axiomata*, das kann hier nur noch angedeutet werden, hat Lessing den eben skizzierten Gedanken aufgenommen und vor dem Hintergrund seiner These, die christliche Religion sei unabhängig von den biblischen Schriften,

---

[21] Die sich hier andeutende Entdeckung und Aufwertung der Affekte markiert einen Aspekt, der in der jüngeren Lessingforschung als ein grundlegender Zug zu dem Verständnis seines Werks zu Recht geltend gemacht wurde. Vgl. hierzu Markus Fauser, „Einleitung", in: *Gotthold Ephraim Lessing. Neue Wege der Forschung*, hg. von Markus Fauser, WBG, Darmstadt 2008, S. 7–17, bes. S. 8 f., sowie den Beitrag von Monika Fick, „Verworrene Perzeptionen. Lessings *Emila Galotti*", in: *Gotthold Ephraim Lessing. Neue Wege der Forschung*, hg. von Markus Fauser, WBG, Darmstadt 2008, S. 75–94. Die Leidenschaften, die sich in den Vorstellungen ausdrücken, fungieren, wie Fick am Beispiel der *Emila Galotti* ausführt, als Motor und Strukturierung der Handlung im Drama. „Aus dem Inneren der Figuren entspringen die Vorstellungen, denen das Geschehen entspricht" (ebd., 81). Die Affekte werden von Lessing nicht ausgeschlossen, sondern gleichsam als Grundschicht in das Vernunftkonzept integriert. „Erstens: Die Kausalität der Leidenschaften ist eine Kausalität kognitiver Fehlleistungen – eine Verkettung verworrener Perzeptionen. Und zweitens: In dieser Verkettung leuchtet die positive Alternative auf. Denn die Tatsache der Verworrenheit enthält in sich das Postulat der Aufklärung; das Versäumnis macht die Voraussetzungen für eine glückliche Lösung erkennbar. Beide Perspektiven greifen dabei untrennbar ineinander." Diese Konzeption überträgt Lessing auf seine Deutung der geschichtlichen Religionen und deren Verhältnis zur Vernunft. In der oben zitierten Passage aus den Gegensätzen heißt es im unmittelbaren Kontext: „Wir haben in Adam alle gesündiget, weil wir alle sündigen müssen: und Ebenbild Gottes noch genug, daß wir doch nichts anders tun, als sündigen [sc. der Macht der Leidenschaften zu unterliegen], daß wir es in uns haben, jene Macht zu schwächen [sc. die dunklen Vorstellungen und das Gute, was in ihnen liegt, durch die Vernunft aufzuklären], und wir uns ihrer eben sowohl zu guten als zu bösen Handlungen bedienen können." (G. E. Lessing, „Gegensätze des Herausgebers", 332)

[22] Schon im Frühwerk steht die ‚innere Wahrheit' für das, was die positive Religion von der vernünftigen unterscheidet. Vgl. G. E. Lessing, „Ueber die Entstehung der geoffenbarten Religion", 300.

weiter ausgeführt. Auch hier geht es um eine Kritik an der Begründung des Christentums durch die inspirierte Bibel. Gegen Letztere macht er geltend, ihr liege ein mündlicher Tradierungsprozess zugrunde, dessen Resultat sie erst ist. Daraus zieht er ebenso wie in den *Gegensätzen* die Konsequenz, das Christentum, nachdem es einmal in die Geschichte eingetreten sei, bedürfe gar keiner Begründung. Es sei ja schon da, und „wir kommen alle, mit den Grundbegriffen der [christlichen?] Religion bereits versehen, zu ihr".[23] Begründungen des Christentums, auch solche durch die Bibel, setzen dieses bereits als eine geschichtliche Realität voraus, sie sind mithin stets zirkulär. Die innere Wahrheit der christlichen Religion, die sich nicht auf die Bibel beschränken lässt, affiziert die Mitglieder dieser Religion. Deshalb sieht der Christ ein, „daß er Gott anständiger, und dem menschlichen Geschlechte ersprießlicher ist, als die Lehrbegriffe aller andern Religionen; weil er *fühlt*, daß ihn dieser christliche Lehrbegriff beruhiget".[24]

Der christlichen Religion, so lässt sich das Gesagte zusammenfassen, kommt Eigenständigkeit gegenüber der Theologie zu. Jene kann nicht einfach als Erscheinungsform der natürlichen Religion oder als deren Sanktionierung begriffen werden. Mit der Affektbezogenheit und deren Darstellung in ‚dunklen Vorstellungen' hat sie ein eigenes Thema.

2. „Die tausend Jahre deines Richters / Sind noch nicht um", oder: Lessings Deutung der Religionsgeschichte

Blickt man von dem dargestellten Resultat auf die Schriften aus der Zeit des Fragmentenstreits, in denen Lessing auf die Religionsgeschichte sowie die Frage nach der Wahrheit der geschichtlichen Religionen zu sprechen kommt, so zeigt sich ein dem bislang Diskutierten vergleichbares Bild. Sowohl die vermutlich bereits 1777 fertiggestellte und 1780 veröffentlichte Schrift *Die Erziehung des Menschengeschlechts* als auch das dramatische Gedicht *Nathan der*

---

[23] Gotthold Ephraim Lessing, „Axiomata wenn es deren in dergleichen Dinge gibt", 470.
[24] Ebd., 471. Woran Lessing hierbei konkret denkt, bleibt in seinem Hinweis auf den Lehrbegriff allerdings offen.

Weise aus dem Jahre 1779 gehören in den Kontext des Streits um die Fragmente des Reimarus und nehmen auf die Kontroverse Bezug. Zu erörtern ist zunächst die Erziehungsschrift und im Anschluss daran der *Nathan.*

Schon der *Vorbericht des Herausgebers,* den Lessing der einhundert Paragraphen umfassenden Schrift über die Religionsgeschichte vorangestellt hat, deutet den Streit über natürliche und geoffenbarte Religion als Hintergrund des Textes an.[25] Der Verfasser der Paragraphen, so die Worte des Herausgebers, habe sich „auf einen Hügel gestellt, von welchem er etwas mehr, als den vorgeschriebenen Weg seines heutigen Tages zu übersehen glaubt".[26] Was er von diesem Hügel aus sieht, ist ein neuer Vorschlag zur Einstufung des in der Kontroverse umstrittenen Status der geschichtlichen Religionen. Über diese heißt es: „Warum wollen wir in allen positiven Religionen nicht lieber weiter nichts, als den Gang erblicken, nach welchem sich der menschliche Verstand jedes Ortes einzig und allein entwickeln können, und noch ferner entwickeln soll; als über eine derselben entweder lächeln, oder zürnen?"[27] Die geschichtlichen Religionen werden hier als Stufen der Entwicklung des menschlichen Verstands gedeutet, also weder als Offenbarungen im Sinne des altprotestantischen Lehrbegriffs noch als unwesentliche Zutat zur Vernunftreligion. Der Gedanke der inneren Wahrheit der Religion, mit dem Lessing in den *Gegensätzen* sowie in seiner Kontroverse mit Goeze seine eigene Position im Streit über die positiven Religionen und deren Verhältnis zur Vernunftreligion vor dem Hintergrund der modernen Bibelkritik beschrieben hatte, ist hier aufgenommen und auf die Religionsgeschichte angewendet.

---

[25] Zu Lessings Erziehungsschrift vgl. die Analyse von Daniel Cyranka, *Lessing im Religionsdiskurs. Eine Untersuchung zu Kontext und Wirkung von G.E. Lessings Texten zur Seelenwanderung,* V&R Unipress, Göttingen 2005, S. 253–405. Cyranka deutet den Vorbericht des Herausgebers als Nachwort Lessings zum Fragmentenstreit. Vgl. auch ders., „Natürlich – positiv – vernünftig: Der Religionsbegriff in Lessings *Erziehungsschrift*", in: *Aufklärung. Stationen – Konflikte – Prozesse. Festgabe für Jörn Garber zum 65. Geburtstag,* hg. von Urich Kronauer und Wilhelm Kühlmann, Lumpeter & Lasel, Eutin 2007, S. 39–61.

[26] Gotthold Ephraim Lessing, „Die Erziehung des Menschengeschlechts", in: *Freimäurergespräche und anderes. Ausgewählte Schriften,* C. H. Beck, München 1981, S. 81–103, hier: S. 81.

[27] Ebd., 81.

Die Position Lessings bleibt jedoch auch in der Erziehungsschrift undeutlich. Das liegt nicht allein daran, dass der Bibliothekar sich als Herausgeber der Schrift und nicht als deren Autor inszeniert. Die Deutungsschwierigkeiten resultieren aus dem Zielpunkt der religionsgeschichtlichen Entwicklung. Diese gipfelt in der Vernunftreligion, dem ewigen Evangelium.[28] Es lässt die geschichtlichen Religionen hinter sich, „der Neue Bund" ist, wenn die Zeit der Vollkommenheit anbricht, „eben so wohl *antiquieret* [...] als es der Alte geworden".[29] Die geschichtlichen Religionen, diskutiert werden die israelitische und die christliche, sind Stufen auf dem Weg hin zur Vernunftreligion. Als solche sind sie, die beiden Elementarbücher des Alten und Neuen Testaments, für ihre jeweilige Zeit der angemessene und notwendige Ausdruck der Vernunft.[30] Aber ebenso wie der „beßre Pädagog" Christus, der „erste *zuverlässige, praktische* Lehrer der Unsterblichkeit der Seele", die sinnliche Religion des Alten Testaments völlig hinter sich lässt, da er mit dem Seelengedanken etwas in die Geschichte einführt, was dem Alten Testament fremd ist, so ist auch die Vernunftreligion von dem „zweiten bessern Elementarbuch" unabhängig.[31] Die zu sich selbst gekommene Vernunft bedarf der geschichtlichen Religionen nicht mehr.[32] In der Zeit der Vollendung ist das Handeln nicht mehr durch zukünftige Strafen oder Belohnungen motiviert, da der Mensch „das Gute tun wird, weil es das Gute ist".[33] Lessing lässt am Ende der Erziehungsschrift die Frage offen, in welchem Bezug die autonome Tugendethik, der

---

[28] Vgl. ebd., 100 (= § 87): „Sie wird gewiß kommen, die Zeit eines *neuen ewigen Evangeliums*, die uns selbst in den Elementarbüchern des Neuen Bundes versprochen wird."

[29] Ebd., 101 (= § 88).

[30] Vgl. nur ebd., 84 (= § 16): „Ein Volk aber, das so roh, so ungeschickt zu abgezogenen Gedanken war, noch so völlig in seiner Kindheit war, was war es für einer *moralischen* Erziehung fähig? Keiner andern, als die dem Alter der Kindheit entspricht. Der Erziehung durch unmittelbare sinnliche Strafen und Belohnungen."

[31] Ebd., 93 (= § 53), 94 (= § 58) und 95 (= § 60). Zu Lessings Fassung der Lehre von der Unsterblichkeit der Seele vgl. D. Cyranka, *Lessing im Religionsdiskurs*, 253–405.

[32] Vgl. G. E. Lessing, „Die Erziehung des Menschengeschlechts", 97 (= § 72): „So wie wir zur Lehre von der Einheit Gottes nunmehr des Alten Testaments entbehren können; so wie wir allmählig, zur Lehre von der Unsterblichkeit der Seele, auch des Neuen Testaments entbehren zu können anfangen".

[33] Ebd., 100 (= § 85).

Zielpunkt der religionsgeschichtlichen Entwicklung, zur Religion steht.

Die geschichtlichen Religionen, das wird an Lessings Konstruktion der Religionsgeschichte deutlich, haben keine begründungslogische Funktion mehr. Sie repräsentieren die Stufen der Vernunftentwicklung in der Geschichte. Die Vernunft erfasst sich selbst auf ihrem Weg zu sich durch die Auseinandersetzung mit den positiven Religionen und ihren inhaltlichen Bestimmungen. Lessing nennt die Trinitäts-, die Erbsünden- und die Versöhnungslehre als inhaltliche Vorstellungen der christlichen Religion, von denen die Vernunft lernen kann.[34] Im Hintergrund steht der oben erläuterte Gedanke der inneren Wahrheit, also die Affektbezogenheit des Menschen als Gegenstand der geschichtlichen Religionen. Die Leidenschaften bilden ein integrales Moment, wenn der Verstand „zu seiner völligen Aufklärung gelangen, und diejenige Reinheit des Herzens hervorbringen soll, die uns, die Tugend um ihrer selbst willen zu lieben, fähig macht".[35]

Auch die Ringparabel im *Nathan* bietet kein grundsätzlich anderes Bild von der Religionsgeschichte. Die Offenbarungsreligionen, also Judentum, Christentum und Islam, lassen sich nicht begründen. Sie alle fußen „auf Geschichte", diese ist „[g]eschrieben oder überliefert". „Und / Geschichte muss doch wohl allein auf Treu und Glauben angenommen werden?"[36] Lessing diskutiert zwar das Verhältnis der Religionen im Horizont der Frage nach deren möglicher Wahrheit. Allein, der „echte Ring / Vermutlich ging verloren".[37] Die geschichtlichen Religionen werden hier als Größen eingeführt, die es bereits gibt und die das Leben ihrer Anhänger bestimmen. Eine über die jeweilige eigene religiöse Tradition hinausgehende Anerkennung kommt ihnen nicht zu. „Die Ringe wirken nur zurück? und nicht / Nach außen? Jeder liebt sich selber nur /

[34] Vgl. ebd., 97 f. (= §§ 73–75).
[35] Ebd. 99 (= § 80).
[36] Gotthold Ephraim Lessing, *Nathan der Weise. Ein dramatisches Gedicht in fünf Aufzügen*, Reclam, Leipzig 1975, S. 85 f. (= III/7).
[37] Ebd., 87 (= III/7). Vgl. hierzu auch Christian Danz, „Lessings Ringparabel und die Anerkennung nichtchristlicher Religionen. Anmerkungen zu einer Theologie der Religionen, in: *Tolerant mit Lessing. Ein Lesebuch zur Ringparabel,* hg. von Christoph Bultmann und Birka Siwczyk, Evangelische Verlagsanstalt, Leipzig 2013, S. 184–195, bes. S. 186–190.

Am meisten?"[38] Allgemeine Anerkennung können und werden die geschichtlichen Religionen nicht erlangen. Das ist allein der Vernunftreligion möglich. Für diese sind die Offenbarungsreligionen jedoch lediglich Durchgangsstufen, die sie hinter sich lässt. Bis dahin muss aber auch die Frage Saladins, welche von den drei positiven Religionen die wahre sei, offen bleiben. Lessing gibt am Ende der Parabel die Frage an die Religionsgeschichte zurück, wo sie jedoch unbeantwortbar bleiben muss.[39]

Aufschlussreich für Lessings Deutung der geschichtlichen Religionen ist deshalb auch nicht so sehr die Ringparabel, die immer wieder im Fokus steht, wenn es um seine Haltung zur Vielfalt der Religionen und einer toleranten Haltung ihnen gegenüber geht. Aussagekräftiger sind vielmehr die Passagen in dem dramatischen Gedicht, in denen religiöse Gehalte wie die Barmherzigkeit Gottes thematisiert werden, die über den Bestand der Bestimmungen Gottes in der Vernunftreligion hinausgehen.[40] Werden hier doch mit den Leidenschaften und deren Vorstellungen Dimensionen diskutiert, welche die geschichtlichen Religionen von der Vernunftreligion unterscheiden und die einzubeziehen zur Selbstaufklärung der Vernunft gehört.

---

[38] G. E. Lessing, *Nathan der Weise*, 87 (= III/7).

[39] Vgl. ebd., 87 (= III/7): „Und also: fuhr der Richter fort, wenn ihr / Nicht meinen Rat, statt meines Spruches, wollt: / Geht nur! – Mein Rat ist aber der: ihr nehmt / Die Sache völlig wie sie liegt [sc. die geschichtlichen Religionen, die sich weder durch die Geschichte noch durch die Vernunft begründen lassen]. Hat von / Euch jeder seinen Ring von seinem Vater [sc. die Religion, in der er aufgewachsen und deren nichtbegründbare innere Wahrheit ihn geformt hat]: So glaube jeder sicher seinen Ring / Den echten [sc. fühle er sich selig in seiner Religion]."

[40] Vgl. nur die das Hiob-Motiv aufnehmenden Ausführungen von Nathan in: ebd., 127 (= IV/7): „Ihr [sc. der Klosterbruder] kamt, hatt' ich drei Tag' und Nächt' in Asch' / Und Staub vor Gott gelegen, und geweint. – / Geweint? Beiher mit Gott auch wohl gerechtet, / Gezürnt, getobt, mich und die Welt verwünscht: Der Christenheit den unversöhnlichsten / Haß zugeschworen – [...] Doch nun kam die Vernunft allmählich wieder. Sie sprach mit sanfter Stimm': ‚und doch ist Gott! / Doch war auch Gottes Ratschluß das! Wohlan! / Komm! übe, was du längst begriffen hast; Was sicherlich zu üben schwerer nicht, / Als zu begreifen ist, wenn du nur willst. / Steht auf!' – Ich stand! und rief zu Gott: Ich will! / Willst Du nur, daß ich will!" Zu dem hier anklingenden Motiv der Barmherzigkeit, welches die Bestimmungen Gottes erweitert, die diesem in der natürlichen Religion zukommen, vgl. Ch. Bultmann, „Lessings *Axiomata* (1778) als hermeneutische Programmschrift", 257–260.

3. Lessings Ringparabel als religionstheologisches Paradigma?

In seinen Beiträgen zum Fragmentenstreit, seinen Ausführungen zu
Christentum und Religionsgeschichte, hat Lessing sich keineswegs
auf eine gelegentliche Korrektur der Position des Reimarus beschränkt. Vielmehr arbeitet er, wie dargelegt wurde, selbst eine reli-
gionstheoretische Konzeption vor dem Hintergrund der Kontroversen über natürliche und geoffenbarte Religion aus, die auf eine
eigenständige Funktion der geschichtlichen Religion zielt. Das
Christentum ist weder mit der Vernunftreligion identisch noch dessen bloße Hülle oder Entstellung. Es repräsentiert ebenso wie andere
Religionen den geschichtlichen Entwicklungsstand der Vernunft.
Den Zielpunkt der Religionsgeschichte bildet indes die Vernunftreligion, die von den positiven Religionen unabhängig ist. Allein ihr
kommt allgemeine Geltung zu. Von dem Christentum und den anderen geschichtlichen Religionen gilt dies nicht. Sie sind partikular
und lassen sich weder durch die Geschichte noch durch die Vernunft
begründen. Vor diesem gedanklichen Hintergrund nimmt die Ringparabel das Problem der Wahrheit der geschichtlichen Religionen in
den Blick. Letztere bestimmen zwar das Leben ihrer Angehörigen,
und als Entwicklungsstand der Vernunft sind sie jeweils deren geradezu notwendiger Ausdruck, aber am Ende sind die geschichtlichen
Religionen bloße Durchgangsmomente.

Bietet Lessings Konstruktion der Religionsgeschichte, seine Deutung des Verhältnisses der Religionen, Aspekte, die auch für eine gegenwärtige Thematisierung des religiösen Pluralismus noch von Relevanz sind? Die gegenwärtigen Debatten über das Christentum und
seine Stellung unter den Religionen sowie deren Verhältnis zueinander setzen – zumindest aus christlicher Perspektive – durchweg die
Umformung der christlichen Religion voraus, die bei dem Wolfenbütteler Bibliothekar prägnant zum Ausdruck kommt. Sein Vorschlag indes, auch der in der Ringparabel, ist jedoch im 21. Jahrhundert nur wenig geeignet, als religionstheologisches Paradigma zu
fungieren. Das hängt vor allem an seiner Behauptung einer allgemeinen Vernunftreligion, welche die geschichtlichen Religionen als bloße Vorstufen zu ihr degradiert. Religionstheologische Modelle, welche die religiöse Pluralität in eine diese übergreifende Perspektive,
sei es die eines Göttlichen oder die der Vernunft, integrieren, unter-
laufen das, was sie beschreiben wollen, die Diversität der Religions-

kulturen.[41] Schon auf der Ebene des Religionsbegriffs wird der Religionspluralismus monistisch reduziert. Ähnlich wie bei Lessing wird die geschichtliche Konkretheit der religiösen Traditionen zu einem bloßen und unwesentlichen Durchgangsmoment, welches am Ende aufgehoben wird.

Ist also Lessings Votum für einen toleranten Umgang der Religionen untereinander nur noch von historischem Erinnerungswert, zumal unter den Bedingungen des demokratischen Rechtsstaats sowie der grundgesetzlich garantierten Religionsfreiheit der Rahmen der Religionsdiskurse kaum noch mit der Zeit des 18. Jahrhunderts vergleichbar ist? Das ist nicht der Fall. Ein grundlegender Aspekt der Christentumsdeutung des Wolfenbütteler Liebhabers der Theologie besteht in seinem Hinweis, die geschichtlichen Religionen lassen sich nicht begründen. Das ist ein Gedanke, der auch für eine theologische Reflexion des religiösen Pluralismus im 21. Jahrhundert von Bedeutung ist.

Der religiöse Pluralismus lässt sich in der Tat nicht begründen. Die Versuche, eine theologische Begründung der Gleich-gültigkeit der Religionen auszuarbeiten, führen, das macht die religionstheologische Debatte der letzten zwanzig Jahre nur allzu deutlich, zur Nivellierung von deren Eigenständigkeit. In der religionstheologischen Diskussion werden die geschichtlichen Religionen entweder als Erscheinungsformen eines ihnen allen zugrunde liegenden göttlichen Absoluten verstanden, oder sie werden aus der Sicht der eigenen Religion reformuliert, sei es im Horizont der Trinitätslehre oder der Pneumatologie. Beide Varianten einer pluralismusoffenen Theologie führen nicht zu einer konstruktiven Wahrnehmung der Eigenständigkeit der geschichtlichen Religionskulturen. Von Lessing lässt sich

---

[41] Besonders deutlich wird das an sogenannten pluralistischen Modellen einer Religionstheologie, in denen die geschichtlichen Religionen als kulturspezifische Manifestationen eines sie übergreifenden Absoluten verstanden werden. Abgesehen von den erkenntnistheoretischen Problemen, mit denen solche Ansätze konfrontiert sind, läuft hier die Begründung der Wahrheit und gleichen Geltung der verschiedenen Religionen auf deren monistische Reformulierung hinaus. Vgl. nur John Hick, *An Interpretation of Religion. Human Response to the Transcendent*, Yale University Press, New Haven 1989; Perry Schmidt-Leukel, *Gott ohne Grenzen. Eine christliche und pluralistische Theologie der Religionen*, Gütersloher Verlagshaus, Gütersloh 2005. Zur Kritik an solchen Modellen vgl. Christian Danz, *Einführung in die Theologie der Religionen*, LIT, Wien 2005.

lernen, dass rationale oder historische Begründungen der Religionen ebenso wenig möglich sind als eine Begründung des Christentums. Sie fallen stets, worauf bereits der Wolfenbütteler Bibliothekar hingewiesen hat, zirkulär aus.

Für eine theologische Beschreibung des religiösen Pluralismus der modernen Gesellschaft sind daraus zwei Konsequenzen zu ziehen. Zunächst ist es nicht die Aufgabe einer Religionstheologie, eine Begründung für die gleiche Geltung und Wahrheit der Religionen auszuarbeiten. Das kann weder eine Theologie noch eine andere Wissenschaft oder gar die Vernunft leisten. Wozu sollte es auch notwendig sein, Religionen zu begründen? Es gibt sie ja bereits, wenn sich eine Theologie daran macht, eine Geltungsbegründung auszuarbeiten. Vor dem Hintergrund des für moderne Gesellschaften konstitutiven Pluralismus gibt es auch Religionstheologien nur noch im Plural. Die Theologie beschreibt die christliche Religion, sie begründet sie aber nicht.[42] Das Christentum gibt es allein in seinen vielfältigen Selbstdarstellungen, die von geschichtlich gewordenen Überlieferungen abhängig sind und die in deren Aneignung umgeformt und transformiert werden. Als einen gleichsam festumrissenen und vorliegenden Kern, der allem geschichtlichen Wandel unverändert zugrunde liegt, gibt es das Christentum in seinen diversen Konfessionen und Denominationen ebenso wenig wie andere Religionen. Die angedeutete Transformationsdynamik, die sich unter den Bedingungen von hochkomplexen Gesellschaften beschleunigt, zu beschreiben und die Grenzen der Transformation der christlichen Religion zu reflektieren, ist die Aufgabe der Theologie.

Sodann ist die Voraussetzung oder der Nachweis eines universal anthropologischen Religionsbegriffs für die Rekonstruktion moderner religiöser Lebenswelten wenig sinnvoll. Religion, auch das ist ein Resultat der gut zweihundertjährigen Kontroversen über deren angemessenes Verständnis, ist eine geschichtlich gewordene Weise menschlichen Selbstverstehens und Selbstdeutens. Um sie zu erfassen, muss das Selbstverständnis der die Religion Praktizierenden einbezogen werden. Religion liegt mithin allein in solchen symbolischen Selbstdarstellungen vor, die sich selbst als Religion beschreiben. Von der Theologie ist also nicht nur der religiöse Pluralismus

---

[42] Vgl. hierzu Christian Danz, *Systematische Theologie*, UTB, Tübingen 2013.

anzuerkennen, sondern auch, dass es Menschen gibt, die sich in keiner Weise religiös verstehen.

Was bedeutet das für eine Religionstheologie? Religionen, so hatte es Lessing eingeschärft, gibt es immer schon. Der religiöse Pluralismus sowie die vielfältigsten Religionskulturen der Gegenwart bilden die unhintergehbare Voraussetzung für jede Theologie. Letztere kommt nicht umhin, sich – auf welche Weise auch immer – mit ihnen auseinanderzusetzen. Nichtchristliche religiöse Traditionen sind von der Theologie ebenso als solche anzuerkennen wie nichtreligiöse Haltungen. Allerdings findet eine Anerkennung von Andersheit und Diversität dort ihre Grenze, wo eine solche verweigert wird. Religiöse Traditionen, aber nicht nur diese, welche Diversität verweigern, sind der Kritik zu unterziehen. Lessings Idee der Toleranz der Religionen ist durch die grundgesetzlich gesicherte Religionsfreiheit in demokratischen Rechtsstaaten nicht obsolet geworden. Im 21. Jahrhundert geht es jedoch nicht mehr um die Duldung von religiöser Alterität, sondern um deren Anerkennung auf der lebensweltlichen Ebene. Zur Kultivierung eines solchen reflexiven Differenzbewusstseins leistet die Theologie einen unverzichtbaren Beitrag.

„Mit Hochachtung"

Das unbedingte Versprechen der Katholischen Kirche zum Dialog mit allen Menschen als prägende Transformationsmacht Europas

Roman A. Siebenrock, Innsbruck

„Cum aestimatione – Mit Hochachtung" (Na 3): Mit zwei knappen Worten hat die Erklärung des Zweiten Vatikanischen Konzils über die Haltung der Kirche zu den Menschen, die nach dem islamischen Glauben den einen Gott anbeten, einen neuen Anfang in einer neuen kirchengeschichtlichen Epoche gesetzt. „Vinculum spiritualis – geistliches Band" (Na 4): mit diesen zwei Worten hat das Konzil eine radikale Wende in ihrer Beziehung zum Judentum eingeleitet und mit der antijüdischen Tradition des Christentums bis heute anhaltend in Theorie und Praxis gebrochen. Die vier Eröffnungsworte der Pastoralkonstitution, „gaudium et spes, luctus et angor – Freude und Hoffnung, Trauer und Leid" wiederum verbinden alle Menschen in diesen Leidenschaften des Lebens und öffnen sie Kraft des Evangeliums auf die Hoffnung des Reiches Gottes. „Lumen gentium cum sit Christus – Licht der Völker aber ist Christus": mit diesen eröffnenden Worten der Kirchenkonstitution weiß die Kirche, dass sie immer zuerst auf Christus zu verweisen hat, wenn sie von sich selbst zu sprechen versucht.[1] Weil der Heilige Geist, wie die Kirche bekennt, allen Menschen die Möglichkeit gibt, mit dem Tod und der Auferstehung Jesu Christi verbunden zu sein (GS 22), wird ihr immer mehr bewusst, dass Christus allen Menschen nahe ist, dass sein Geist in allen wirken möchte und daher das Reich Gottes präsent ist und wächst, wo wir Menschen es nicht vermuten. In dieser Ekklesiologie ist die Kirche nicht mehr Imperium und Herrin, son-

---

[1] Die darin liegende Änderung wird eindrücklich, wenn daran erinnert wird, dass in den ersten Entwürfen nicht „Christus", sondern „ecclesia" stand. In der handschriftlichen Korrektur des Schemas durch Karl Rahner, das nach der ersten Sitzungsperiode ausgesandt worden ist, kann zum ersten Mal dieser neue Beginn festgestellt werden (siehe: Günther Wassilowsky, *Universales Heilssakrament Kirche. Karl Rahners Beitrag zur Ekklesiologie des II. Vatikanums* (ITS 59), Tyrolia, Innsbruck 2001: Das Faksimile dieser Korrektur ist dokumentiert auf S. 366).

dern Mysterium und Dienerin des Herrn und aller Menschen. Sie ist Sakrament, gleichsam in Christus Mittel und Werkzeug der innigsten Verbindung mit Gott und der Einheit des ganzen Menschengeschlechtes (LG 1).

Aus diesen Überzeugungen gedeiht eine Haltung der grundsätzlichen Anerkennung von unerschütterlichen Gemeinsamkeiten, die durch die Taufe und dem Hören auf die Heilige Schrift bei den Christgläubigen grundgelegt werden. Daher versichert die Katholische Kirche allen Christgläubigen durch ihren ernsthaften und seitdem nie revidierten Entschluss, in die Ökumenische Bewegung einzutreten, um für das gemeinsame Zeugnis des Glaubens in der einen Kirche Christi sich immer wieder neu zu bereiten, d. h. umzukehren und sich zu erneuern. Damit ist die Rückkehrökumene beendet und ein Prozess eingeleitet, dass die Einheit der Kirche allein in Erneuerung aus dem Ursprung gewonnen werden kann.

Das alles bedeutet: Das Konzil wollte und will gerade heute eine Kirche, die in tiefer Verbundenheit mit allen Menschen und im Mut zur ständigen Umkehr sich immer wieder neu von der je größeren Hoffnung des Evangeliums herausrufen lässt. Was dieses radikale Versprechen bedeutet, gerade heute in einer tiefen Krise Europas, möchte ich aus der skizzierten Sicht des Konzils erhellen, indem ich dieses weite Feld auf eine Grundfrage im Verhältnis von Kirche, Gesellschaft und Politik hin zu bedenken versuche. Dadurch aber wird eine säkulare Gesellschaft und Elite herausgefordert, die sich jahrhundertelang gegen die Kirche und Religion meinte profilieren zu müssen, um Freiheit und Anerkennung erreichen zu können. Diese Gegenprofilierung der Säkularität als Laizismus gewann seine traditionsbildende Narration in einem Aufklärungsmythos, der das Böse Religion und Kirche anlastete, die Erfolge und Errungenschaften der Humanität aber der säkularen, ja der religionskritischen Vernunft zuschrieb.[2]

---

[2] Dieser Mythos kann in folgenden Großetappen eingeteilt werden. Die unlösbaren Religionskonflikte des 16. und 17. Jahrhunderts ließen sich nur, wie auch die Hexenprozesse, durch die Zurückdrängung von Religion und Kirche aus den gesellschaftspolitischen Positionen erreichen, zu der auch eine Entmächtigung durch Enteignung gehörte. Zu dieser gesellschaftspolitischen Entwicklung entwickelt sich durch empirische Wissenschaften und Forschung ein neues Weltbild, das sich von religiösen Quellen und Autoritäten emanzipierte und im Tiefenbewusstsein als die maßgebliche, vielleicht sogar einzig gerechtfertigte Weltinterpretation anzusehen sei. Kopernikus, Galilei und Darwin können neben vielen

Zeichnen wir zunächst einige Konsequenzen aus diesem die Kirche selbst bestimmenden Entschluss. Mit der Besinnung auf die vorausgehenden Gemeinsamkeiten, die alle Menschen verbinden und die Kirche in die Pflicht nimmt, beendet die Kirche zum einen die konstantinische Epoche, in der sie ein konstitutiver Teil der Legitimation von Herrschaft und gesellschaftlicher Ordnung war.[3] Sie war in dieser Epoche „Mater et Magistra"[4]: in ihrer besten Form

---

anderen als Symbolgestalten dieser Entwicklung angesehen werden. Auch wenn dieser Mythos durch die neuere historische Forschung als unhaltbar entlarvt ist, bleibt er als Narrativ deshalb im kollektiven Gedächtnis erhalten, weil bis heute die Ambivalenzen der Modernität nicht im allgemeinen Bewusstsein verankert sind. Dass die Französische Revolution, als erstmals die Aufklärung an der Macht war, zwischen Menschenrechtspathos und Terrorismus, bzw. Totalitarismus pendelte, kann wie ein Menetekel des 20. Jahrhunderts erscheinen. Damals ist in der Vendée der erste moderne Genozid bewusst durchgeführt wurde (siehe hierzu mit weiterführenden Literatur: Roman A. Siebenrock, „Die mimetische Matrix der Revolution. Eine Girardsche Perspektive auf ausgewählte Rede von Louis Antoine des Saint-Just und Maximilien de Robespierre", in: *Eskalation zum Äußersten? Girads Clausewitz interdisziplinär interpretiert,* hg. von Wilhelm Guggenberger und Wolfgang Palaver, Nomos, Baden-Baden 2015, S. 35–58). Bezeichnend für diese historische Amnesie ist die für mich irreale Diskussion nach dem 20. Jahrhundert, dass Gewalt und Monotheismus, in der Diskussion um die Thesen von Jan Assmann, ursprünglich verbunden wären. Ich möchte mit diesem Beitrag vielmehr die These vertreten, dass jede Weltanschauung, sei sie religiös oder säkular, dann gefährdet ist, wenn sie eine maßgebliche politische Funktion gewinnt. Denn dann muss sie notwendigerweise für die Legitimierung von Gewalt sorgen. Mit meinem Beitrag plädiere ich in diesem Zusammenhang für eine Neuformulierung jener durch das westliche Christentum wirksam gewordenen „balance of power", die als Differenz von geistlicher und weltlicher Macht jedem politischen Monismus widerspricht und einer „Divinisierung", sei sie religiös oder säkular, den Riegel vorschiebt. „Religiös" ist eine solche Politik, wenn die Herrschaft göttlichen Ursprungs ist und/oder meint, im Namen Gottes unmittelbar anordnen zu können. „Säkular" ist ein solcher Politikstil, wenn er meint in der Kenntnis des Zieles und der Gesetzlichkeit der Geschichte durch eine höhere Kaste mit wissenschaftlicher Letztbegründung regieren zu können. Das wirkliche Problem der Gegenwart ist dieses, nicht jenes.

[3] Das bedeutet, dass die Kirche mit allen ihren Mitteln, vor allem dem Heiligen, eben diese Herrschaft zu legitimieren hatte (siehe zur Gesamtfrage: Roman A. Siebenrock, „Vom langen Schatten Konstantins. Zur Archäologie theologischer Imaginationen am Beispiel absolutistischer-monarchischer Vorstellungen, in: *Nach der Macht. Zur Lage der katholischen Kirche in Österreich,* hg. von Rainer Bucher, Tyrolia, Innsbruck 2014, S. 75–97).

[4] Enzyklika von Papst Johannes XXIII. aus dem Jahre 1961, also vor dem Konzil.

zeigt sich die Kirche als Mutter, also als Beheimatung, und als Lehrerin Orientierungsgröße. Und wenn sie keine reale Macht mehr besaß, erhob sie den Anspruch „Mater et Magistra" der Gewissen zu sein. Die Kirche bietet also nicht mehr den Altar für den Thron.[5]

Zum anderen überwindet sie in diesem Ansatz jene gegenreformatorische Selbstbestimmung, in der sie sich durch die Herausforderung der reformatorischen Grundprinzipien dadurch legitimierte, in dem sie besonders das beim anderen Vermisste betonte; ohne zu bemerken, wie sehr sie dadurch die berechtigten Anliegen der anderen übersah. In Erinnerung an die Wirkungsgeschichte beider Aspekte in der Entwicklung Europas soll hier die Frage gestellt werden, welche Potentiale für die Erneuerung Europas in der Neubestimmung der Kirchen liegen könnte.

Beide Aspekte in der Neuausrichtung der katholischen Kirche bedeuten, dass sich die Kirche nicht mehr in der Entgegensetzung („gegen") definieren will. Um diesen Schritt wirklich verstehen und existentiell begreifen zu können, bleibt es wichtig, sich den radikalen, an die Wurzel gehenden Lernprozess der Katholischen Kirche im 20. Jahrhundert vor Augen zu stellen, der im Konzil verdichtet worden ist.

Ein für das Konzil unumkehrbarer Meilenstein stellt dabei die Enzyklika „Pacem in terris" von Johannes XXIII. (1963) dar, die

---

In der Entwicklung zur letzten Enzyklika „Pacem in terris" liegt die ganze Dramaturgie der Entwicklung der Katholischen Kirche, die hier nur angedeutet werden kann.

[5] Weil dieser Platz frei geworden ist, buhlen viele Rivalen um diese Kooperation. Denn niemals kann Herrschaft ohne Zustimmung sein. Selbst ein Diktator und Tyrann will letztlich geliebt sein; und noch immer ersetzt in diesem Sinne ein Priester zehn Polizisten. „Priester" in diesem Sinne sind alle, die für den Zusammenhalt der Gesellschaft sorgen; und sei es durch unterhaltende Ablenkung, zu der heute auch Kritik gehört. Deshalb ist das neue Rom vielleicht in Hollywood oder im Silikon Valley und die Priesterkaste von heute inszeniert ihr Leben in der Öffentlichkeit und erneuert auf virtuelle Weise die Inszenierungen am französischen Hof vor der Revolution. Grundsätzlich muss aber vor allem den Intellektuellen gesagt werden: Ohne Zustimmung ohne Hoffnungsträger und „Messias" also gibt es keine wirksame Politik. Insofern bleiben „Religion" und „Politik" aufeinander angewiesen (siehe zur neuen Bedeutung der religionspolitologischen Fragestellung: Claus-Ekkehard Bärsch, Peter Berghoff, Reinhardt Sommerschmidt (Hg.), *Wer Religion verkennt, erkennt Politik nicht. Perspektiven der Religionspolitologie*, Königshausen & Neumann, Würzburg 2005).

vom Zweiten Vatikanischen Konzil vor allem in der Pastoralkonstitutionen „Gaudium et spes" und in der Erklärung über die Religionsfreiheit („Dignitatis humanae") aufgegriffen und konkretisiert worden ist. Als Ergebnis dieses Lernprozesses bekennt sich die Kirche zum vorbehaltlosen Einsatz für die Menschenrechte, die sie als konkrete Rechtsgestalt der Würde aller Kinder Gottes als Auftrag Gottes im Hier und Heute annimmt. Denn im Einsatz für die Würde und Freiheit der Menschen, und für Frieden und Gerechtigkeit unter den Völkern weiß sie um die Gegenwart des Reiches Gottes. Dieses Reich Gottes zu bezeugen, sich in Christus gleichsam wie ein Sakrament für die innigste Verbindung mit Gott und die Einheit der ganzen Menschheit einzusetzen (Lumen gentium 1), das ist ihre Sendung und ihre Identität, an der sie gemessen werden will. Damit sie diesem Auftrag immer mehr entsprechen kann, weiß die Kirche sich täglich in den Weg der Umkehr und Erneuerung gerufen. Ihre eigene Katholizität, die sich nicht entgegenzusetzen braucht und daher niemanden ausschließt, kommt darin zum Ausdruck. Aus diesem Mut zur Katholizität, die es wagt, Geschichte, Mensch und Welt mit den Augen des Schöpfers und Erlösers anzuschauen, verspricht sie im Konzil, dass sie zu einer ernsthaften Zusammenarbeit mit allen Menschen guten Willens immer bereit sein wird. Mehr als fünfzig Jahre nach diesem Konzil kann festgestellt werden, dass die Katholische Kirche mit hoher Ernsthaftigkeit und Treue diese Versprechen nicht nur gehalten hat, sondern in der aktuellen Debatte immer neu verlebendigt und konkretisiert hat. Dieses Versprechen hat aber die Kirche selbst zu einem anhaltenden Erneuerungsprozess gerufen, der solange nicht abgeschlossen sein wird, bevor nicht die messianische Hoffnung erfüllt sein wird, dass ein Reich des Friedens und der Gerechtigkeit unter den Menschen Gestalt angenommen haben wird.

In diesem Beitrag gehe ich also der Frage nach, was dieses Projekt, einen redlichen und in unbedingter Anerkennung der anderen im Dialog mit allen Menschen guten Willens mit dem Ziel zu führen, Würde und Freiheit der menschlichen Person, und Friede und Gerechtigkeit unter den Menschen zu fördern, für die Politik im allgemeinen und für Europa speziell in Gegenwart und Zukunft bedeuten könnte. Damit möchte ich keine Träume und Hoffnungen vor Augen führen, die sich aus dem Nirgendwo einstellen könnten, sondern aus den theologischen und kirchlichen Entwicklungen der letzten fünfzig Jahren möchte ich jene Aspekte verdeutlichen und verstärken, die aus diesem Dialog-Projekt erwachsen sind. Darin liegt ein Potential zur Unterscheidung der Geister, in der Tendenzen und Mühen der Gegenwart gefördert, aber auch gewisse Tendenzen der Gegenwart prophetisch kritisiert und in ihrer Irreführung entlarvt werden können. Eine solche Kritik ist aber nur begründet, wenn zuvor aus Geschichte und Gegenwart skizziert werden kann, was die geistige Entwicklung Europas denn ausmacht. Gibt es, so muss gefragt werden, geistige, gesellschaftliche, politische und die allgemeinen Lebensformen prägende Haltungen und Orientierungen, die als typisch „europäisch" bestimmt werden können. Durch das Bewusstsein der Vielfalt, Komplexität und letzten Endes nicht einholbaren scheinbar paradoxen Entwicklung in der Geschichte, kann nicht angenommen werden, dass diese Frage aus dem geschichtlichen Befund abgeleitet werden kann. Vielmehr geht es im Ausgang und in der ständigen Rückbeziehung zur realen Geschichte darum, eine ideale Struktur der europäischen Entwicklung zu skizzieren, die als kritische Orientierung in der Gegenwart in Anspruch genommen werden kann. Aus der christlichen Sicht stelle ich mir daher in diesem Aufsatz die Frage, was denn die heutige Gestalt jener grundlegenden und sich durch die gesamte Geschichte der Christenheit durchziehende Unterscheidung von geistlicher und weltlicher Macht heute bedeuten könnte. Diese Unterscheidung heute kreativ zu aktualisieren, scheint mir von herausragender Bedeutung zu sein.

Erst von dieser unterscheidenden Grundorientierung her gewinnt auch jede Kritik an dieser Kirche und ihrem Handeln ihren angemessenen Maßstab, der auch die Entwicklung der Katholischen Kirche in diesen letzten Jahrzehnten verständlich werden lässt. Denn in allem Hin und Her zeigt sich deutlich, was diese Unterscheidung der „Mächte" für die reale Gestalt der „Catholica" bedeutet. Denn es ist zu fragen, welche Kirche gemeint sei, wenn hier von der „Catholica" gesprochen wird? Die römische kann mit ihr nicht identifiziert werden, noch weniger die lateinische. Es ist auch nicht einfach jene „katholische Kirche", die in der sichtbaren, vom Papst in Einheit mit den Bischöfe und in Anerkennung des dreifachen Amtes aller Getauften geleiteten Kirche. Soviel schon vorwegnehmend hier: Es ist jene wahre Kirche Jesu Christi gemeint, die in der Geschichte die bleibende Präsenz seiner befreienden und erneuernden Wirklichkeit darstellt.[6] Wo aber lässt sich diese reale Kirche Jesu Christi antreffen, wenn sie nicht einfach identisch mit der vom Bischof von Rom geleiteten Kirche ist? Nur unsichtbar kann sie auch nicht sein, denn dann wäre sie nicht wirksame Gegenwart. Nur in der Liturgie kann diese Gegenwart auch nicht gegeben sein, denn sonst wäre dies nach dem Wort Jesu selbst Heuchelei. Sie muss zusammenhängen mit der Präsenz des Reiches Gottes in der Geschichte; also mit der Gegenwart Christi durch die Zeiten mitten unter uns. Dann aber kann diese Kirche nicht einmal koextensiv mit allen Getauften sein. Diese Frage ist deshalb so wichtig, weil die Unterscheidung von geistlicher und weltlicher Macht in der Geschichte einen Träger, d. h. eine Stimme und eine treue Zeugenschaft benötigt. Wenn also nicht mehr der Papst diese Stimme allein sein kann und wenn diese Stimme der Möglichkeit nach nicht auf die Getauften beschränkt sein kann, wo ist sie dann zu hören?

Diese Frage werde ich versuchen, aus dem zentralen Anliegen dieses Bandes zu beantworten. Daher frage ich in diesem Essay, ob nicht in einer grundlegenden Konvergenz die doppelte Sehnsucht eines europäischen Theologen buchstabiert werden kann. Könnt es sein, und ich nehme diese Frage als Hypothese auf, dass zum einen die Sehnsucht nach der Gegenwart der „una, sancta, catholica et apostolica ecclessia" und zum anderen die Suche nach einer lebbaren Gestalt des Sehnsuchtsprojektes „Europa" in einer Zeit ihres scheinbaren Scheiterns miteinander korrespondieren?[7] Wenn der

---

[6] Aufgrund einer unzureichenden Begrifflichkeit möchte ich folgende ekklesiologischen Begriffe nach LG 8 unterscheiden: „Römische Kirche" ist jene Kirche die vom Papst unmittelbar geleitet wird. „Römisch-lateinische Kirche" wird die Kirche des lateinischen Ritus genannt. „Katholische Kirche" ist wahre Kirche Jesu Christi, die in der vom Bischof von Rom in Einheit mit den Bischöfen geleitete Teil des Volkes „subsistiert". Zu ihr gehören auch nicht-römische und nicht-lateinische Kirchen, die in Union mit dem Bischof von Rom leben. Damit aber ist die „una sancta", die ich hier auch „catholica" nenne nicht mit dieser „subsistierenden katholischen Kirche" identisch, weil diese noch nicht die Fülle der Katholizität gefunden hat, weil sie u. a. immer noch an Trennungen leidet. Auf diese wichtige Differenz versuche ich mit dem Begriff „Catholica" zu antworten. Diese Kirche ist nicht nur als die „una sancta" das Ziel der Ökumene, sondern auch auf dem Weg anwesend. In diesem Sinn kann die ökumenische Bewegung ein Beispiel für den Prozess der europäischen Integration darstellen.

[7] Zum einen gewinnen offensichtlich die Separatisten und Nationalisten neue Zustimmung, auch wenn die Grundideen dieser Bewegung, Nationalismus und

Beginn der Europäischen Einigung nach dem Zweiten Weltkrieg zu guten Teilen ein „katholisches Projekt" war, und dieses Projekt ursprünglich von Menschen anderer Überzeugungen wesentlich mitgetragen war, dann könnte im Ursprung dieser Europäischen Einigungsbewegung vielleicht auch von jener „Catholica" etwas zu erahnen sein, die heute dieses Projekt geistig weitertragen könnte. Das würde die „Säkularisten" nicht ausgrenzen, ihre Polemik aber klar zurückweisen. „Europa" war ein transnationales Projekt, getragen von einer die verschiedensten Weltanschauung integrierenden Vision, dass Krieg und Vernichtung aller Humanität verhindert werden kann. Beginnen wir also mit der Frage: „Europa" – wer bist du?

1. „Europa": Annäherung an ein „Kippbild"

„Europa", nicht mehr als ein territoriales Anhängsel Asiens, hat wie keine andere Macht die Weltgeschichte der letzten 1000 Jahre bestimmt; gerade in seiner inneren Rivalität und Vielfalt. Ja, auch wenn es vielen nicht schmeckt: „Europa" ist global geworden, in Wohl und Wehe, Hoffnung und Greuel.[8] Das gibt zu denken. Denn das Bild Europas bleibt in Erinnerung und Gegenwart gebrochen zwischen Himmel und Hölle, Sehnsucht und Trauma, Menschenrechtspathos und Genoziden, Ringen um Rechte, Freiheit und Würde der menschlichen Person, aber auch Sklaverei, Kolonialismus und der Möglichkeit, alles höhere Leben auf diesem Planeten zu vernichten; und gleichzeitig träumen wir heute davon, in trans- und posthumanen Visionen in digitalen Verdichtungen andere „Erden" zu besiedeln. Größenwahn und Kleinkrämerei, bis zur Zerfleischung gehende Selbstkritik und unbeschränkte Überheblichkeit und Arroganz werden am Patienten „Europa" ebenso diagnostiziert, wie die

---

Separatismus, zu den größten Katastrophen der Weltgeschichte geführt haben. Zum anderen wird die ökumenische Anstrengung durch jene „Ökumene der Profile" in Frage gestellt, die nicht unterscheidet zwischen „Profil" und „Gegenidentität".

[8] Ich lasse hier die Frage offen, ob „Europa" nicht letztlich unter jener Rücksicht, die hier verhandelt wird, doch mit jener Wirklichkeit identisch ist, die die „westliche Wertegemeinschaft", kurz „der Westen" genannt wird (siehe hierzu das umfassende historische Bild: Heinrich-August Winkler, *Die Geschichte des Westens*, Vier Bände, C.H. Beck, München 2009–2015).

mit-bedeutendsten Errungenschaften der Menschheit in Kultur,
Recht und Wissenschaften. Ja vor allem: die Geburt der Wissenschaften und des Ethos! Was auch immer „Europa" ausmacht, es
ist, formal gesehen, voller Unruhe, überschreitet je neu die Horizonte und jede Grenze scheint nur dazu da zu sein, überwunden zu werden. Kein Ende der Geschichte, nirgendwo; apokalyptische Szena-
rien und immer wieder das Wagnis zu einer neuen Erde, selbst
wenn der Himmel den Spatzen überlassen sein sollte. Europa also
ein Ort voller offener, ja geradezu provokativ zur Schau gestellter
Paradoxien und Widersprüche?

Europa – ein Kippbild also. Ein Bild, das zugleich zwei Gesichter
zu zeigen vermag; vielleicht sogar mehr. Nur? Oder gibt es auch in
der Wechselhaftigkeit erkennbare Strukturen? Mein Versuch
vollzieht sich hier in drei Schritten. Zuerst werde ich die offiziell
propagierten Grundwerte skizzieren, die zu einer bestimmten Ausgestaltung der menschlichen Lebenskultur führt. Ausdifferenzierung
autonomer Bereiche ist hierfür das Leitwort. Dadurch aber stellt sich
die Frage nach der integrierenden Kraft der Gesellschaft und ihres
tragenden Grundes. Dass dieser offen und immer wieder neu gefunden, ja gestiftet werden muss, stellt uns dann vor die unausweichli-
che Frage nach dem Grundnarrativ unseres Lebens; – dem Mythos
der Ursprung und Ziel dieses Europas zu tragen vermag. Wenn
aber im Kontext des kulturellen Gedächtnisses Europas nach der integrierenden und tragenden Leiterzählung gefragt wird, die in Wahrheit niemals offen gelassen werden kann, stellt sich unmittelbar die
Frage nach den Institutionen und Riten, die diese Leiterzählung in
die Gegenwart einspielen. Damit stellt sich aus der Perspektive dieses theologischen Essays die Frage nach der „catholica" und ihrer
Repräsentationsformen heute.

1.1 Werte als Ideal und Ideologie

Die paradoxe Selbstwidersprüchlichkeit Europas stellt die Frage
nach den Werten, also den Voraussetzungen und Zielorientierungen
des menschlichen Lebens und des Handelns, immer ins Zwielicht.
Als Anspruch und Zielgröße haben seit der Amerikanischen und
Französischen Revolution die Menschenrechte als Widerstands-
grund gegen die monarchische und totalitäre Herrschaft und als
Zielbestimmung der gesellschaftlichen Ordnung zu einer radikalen

Transformation der politischen und gesellschaftlichen Struktur geführt; gleichzeitig aber scheitert die in diesen Rechten liegende Universalität an der Befangenheit der Befürworter und dem faktischen
politischen System. Das Beispiel der „Sklaverei" ist hierfür ein präg-
nantes Indiz. Sie abzuschaffen war eine Fanfare der Revolution. Der
darin wirkende Rassismus aber suchte sich neue Ventile und fand sie
politisch nach innen in allen Formen des Klassenkampfes und nach
außen im ausgrenzenden Nationalismus und Kolonialismus: In der
Konvergenz dieser bis heute nicht wirklich überwundenen Form der
Menschenverachtung liegt die geistige Wurzel für die größten Ab-
stürze der Menschheitsgeschichte. Wenn also Würde, Freiheit und
Autonomie der Menschen Grund und Sinnbestimmung des Staates
und der politischen Ordnung sein sollen, dann scheiterte dieses Ziel
immer wieder an der strukturell nicht steuerbaren Dynamik der
durch eben diese Freiheit freigesetzten autonomen Teilsysteme.
Und diese Autonomie hat eine lange ganz in die Ursprünge des Westens reichende Geschichte. Bevor wir diese Vorgeschichte etwas be-
leuchten sollen die Teilsysteme zunächst beschrieben werden.

Der neuzeitliche Verfassungsstaat kann als Anerkennung der sich
ausdifferenzierenden gesellschaftlichen Teilbereiche verstanden werden. Diese Ausdifferenzierung hat darin ihre Bedeutung, dass es
nicht mehr möglich ist, die innere Dynamik dieser Teilbereiche zu
kontrollieren oder gar zu stoppen. Diese Dynamik, oft mehr Ver-
schleierung als Beschreibung, wird traditionell mit dem Emblem
„Fortschritt" angezeigt oder kaschiert. Damit aber ist Moderne eine
formale Größe und kann als Legitimation anhaltend beschleunigter
Veränderung beschrieben werden.[9]

---

[9] Franz-Xaver Kaufmann, *Religion und Modernität. Sozialwissenschaftliche Perspektiven,* Mohr Siebeck, Tübingen 1989, S. 45. Mit dieser formalen Bestimmung, die von Niklas Luhmann beeinflusst ist, setzt sich Kaufmann von jener
Vorstellung einer wertorientierten Bestimmung der Moderne ab, wie Jürgen Habermas sie vor allem vertritt. In diesem Essay nutze ich das analytische Potential
der Systemtheorie etwas holzschnittartig, um die entsprechenden Entwicklungen
beschreiben zu können. Die Option von Habermas kommt dann ins Spiel, wenn
nach der Sendung der Glaubenden in diesem Kontext gefragt wird. Mir scheint,
dass diese Zuordnung auch bei Habermas eine Rolle spielt, weil er angesichts der
radikalisierten Moderne, die Menschenrechte und Grundwerte hinter sich zu lassen scheint, nach dem bleibenden Beitrag religiöser Traditionen nicht nur fragt,
sondern eben diese dazu ermutigt, diesen Beitrag in der Anstrengung einer Über-

1.2 Die Dynamik der sich ausdifferenzierenden Gesellschaft

Ob diese erste formale Diagnose zutrifft, wird dadurch gerechtfertigt, insofern mit dieser Analytik, die sich ausdifferenzierenden Teilsysteme in ihrer inneren Dynamik am adäquatesten beschrieben
werden können. Es geht also nicht darum, diese Systeme vollständig
zu erfassen, sondern ihre innere Dynamik zu bestimmen. Diese innere Dynamik soll hier in zwei Aspekten erfasst werden, „ad intra"
und „ad extra". „Nach innen" muss gefragt werden, ob es möglich
ist, die prägende Macht zu beschreiben, die darin wirkt. Diese, so
meine Vorstellung, muss sowohl eine Sehnsucht des Menschen be-
treffen, als auch einen Aspekt der „außermenschlichen Wirklichkeit"
zum Ausdruck bringen. Nach außen muss zu erfassen gesucht werden, wie diese Macht auf andere Teilbereiche einwirkt und, weil Dy-
namiken von innen her immer unbegrenzt sind, wie sie andere Teilbereiche zu kolonialisieren versucht. Beide Aspekte aber werden erst
dann kritisch bedacht, wenn die tiefe Ambivalenz alles Menschlichen nicht ausgeblendet wird. Solche Ausblendungen, Ideologien
genannt, sind deshalb fast unausweichlich, weil nur so die „schöne,
neue Welt" zu glänzen vermag und die uralte Frage nach Erlösung,
die Europa wie nichts sonst dynamisiert, der religiösen Sphäre entzogen werden kann.

Wenn die unlösbare Verbindung zwischen menschlicher sehn-
süchtigen Unruhe und kultureller Ausgestaltung von Teilbereichen
der Lebensbewältigung und -orientierung gesehen wird, dann kann
die grundlegende Ebene der Autonomie nur der Mensch, die
menschliche Person als Individuum oder als soziale Gruppe in der
freien Gestaltung seines Lebens sein. Der Ausgangspunkt von Freiheit und Würde der Person war geschichtlich für die Transformation
einer monarchischen, d. h. obrigkeitsorientierten Gesellschaftsord-
nung der entscheidende Angelpunkt. Die Würde und Freiheit der
Person erwies sich dabei deshalb als jene zentrale Idee, die selbst Ket-
ten und Tod nicht zu binden vermochten, weil nur in der Treue zu
diesen Vorstellungen der Mensch glaubte, authentisch leben zu können. Im weiteren Gang aber erwies sich die Anthropologie in ihrer

---

setzung einzubringen, ohne ihre fremde, andere Identität aufzugeben (siehe hierzu die Sammlung: Jürgen Habermas, *Zwischen Naturalismus und Religion. Philosophische Aufsätze*, Suhrkamp, Frankfurt am Main 2005).

abgründigen Ambivalenz als die entscheidende Referenzebene der ganzen Entwicklung. Auf diesem Hintergrund lassen sich deshalb die anderen Entwicklungen interpretieren, weil zu dieser anthropologischen Wende notwendiger Weise gehört, sich nicht von einer „höheren Autorität" bestimmen zu lassen; sei es der Kaiser oder alle jene Autoritäten, die im Namen der höchsten, denkbaren Autorität, nämlich der Gottes, zu sprechen beanspruchen. Zu dieser personal-individuellen Referenzebene steht aber die tiefe Ambivalenz der Entwicklung in unmittelbarer Beziehung. Erst auf diesem Hintergrund können dann die anderen Transformationsmächte angesprochen werden.

Auf den ersten Blick ist die entscheidende, weil alle anderen Veränderungen erst anhaltend bewirkende Macht Europas jene Auffassung von Rationalität, die als Aufklärung gesellschaftlich und politisch bis heute wirksam geblieben ist und unsere Welt durch Wissenschaft und Technik in einer so umfassenden Weise verändert hat, dass heute vom „Anthropozän" gesprochen werden muss. Selbst die Kritik und Zurückweisung dieser Dynamik weiß darum, dass es faktisch dazu keine Alternative geben kann. Denn jede mögliche Alternative ist selbst nur in derselben Haltung der Rationalität generierbar und damit der wissenden Verantwortung des Menschen selbst aufgegeben. Wer unberührte Natur möchte, soweit das überhaupt noch möglich ist[10], muss diese als Naturschutz ausdrücklich wollen und politisch regulieren.

Die Dynamik der aus dieser Rationalität generierten Systeme beruht einerseits auf der Freisetzung der menschlichen Neugierde und dem Streben des Menschen nach Wissen und wissendem Können. Andererseits ist dieses Wissen kein kontemplatives, sondern ein machendes, umgestaltendes, weil die neuzeitliche Wissenschaft mit dem Versprechen angetreten ist, Krankheit, Hunger und Tod zu überwinden. Damit aber konvergiert der Urtrieb des Menschen nach Wissen mit der Hoffnung nach einem guten Leben, das von Kontingenzen weitestmöglich befreit wird. Wissen und Hoffnung auf Befreiung von alten Abhängigkeiten aber werden unter der Fahne des Fortschritts zur Fanfare der Befreiung und Legitimation je neuer Grenzüberschreitungen.

---

[10] Im strengen Sinne kann davon natürlich nicht die Rede sein. Denn z. B. gibt es keine vom menschlichen Experiment unberührte Luft mehr.

In der Kraft dieses „quasi-himmlischen" Versprechens eines anhaltenden Fortschritts erheben die genannten Teilbereiche den Anspruch auf die Oberhoheit über alle anderen Teilbereiche. Sie erheben nicht nur den Anspruch der umfassenden Wirklichkeitsinterpretation, sondern auch den Anspruch auf freie Gestaltung der für sie notwendigen Entwicklungsräume. Der Freiheit der Wissenschaft entspricht der Ruf nach dem freien Markt, nicht unbedingt nach einer freien Gesellschaft.

Der zu einem Gegenmythos gewordene Versuch, die Freiheit der Wissenschaft einzuschränken, wird als kontrastierendes Begleitprogramm bis heute beschworen: der Fall Galilei. Waren Jupitermonde und die polemische Popularisierung des neuen Weltbilds noch gut geeignet, ein karrikaturhaftes Bild von einer machtbesessenen Kirche zu zeichnen, so ist die Spaltung des Atoms, die Entschlüsselung des Genoms und die Vermessung des Gehirns mit einer gesellschaftlichen Selbstverständlichkeit hingenommen worden, die deshalb erstaunlich ist, weil diese Entwicklungen eine Möglichkeit von Gewalt und Transformation freigesetzt haben, die die Fixierung des Problems der Gewalt auf Religion oder den Monotheismus bei Licht besehen als höchst prekäre Ablenkung erscheinen lassen muss.[11] Es wundert daher nicht, dass die transhumanen Visionen im Silicon Valley kaum auf Widerspruch stoßen. Vielleicht gibt es doch in uns ein „Lemminge-Gen", oder den kollektiven Todestrieb wie Freud es meinte.

Als ein autonomer Teilbereich ist z. B. die schwer erkämpfte und immer wieder gefährdete Freiheit der Kunst anzusprechen. In ihr kommt der Ausdruck nach eigener, ungewohnter und neuer Selbst- und Weltauslegung zum Vorschein, der das Gewohnte unterläuft und die Tabus bricht. Provokation und Propaganda, Widerspruch und Verklärung: aber nie ohne Beziehung zu Markt und Macht, den Mäzenen der Kunst seit Menschengedenken.

---

[11] Noch bleiben die beiden Aspekte des Werkes von Jan Assmann getrennt. Die These vom gewalttätigen Monotheismus (Jan Assmann, *Moses der Ägypter. Entzifferung einer Gedächtnisspur,* Fischer, Frankfurt am Main [7]2011) scheint durch die jüngere Arbeit (Jan Assmann, *Exodus. Die Revolution der Alten Welt,* C.H. Beck, München [3]2015) geradezu widerlegt zu werden. Dabei wäre es wichtig, die Funktion von Religion genauer zu untersuchen, weil erst in der geschichtlichen Funktionalisierung von Religion die Frage nach dem Verhältnis von Monotheismus und Gewalt beantwortet werden kann.

Die gesellschaftliche Ordnung der Verfassungsstaaten ist durch die Gewaltenteilung bestimmt. Dadurch werden Politik, Recht, Medien und gesellschaftliche Institutionalisierungsformen aller Art in autonome Verantwortung gesetzt. Gerade weil der Staat die weltanschauliche Bindung der Menschen frei gibt, und sich daher bestimmt weiß, die zeitliche Ordnung als Freiheits- und Friedensordnung zu gestalten, hat er sich in Legitimation und Zielsetzung von der Religionen und allen jenen Weltanschauungen befreit, die das Ziel und Ende der Geschichte zu wissen meinen.

War die Ablösung von religiösen Vorgaben historisch gesehen die entscheidende Weichenstellung zur ausdifferenzierten Gesellschaft, so sollte heute nicht übersehen werden, dass heute diese Errungenschaft mit der schleichenden Dominanz anderer weltanschaulichen Überzeugungen wieder in Frage gestellt wird. Denn die ungelöste Frage der ausdifferenzierten Gesellschaft ist die Frage nach ihrem gemeinsamen Band. Gibt es überhaupt ein gemeinsames Band, abgesehen vom Versprechen nach Fortschritt im Sinne eines besseren und einfacheren Lebens? Der Mensch ist ja nicht nur ein Individuum, ja wohl nicht einmal zuerst, sondern ein soziales, auf Gemeinschaft und Anerkennung ausgerichtetes Lebewesen. Ja, und das ist für mich der letzte Grund der Faszination von Wissenschaft und Fortschritt, er möchte zu einer Gemeinschaft, bzw. Bewegung gehören, die größer, weiter und höher ist als er selbst. Niemand ist sich selbst genug. Wo aber werde ich über mich hinausgeführt?

An der so benannten Offenheit des Menschen stellt sich die Frage nach Weltanschauungen und Religionen. Wurde die „säkulare Gesellschaft" als selbstbestimmte Abkehr von aller Bevormundung durch den Entschluss propagiert, aus der selbstverschuldeten Unmündigkeit auszutreten, und diese Abkehr zuerst in religiösen Angelegenheit durchbuchstabiert, so stellt sich heute, wie schon damals bei Kant, die Frage, ob es nicht andere gesellschaftliche Autoritäten gibt, die den Menschen in viel höherem Maße beanspruchen, als es heute Religionen in Europa können. Wenn also der Mensch ohne Zugehörigkeit und Anerkennung, ohne geistige Orientierung und Sinnstiftung nicht leben und daher auch nicht seine kulturelle und gesellschaftliche Ordnung gestalten kann, dann stellt sich in neuer Weise die uralte Frage nach dem Verhältnis von geistiger und weltlicher Macht.

1.3 Die Urdifferenz: Die Unterscheidung von geistlicher und weltlicher Macht

Wenn heute die Frage nach der differenzierten Gesellschaft angemessen gestellt werden soll, dann ist die Urfrage von geistlicher und weltlicher Macht neu zu stellen. Als Frage nach dem Verhältnis von Politik und Religion oder von Staat und Kirche hat sie sich heute in Europa weitgehend überholt, weil sich diese Größen so nicht mehr sinnvoll vergleichen bzw. zuordnen lassen.[12] Die Unterscheidung ist also nicht mehr über die repräsentativen Autoritäten, König bzw. Kaiser und Papst bzw. Bischof, zu verhandeln, sondern unter den Bedingungen der modernen Verfasstheit des menschlichen Subjekts. Wenn wir auch diese Fragestellung an die eingangs als Referenz eingeführte anthropologische Ebene zurückbinden und wir z. B. mit John Henry Newman die Frage nach der Bedeutung dieser Unterscheidung für die im Gewissen grundgelegte letzte Autorität des Menschen aufwerfen, dann stellt sich die Unterscheidung von geistlicher und weltlicher Macht, als Frage danach, welche Mächte den Menschen und wie letztlich in Anspruch nehmen (können und dürfen).

Als weltliche Macht ist jede Form von säkularer und politischer Macht zu bezeichnen, die in ihrer Amtsvollmacht („potestas") letztlich immer mit Zwangsgewalt verpflichtet und so die Zustimmung des Menschen zu erzwingen vermag. Das Gesetz verpflichtet, in dem es immer auch mit Zwang droht; und diesen glaubwürdig umzusetzen anzeigt. Von den Steuern bis zur Schulpflicht gilt diese Analyse. Welche Zustimmung aber wird hiermit, mit Zwang allein, erreicht? Sie kann nur das konforme Verhalten mit Zwangsmittel erzwingen, nicht die innere freie Zustimmung der Herzens- und Gewissensüberzeugung. Diese in Anspruch zu nehmen ist nur der geistlichen Macht möglich, die als Kraft der Wahrheit, als Macht des Guten oder Schönen bezeichnet wird. Diese Macht wird traditionell als Religion interpretiert, müsste aber heute auch als ideelle

---

[12] Selbst in Staaten, die verfassungsrechtlich noch in Einheit von Thron und Altar strukturiert sind, und daher wie z. B. England eine „Staatskirche" kennen, mischt sich die entsprechende königliche Autorität nicht in die Politik ein. Auf der anderen Seite aber haben die beiden Häuser des Parlaments immer noch eine verfassungsrechtliche Kompetenz im Blick auf Struktur und Ausgestaltung der Kirche. Aber auch an diesen realen Gegebenheiten zeigt sich, dass anders die Unterscheidung heute im Gegensatz zu früheren Zeiten anders angesetzt werden muss.

oder spirituelle Kraft bezeichnet werden. Damit wird auch jene Form der freien Vernunftzustimmung angesprochen, die jene Erkenntnisse und Begründungen sich aneignet, deren Gültigkeit und Bedeutung aus dem schlussfolgernden Denken allein nicht resultiert.

Geistliche und weltliche Macht, die zunächst idealtypisch charakterisiert wurden, bezeichnen also unterschiedliche Weisen wie der Mensch in seinem Gewissen in Anspruch genommen werden kann; und muss, weil er nicht fertig auf die Welt kommt, sondern immer zuerst in und durch eine Kultur seine Überzeugungen auszubilden hat. Wie aber können diese zwei Grunddimensionen der menschlichen Ordnungskultur einander zugeordnet werden? Natürlich sind diese idealtypischen Rekonstruktionen nur im Extremfall geschichtlich erkennbar. Üblicherweise treten sie gemischt auf. Das kann an den beiden genannten Beispielen kurz verdeutlich werden. Steuern zu zahlen, kann und muss von der Einsicht getragen sein, dass die gemeinschaftliche Ordnung und die soziale Verpflichtung ihren Preis und Wert haben. Ebenso kann die Schulpflicht darin einsichtig gemacht werden, dass Bildung für alle Menschen wichtig und gut ist, und daher dieses hohe Gut nicht von der Willkür der Eltern oder der Eliten abhängig gemacht werden darf. Idealerweise sind also beide Mächte miteinander verwoben. Dennoch kann idealtypisch verdeutlicht werden, was geschieht, wenn diese Mächte völlig auseinander fallen. Eine weltliche Macht ohne geistliche Macht wäre vollendeter Totalitarismus, der auf einem reinen Konformismus der Angst aufbaut. Diese Form hat es geschichtlich bis heute deshalb nicht gegeben, weil die bisher bekannten Totalitarismen einen ideell-ideologischen Über- oder Unterbau aufwiesen. Der ideologische Unterbau des Nationalsozialismus war eine gefährliche Mischung aus Nationalismus, Rassismus und Antisemitismus, die mit messianischen Verheißungen überhöht wurden. Messianische Verheißungen wies auch der real-existierende Sozialismus auf, der eine wissenschaftliche Weltanschauung in jenem Bereich meine aufweisen zu können, in dem es nach Aristoteles keine epistemische Wissenschaft[13] gibt, dem der Geschich-

---

[13] Der historische und dialektische Materialismus bezeichnete mit den Indizien der Wissenschaft nach Aristoteles seine Wissenschaft der Geschichte, nämlich als notwendig und „nicht-anders-sein-könnend" (siehe zu den verschiedensten Auffassungen der Vernunft, „dianoetische Tugenden" genannt, Aristoteles, *Nikomachische Ethik*, VI, 3).

te. Dies ist zu bedenken, wenn jetzt das Verhältnis von Politik und Weltanschauung angesprochen werden muss.

In der Unterscheidung von geistlicher und weltlicher Macht, die im Investiturstreit zur unumkehrbaren geschichtlichen Wirklichkeit geworden ist, liegt jener Ursprung der freiheitlichen Differenzierung der westlichen Gesellschaft vor, in deren Differenz sich weitere Autonomien wie die der Städte, Handelsgesellschaften, Universitäten und Zünfte entwickeln konnten.[14] Dabei ist zu beachten, dass der Investiturstreit realpolitisch für den Papst verloren ging. Anderseits setzte der Papst im Wormser Konkordat (1122) diese Unterscheidung insofern durch, als die Kirche damit sich berechtigt wissen konnte, gegen jede Form von Staatsmonismus einzutreten. Wenn wir hier die Frage nach der „Catholica" in der Beziehung zur differenzierten Gesellschaft analysieren, dann darf nicht vergessen werden, dass gerade die Französische Revolution den Totalitarismus der nachfolgenden Zeit insofern modellhaft vorbereitete, als die Politik der Revolution ein Model der „totalen Demokratie" darstellte.

Fassen wir diesen ersten Schritt zusammen. „Europa" steht geistig-politische Größe für jene Gestaltung der menschlichen Kultur, die um der Würde und Freiheit des Menschen willen, und seiner Sehnsucht nach gelingendem Leben, das Risiko der Differenzierung der Gesellschaft eingegangen ist. Dabei blieb es von einer tiefen Ambivalenz geprägt, die einerseits als Ausgrenzung oder Verachtung des Anderen beschrieben und durch die Aufhebung der Differenz durch die tendentielle Totalitarisierung eines einzelnen Teilbereiches gekennzeichnet werden kann.

---

[14] Ich sage nicht, dass diese Unterscheidung der Grund und die Ursache für die Gesamtentwicklung geworden sei. Das ist deshalb nicht möglich, weil es auch andere Faktoren in der westlichen Tradition gegeben hat, die zu dieser Entwicklung beigetragen haben. Schon zuvor gab es z. B. durch die Regel des Heiligen Benedikts autonome, das heißt von Papst und Kaiser als eigenständig anzuerkennende Klöster und Kirchenstrukturen. Insofern Martin Luther in der Grundlegung der Kirchenverfassung der reformatorischen Kirchen die Jurisdiktion dem Landesherrn zugeschrieben hatte, muss in dieser Hinsicht die Reformation, die ja sonst der Freiheit der Glaubenden Raum zu geben vermochte, als Rückschritt bezeichnet werden. Der Verweis auf die Lehre von den zwei Regimentern bestätigt diese These insofern, als Martin Luther diese Lehre gegen die Alte Kirche anwendete, aber nicht für den eigenen Bereich z. B. bei den Wiedertäufern oder den Bauern, dann anwendete, als es kritisch wurde.

2. Kirche im Dienst am Leben aller

Erst auf diesem Hintergrund wird klar, welche Neuausrichtung das Zweite Vatikanische Konzil der katholischen Kirche gegeben hat. Auf der einen Seite zieht es die Konsequenz aus dem Ende des Konstantinischen Zeitalters und bestimmt sich selbst als gesellschaftliche Macht im Dienst an der Würde und der Freiheit aller Menschen. Auf der anderen Seite ist aber zu beachten, auf welche Weise die Kirche diesen Dienst allein tun kann. Wenn sie nämlich diesem Dienst gerecht werden will, so muss sie sich selbst differenzieren und in einem präzise zu bezeichnenden Sinne entmächtigen. Diese Vorbedingungen müssen geklärt werden, damit deutlich wird, warum und wie die katholische Kirche dadurch eine Transformationsmacht im heutigen Europa werden kann, weil sie sich zum interreligiösen Dialog verpflichtet hat. Insofern der interreligiöse und weltanschauliche Dialog grundsätzlich immer nur als Modus geistlicher Macht entwickelt und vollzogen werden kann, erweist sich gerade in diesem Bereich in besonderer Weise die Bedeutung jener grundlegenden Selbstbestimmung der Kirche, in der sie sich als Mysterium, d. h. als Zeichen der Gegenwart des heilswirksamen Gottes bestimmt.

2.1 Die grundlegenden Entmächtigungen als Voraussetzung der Sendung der Kirche in einer neuen kirchengeschichtlichen Epoche

Wenn die Kirchengeschichte der letzten Jahrhunderte in biblischen Kategorien interpretiert werden sollte, dann kann sie nur verstanden werden, als Gericht Gottes an seiner Kirche. Was oft als Verlust und Schwächung gelesen wird, erachte ich als Reinigung der Kirche zu jener immer auch noch kommenden Gestalt, in der sie adäquater als Zeichen des Reiches Gottes und Künderin des Evangeliums zu erscheinen vermag. Immer beginnt das Gericht des Herren am Hause Gottes (1 Petr 4,17)! Dieser Umgestaltung der Kirchen durch Gott entsprechen die Christgläubigen durch jene Reformen, die es ermöglichen, dass in der Schwachheit der Menschen sich die Kraft und Gnade Christi erweist (2 Kor 12,9).

Die anhaltende Entmächtigung der Kirche, die als postkonstantinische Epoche der Kirche soziologisch beschrieben wird, hat zum Ziel, dass der Glaube wirklich gesellschaftlich und sozial frei werden kann. Die Kirche hat nicht mehr politisch und wird auch bald nicht

mehr sozial die Zwangsgewalt ausüben können, die Glaubens-
zustimmung zu erzwingen oder manipulativ zu erschleichen. In diesem Sinne bedeutet die notwendige „Entweltlichung der Kirche"[15]
die Entwicklung zu jener Verfasstheit, in der ihr jegliche Form weltlicher Macht genommen sein wird, so dass das Evangelium nur noch
Kraft der Wahrheit selbst (DH 1) bindet. Deshalb werden auch alles
Amt und alles Verkünden in der Kirche durch die Glaubenden und
Hörenden selbst innerkirchlich mitgetragen. Selbst der Jurisdikti-
onsprimat des Papstes wird von dieser Struktur nicht ausgenommen
sein.[16] Damit zeigt sich, dass sowohl nach innen wie nach außen das
Evangelium eine gute Nachricht sein will, die allein in freier Zustimmung ergriffen werden kann.[17]

Die Anerkennung der Religions- und der darin mitausgesagten
Gewissensfreiheit als „conditio sine qua non" allen kirchlichen Handelns, impliziert nach dem Konzil zwei theologische Grundoptionen,

---

[15] Siehe Text und Diskussion bei: Jürgen Erbacher (Hg.), *Entwicklung der Kirche?*
Die Freiburger Rede von Papst Benedikt XVI., Herder, Freiburg im Breisgau 2012. –
Auch wenn die Szenerie der Rede Benedikts XVI. in Freiburg insofern grotesk an-
mutete, als er als Staatsgast davor und danach mit allem Protokoll begleitet wurde,
und die Rede wohl auch den synodalen Entwicklungen im Dialogprozess
Deutschlands entgegenwirken wollte, darf dieser wichtige Aspekt nicht übersehen
werden. Dieser Aspekt aber wird bei Benedikt nicht entschieden genug betont.
Entweltlichung der Kirche als spirituelle Wirklichkeit bedeutet auch, dass z. B.
das Amt von der Anerkennung durch die Glaubenden allein seine Autorität gewinnt. Damit aber wird der asymmetrische Machtbegriff der „potestas" überwunden (siehe: Guido Bausenhart, „IV. Im Dienst am Dienst der Evangelisierung", in:
*Herders theologischer Kommentar zum Zweiten Vatikanischen Konzil. Texte, Kom-
mentare, Zusammenschau*, hg. von Peter Hünermann und Bernd-Jochen Hilberath, Herder, Freiburg im Breisgau 2009, Bd. 5, S. 287–295, v. a. S. 294).
[16] Daher ist die These zurückzuweisen, dass die Kirche verfassungsrechtlich eine
absolutistische Monarchie sei (Norbert Lüdicke, Georg Bier, *Das römisch-katho-
lische Kirchenrecht. Eine Einführung*, Kohlhammer, Stuttgart 2012, v. a. S. 26). Das
hat Papst Franziskus symbolisch verdeutlicht, indem er bei seinem ersten Auftreten
nach der Wahl, bevor er selbst segnete, um das Gebet für seinen Vorgänger und für
sich selbst gebeten hatte.
[17] Darin liegt die unverzichtbare Bedeutung der Erklärung des Zweiten Vatikanischen Konzils zur Religionsfreiheit. Diese Erklärung als „weniger verbindlich"
zu charakterisieren, bedeutet nicht nur das Zweite Vatikanische Konzil zu zerstören, sondern vor allem das Evangelium zu vergiften. Denn wer das Heilige mit
irgendeiner Form von Gewalt verbindet, pervertiert das Kreuz Jesu Christi. Die
Frage nach der unbedingten Anerkennung der Religionsfreiheit erachte ich daher
heute als einen „articulus stantis et cadentis ecclesiae".

die als die entscheidenden „Grunddogmen" des Konzils angesehen werden können. Alles Tun der Kirche setzt unter diesen Bedingungen die vorgängige Gegenwart Gottes im Heiligen Geist voraus, durch dessen Kraft alle Menschen vom universalen und wirksamen Heilswillen Gottes umfasst werden (LG 16, AG 7; GS 22). Im Heiligen Geist geht daher Gott allem menschlichen Tun voraus und ermöglicht so dem Menschen eine Beziehung zum Tod und der Auferstehung Jesu Christi (GS 22). Durch Gottes Wirken allein und zuerst ist damit das Heil für alle Menschen eröffnet. Daher bewirkt die Kirche niemals wirkursächlich das Heil, sondern zeigt dieses als Zeichen insofern an, als sie verkündet, dass alle Menschen zum Reiche Gottes gerufen sind und allen Menschen eine Möglichkeit gegeben ist, Gottes Willen zu entsprechen. Die „Catholica" verkündet daher, was Gott allen Menschen bereitet hat. In dieser Hoffnung für alle, weiß sie ihre eigene Hoffnung geborgen und getragen.

Wenn aber Gottes Gegenwart alle Wirklichkeit trägt und bedingt, kann alle Wirklichkeit Medium der Kommunikation Gottes mit den Menschen werden. Deshalb können wir, wie Ignatius uns anleitet, Gott in allem finden. Dies ist auch der Grund, warum von einer basalen Sakramentalität aller Wirklichkeit gesprochen werden kann und muss. Erst in diesem Rahmen findet das Zeugnis der Kirche ihren angemessenen Platz. In all ihrem Tun gibt die Kirche dieser Gegenwart Gottes zeichenhaft Ausdruck. Weil sie diese Zeichenhaftigkeit immer nur in Schwachheit anzeigen kann, ist sie nach dem Konzil „mysterium" nicht „imperium" (LG 1). In sehr präzisen und berührenden Worten, die kaum wirklich ernst genommen worden sind, spricht das Konzil davon, dass sie wünscht, dass auf ihrem Antlitz das Licht Christi sich spiegeln möge (LG 1).[18] Die zentrale Stelle für diesen unbedingten Ruf in die Reform ist LG 8. Darin wird gesagt, dass die wahre Kirche Jesu Christi, die in jener Kirche subsistiert, die im Bischofsdienst mit dem Bischof von Rom verbunden ist, eine Gemeinschaft ist, die sich immer neu am armen und

---

[18] Kaum mehr bekannt ist der erste von den Konzilsvätern verabschiedete Text, in dem dieses Reformanliegen erstmals in aller Klarheit und Deutlichkeit zum Ausdruck kommt (siehe: „Wege zur Erneuerung der Kirche", in: *Herders theologischer Kommentar zum Zweiten Vatikanischen Konzil. Texte, Kommentare, Zusammenschau*, hg. von Peter Hünermann und Bernd-Jochen Hilberath, Herder, Freiburg im Breisgau 2009, Bd. 5, S. 491–494).

entäußerten Jesus Christus zu erneuern sucht (LG 8).[19] Nur so, in einer anhaltenden Erneuerung, ist jene wahre Kirche Jesu Christi in der greifbaren Kirche der Bischöfe, die mit dem Nachfolger Petri verbunden sind, gegenwärtig. Gerade darin aber weiß sie, dass auch außerhalb ihrer selbst Elemente des Katholischen sind. Will diese konkrete sichtbare Kirche der Bischöfe in Einheit mit dem Bischof von Rom diesen ihren eigenen Anspruch verwirklichen, hat sie Elemente des Katholischen außerhalb ihrer selbst anzuerkennen. Damit aber ist diese Kirche nicht Souverän über ihre eigenen Grenzen. Diese sind osmotisch geworden. Katholizität ist damit eins geworden mit Ökumene.

2.2 Dialog: Medium der Heilsgeschichte Gottes und Weg der Kirche

Deshalb ist nicht mehr Anordnung und Gehorsam, Amtsvollmacht und deren obrigkeitsförmiger Vollzug Kennzeichen der Katholizität, sondern ein Dialog, der in der unbedingt anerkannten Freiheit der anderen Einheit zu stiften vermag. Nicht die Amtsvollmacht („potestas"), sondern die Autorität aus dem Zeugnis des Evangeliums, klassisch „auctoritas" genannt, ist daher die maßgebliche Macht. Diese Autorität aber gibt frei. Deshalb ist der Dialog, der der Weg der Kirche ist, nicht einfach nur Gespräch oder gar taktische Unterbrechung, sondern gewinnt seine Würde aus der Einsicht, dass Gott selbst in seiner Geschichte einen Dialog des Heils führt.[20] Gott ruft und kann abgelehnt werden. Es wird zum Tanz aufgespielt und niemand tritt ein. Gott setzt sich aus und geht das Risiko der Ableh-

---

[19] Roman A. Siebenrock, „[...] geht die Kirche immerfort den Weg der Buße und Erneuerung' (LG 8). Betrachtungen eines zentralen Konzilstextes zum Selbstverständnis der Kirche", in: *Ermutigung zum Aufbruch. Eine kritische Bilanz des Zweiten Vatikanischen Konzils,* hg. von Philipp Thull, WBG, Darmstadt 2013, S. 48–58. – Es ist bezeichnend für die Diskussion von und nach „Dominus Jesus" (2000), dass der zweite Abschnitt von Artikel 8 nicht als Indiz der wahren Kirche Jesu Christi diskutiert worden ist (siehe dazu: Michael J. Rainer (Hg.), „*Dominus Jesus". Anstößige Wahrheit oder anstößige Kirche? Dokumente, Hintergründe, Standpunkte und Folgerungen,* Lit, Münster 2001).

[20] Das ist die Grundüberzeugung von Paul VI. in seiner ersten Enzyklika, vor allem im dritten Kapitel (Paul VI., *Enzyklika Ecclesiam Suam. Das Papstrundschreiben vom 6. August 1964 über die Kirche, ihre Erneuerung und ihre Sendung in der Welt,* Rex-Verlag, Luzern 1964).

nung, ja der Verwerfung ein; und zahlt die Zeche. Wie sollte die Kirche dieses Evangelium verkünden können, ohne in die Gestalt des treuen Zeugen (Offb 1,5) selbst verwandelt zu werden. Diese Entmächtigung, die immer auch Verletzbarkeit bedeutet[21], ist deshalb unabdingbar, weil nur so das Wort alle Menschen zu erreichen vermag. Dieser neue Weg der Kirche ist bereits durch das Martyrium geprägt.[22]

2.3 Menschheit – Volk Gottes – Kirche

Im Bekenntnis zum universalen Heilswillen Gottes, in der Entschließung zum Dialog in der Anerkennung unbedingter Freiheit aller und im Zeugnis der christlichen MärtyrerInnen – vor allem im 20. Jahrhundert – wird eine neue Verhältnisbestimmung von Kirche, Volk Gottes und Menschheit erkennbar, die das Zweite Vatikanische Konzil zu formulieren suchte. Gerade weil letztlich Volk Gottes und Menschheit miteinander koexistent sind, wird die Kirche dazu aufgefordert in der je neuen Gegenwart ihre Sendung zu entdecken und zu konkretisieren. Diese Aufgabe, die eine Theologie in den Zeichen der Zeit fordert, kann sie aber nicht mehr ohne die anderen vollziehen. Auf der einen Seite ist die Kirche in ihrer realen Geschichte eine begrenzte, sichtbare Gemeinschaft mit identifizierbaren Strukturen und Vollzügen. Gleichzeitig aber ist sie in der Geschichte selbst auf ihre Vollendung ausgestreckt, wodurch sie nicht selbst unterscheiden kann, wer drinnen und draußen ist. Insofern stellt sich ihr immer wieder die Frage, ob es Orte und Vollzüge geben kann, in der die die eschatologische Versöhnung der Menschheit vor Gott zeichenhaft vorweg angezeigt werden kann. In diesen Zeichen aber wird die wahre „Catholica" erkennbar. Sie ist, wenn das Wort erlaubt ist, ein, wenn auch immer nur zeichenhaft und daher gebrochen, „Heterotopos" des letzten Zieles der Geschichte.

---

[21] Es ist daher nicht ungewöhnlich, wenn auch aus weltlicher Sicht überaus erschreckend, dass wir in einer Zeit der massivsten Christenverfolgungen der Weltgeschichte leben (Volker Kauder (Hg.), *Verfolgte Christen. Einsatz für die Religionsfreiheit*, SCM Hänssler, Holzgerlingen 2012).
[22] Siehe hierzu: Roman A. Siebenrock, *Christliches Martyrium. Worum es geht*, Topos Plus, Kevelaer 2009. Ein außerordentliche Gestalt im Zeugnis für den Dialog zwischen Muslimen und Christen ist das Leben und das Testament von P. Christian-Marie de Chergé OCSO.

3. Catholica

Die Vision dieser Katholizität hat Henry de Lubac unübertreffbar
schon lange vor dem Konzil in folgende Worte gefasst: „Der Katholizismus ist die Religion. Er ist die Form, die die Menschheit anneh-
men soll, um endlich sie selbst zu werden. Er ist die einzige Wirklichkeit, die, um zu sein, es nicht nötig hat, sich entgegenzusetzen,
also alles andere als eine ‚geschlossene Gesellschaft'. Ewig und seiner
selbst sicher wie sein Gründer, hindert ihn gerade die Unduldsamkeit seiner Grundsätze nicht bloß, sich in vergängliche Werte zu verlieren, sie sichert ihm zugleich eine unendlich umfassende Ge-
schmeidigkeit, ganz im Gegensatz zu der Ausschließlichkeit und
Steifheit, die den Sektengeist kennzeichnet. … Die Kirche ist überall
zu Hause und jeder soll sich in der Kirche zu Hause fühlen können.
So trägt der auferstandene Herr, wenn er sich seinen Freunden
kundtut, das Gesicht aller Rassen, und jeder hört ihn in seiner eigenen Sprache … Das ist die Kirche in ihrer echten Haltung. Dies zu
verkünden und darzulegen, ist heute umso wichtiger, da die gegen-
teilige Versuchung überhandzunehmen droht, und bei manchem
Zuschauer von draußen eine ganz andere Vorstellung sich vor-
drängt."[23] Was diese für das Thema Europa bedeutet, kann jetzt abschließend angesprochen werden.

Bei aller notwendigen, aber immer auch partikularen Identitäts-
bestimmung kann Identität nicht mehr gegen die anderen ausgebildet werden. Das Wohl der gesamten Menschheit mit zu bewirken, ist
jener Entwicklungsschritt, vor dem wir alle gestellt sind.[24] Für die
Kirche bedeutet dies, dass die „Catholica" nur in Dialog und Anerkennung aller Getauften und der Menschen guten Willens gefunden
werden kann. Die wahre Kirche Jesu Christi stellt daher ein Netzwerk von Getauften und Nicht-Getauften dar. Beide Gruppen sind

---

[23] Henri de Lubac, *Glauben aus der Liebe,* Johannes-Verlag, Einsiedeln 1992,
S. 263

[24] Wenn in seiner „Inaugurationsrede" Präsident Trump mit aller Klarheit die
Fundamentaloption „America first" als Charakteristik seiner Politik verkündet
hat, wird sich zeigen, ob der partikuläre Nationalismus oder die „Katholizität"
die adäquatere Antwort auf die Herausforderung der Gegenwart in sich schließen
wird. Nach der hier entfalteten Gestalt von Katholizität, kann das „first" nur realisiert werden, wenn die anderen gestärkt und in ihren Lebensmöglichkeiten gefördert werden.

durch vorausgehende Gemeinsamkeiten ebenso getragen wie durch ein gemeinsames Ziel.

Weil sich andere Kirchen und Gemeinschaften aber in ähnlicher Weise vom Herrn selbst sich gerufen und gesandt wissen dürfen und sollen, entsteht die „Catholica" in der wechselseitigen Einschließung aller Getauften im Dienst am Reiche Gottes. Ökumene ist jenes Projekt, das diese „Catholica" fördert, ohne dass eine Gruppe Oberhoheit über andere erlangen könnte. Wie wäre diese denn möglich, wenn sich allein im Dienst jene Größe zeigt, die den Maßstäben des Reiches Gottes zu entsprechen vermag? Dem entspricht allein ein Dialog, der apriori weder jemanden ausgrenzt, noch jemanden zwingt. Die christlichen Kirchen und Gemeinschaften, die heute in mancherlei Hinsicht weltweite Gemeinschaften darstellen, bringen daher in die europäische Erfahrung die Erfahrungen der anderen mit uns ein. Von dieser Außensicht, die für Christgläubigen deshalb eine Innensicht ist, weil sie von Brüdern und Schwestern im Glauben uns geschenkt und zugemutet werden, wird Europa notwendigerweise entschränkt.

Immer wird heute in der politisch-gesellschaftlichen Aufgabe der Schritt auf das Wohl der gesamten Menschheit hin verlangt. Europa allein ist immer zu wenig. Gerade in der Flüchtlingsproblematik erweist sich die Einsicht als unabdingbar, dass Leben bei uns nur dann möglich sein wird, wenn die Lebensgrundlagen anderswo nicht zerstört werden, sondern ein gutes Leben für alle gefördert wird. Die Welt ist zu einem Hochhaus geworden, in der alle von allen abhängen. Diese Option bedeutet nicht, dass die Welt ihre Gebrochenheit verlieren würde. Diese Option stellt aber die Mindestbedingung für adäquates politisches Handeln dar.[25]

Für die konkreten Schritte auf diesem Weg können aus dem Evangelium keine Patentrezepte abgeleitet werden.[26] Dazu hat uns

---

[25] Wenn Präsident Trump als Option „America first" ausgibt, dann ist diese Option nur dann realpolitisch fruchtbar, wenn in dieses „first" nicht die Ausgrenzung der anderen mitgemeint ist. Da der Präsident aber das wohl nicht gedacht hat, wird er mit dieser Parole in der realen Welt deshalb scheitern, weil alles politische Handeln von der Einsicht getragen sein muss, dass die eigenen Interessen nicht mehr ohne oder gegen die anderen, sondern immer nur mit den anderen verwirklicht werden können.

[26] Das Konzil spricht von der berechtigten Autonomie weltlicher Sachbereiche (GS 36, auch AA 1). Das Christentum kann auch seit Paulus kein göttliches Recht

aber Gott die Fähigkeit gegeben, aus den Erfahrungen der Vergangenheit und Gegenwart Alternativen zu denken und zu wagen. Christgläubige nennen dieses Wagnis die Gegenwart des Heiligen Geistes. Was das Evangelium in diesem Kontext vermittelt, ist jene Idee der einen Menschheit, die auf Anerkennung und Dienst beruht; nicht auf gewalttätiger Macht und Unterdrückung. Insofern werden und müssen die Kirchen Anwältinnen der einen Menschheit sein und immer mehr werden; – innerhalb Europas und dieses, wie es Papst Franziskus jüngste zeigte,[27] überschreitend.

Wie die wahre „Catholica" letztlich die Überwindung tribalistischer Religion darstellt, weil Gott Ursprung und Ziel aller Wirklichkeit und aller Menschen ist und daher alle vom Ursprung her miteinander verwandt sind, so müssen heute auch alle tribalistischen Traditionen in Gesellschaft und Politik überwunden werden. Doch stehen die Zeichen für solche Schritte heute eher auf Ablehnung. Was in der christlichen Tradition als Gefährdung durch das Sektiererische begriffen werden kann, sind im gesellschaftlichen Bereich alle Formen der größeren oder kleineren Gruppenegoismen, deren gefährlichster in der Geschichte der Nationalismus war und ist; und vielleicht auch wieder sein könnte.

Was kann in einer solchen Situation die Glaubensgemeinschaft und ihre Theologie im Kontext der sich selbst unsicher werdenden Säkularität[28] beitragen? Ich meine, sie kann ein Modell jenes Dialogs leben, der niemanden ausgrenzt und nicht zuerst auf die eigene Gruppe schaut. Diesen Dialog haben die Kirchen nach dem Konzil in mutiger Weise fortgesetzt. Auch wenn oftmals davon wenig ins

---

den Menschen auferlegen, sondern verpflichtet die Menschen aus dem Geist des Evangeliums ihre zeitlichen und irdischen Ordnungen zu gestalten. Dieses Grundprinzip stellt faktisch, auch wenn das lange Zeit nicht wirklich bewusst war, die unbesehene Norm eines Naturrechts in Frage.

[27] Sowohl seine Rede vor dem Europäischen Parlament (2014) als auch bei der Verleihung des Karlspreises (2016) können hier für als beispielhaft genannt werden.

[28] „Säkularität" im strengen Sinne des Wortes könnte keine Form von Transzendenz bejahen; auch nicht eine „säkulare", eine „Transzendenz ohne Gott". Weil dies aber politisch nicht möglich ist, müssen Ersatzreligionen und –erzählungen gefunden werden. Der Nationalismus ist heute wieder eine solche Alternativnarration geworden.

allgemeine Bewusstsein dringt, so sind doch einige Entwicklungen „ad extra" zu benennen, die als Frucht dieser Prozesse anzusehen ist.

Als erstes ist der Friedensdienst zu nennen, der in zahllosen Projekten auf allen Ebenen im Dienst an der einen Menschheit gelebt wird. Die Rede von Paul VI. vor der UNO 1965 und die Erklärungen des Weltkirchenrates sind keine leere Versprechen geblieben, sondern haben sich in vielen Aspekten konkretisiert; nicht zuletzt auch im Eintreten gegen den Antisemitismus und alle Formen von Diskriminierung und Ausgrenzung.

Ohne Zweifel ist die Entwicklung zum Reformationsjubiläum (1517–2017) von einer neuen Gemeinsamkeit getragen, die sie so zuvor nie gekannt worden ist. In der Entwicklung dieser Jahrhundertfeiern, vor allem den letzten beiden, könnten die politischen Entwicklungen Europas abgelesen werden. In ähnlicher Weise entwickelten die europäischen Nationen neue Formen jener Weltkriege zu gedenken, die für Europa so verheerend gewesen waren.

In der Flüchtlingsfrage haben die offiziellen christlichen Kirchen und Gemeinschaften eine klare Botschaft gesendet. Auch wenn sie dadurch immer wieder angegriffen wurden, ist das Eintreten für die Menschenrechte in diesem Kontext ein ermutigendes Zeichen.

Die Theologie selbst entwickelt in ihren unterschiedlichen Fächern mit anderen Wissenschaften und Überzeugungen ein Gespräch, das ebenso einseitig wie einzigartig ist. „Einseitig" nenne ich dieses Gespräch, weil umgekehrt von anderen Wissenschaften und Denkformen ähnliches oftmals nicht im Ansatz zu finden ist.

Doch alle diese Optionen stellen im Letzten die Frage nach dem Verhältnis von „geistlicher und weltlicher Gewalt". Was bindet letztlich die Menschen? Die „Catholica" tritt entschieden für die Differenz ein, und darin gleichzeitig für den Vorrang der geistlichen Macht. Mit diesem Vorrang kann aber nicht (mehr) die Vorrangstellung der katholischen Kirche gemeint sein, die im Bischof von Rom und seinem Lehranspruch zum Ausdruck kommt. Das ist zu Ende; und das ist gut so. Mit der geistlichen Vorrangstellung im Sinne des Evangeliums kann nur im Sinne von Mt 6,33 die Priorität des Reiches Gottes gemeint sein.

Diese Priorität des Reiches Gottes hat das Zweite Vatikanische Konzil, wie schon gesagt, in die säkularen Kategorien von Würde und Freiheit der und Frieden und Gerechtigkeit unter den Menschen übersetzt. Deshalb kann die Priorität der „geistlichen Gewalt"

nur darin liegen, dass alle gesellschaftlichen Teilsysteme in ihrem
Anspruch, das Ganze prägen und bestimmen zu wollen, daran gemessen werden müssen, was und inwiefern sie zu den genannten
Werten beitragen. Der „Catholica" kommt in diesem Zusammenhang deshalb eine entscheidende kritisch-prophetische Aufgabe zu,
weil natürlich alle Teilsysteme ihre Ziele und Optionen als Dienst
am Menschen ausgeben. Wer aber prüft, ob diese Versprechen auch
eingelöst werden? Wenn hier die „Catholica" genannt wird, dann
umfasst diese „Catholica" alle Menschen, die vom Projekt einer er-
neuerten Menschheit durchdrungen werden; und diese kann und
muss auch deshalb immer kirchenkritisch sein, weil die realen Kirchen nur in einer die Glaubenden erschreckenden Differenz zum
Evangelium existieren können. Dadurch aber ist die wahre Kirche
jenem Europa nicht unähnlich, das immer wieder in der Diskrepanz
zwischen Realität und Ideal zu versinken droht.

Und die Gefahr, dass dieses Projekt Europa stirbt, hat letztlich darin seinen Grund, weil diesem Projekt aus menschlicher Eigenmacht
angesichts der prekären Geschichte keine Rechtfertigung zugespro-
chen werden kann und darf. Wer könnte schon die Greuel, die durch
„Europa" in die Welt gekommen sind, ungeschehen machen? Die Opfer allein, aber diese sind nicht mehr unter uns; – und nach säkularer
Auffassung keine möglichen Subjekte mehr. Doch die Kirchen und
religiöse Gemeinschaften leben aus dem Bewusstsein, mit den Toten
zu leben; ja sie als lebendige Gegenwart zumal in ihren Liturgien zu
integrieren. Wenn die „Katholische Kirche" in diesem Kontext nicht
aus eigener, sondern aus höherer Autorität Mut und die Möglichkeit
zu je neuem Anfang zusagt, dann kann das nur in einer Weise geschehen, die überhört und vergessen werden kann. Sie kann das Wort der
zugesagten Umkehr, der Rechtfertigung also, nur in der Schwäche des
Wortes verkünden, nie erzwingen oder gar verlangen. Aus menschlicher Möglichkeit und Sicht allein ist letztlich all unser Handeln
zum Scheitern verurteilt. Ist damit aber das letzte Wort über die Geschichte gesprochen? Das wird sich einmal zeigen. Bis dahin, und daher immer im heute, ist es unsere Aufgabe, ein Projekt zu realisieren,
das nach menschlichem Ermessen nur scheitern kann. Gerade aber in
dieser bewusst angenommenen Möglichkeit zum Scheitern liegt die
Würde beider Projekte: Europas und der „Catholica".

Es wird noch lange dauern, bis in uns das Bewusstsein selbstverständlich geworden ist, dass das Evangelium ein Wort des Trostes

und der Ermutigung darstellt, für alle Menschen und nur so auch für die Getauften. Weil die Kirche immer zuerst auf Christus verweisen muss, um sich selbst sagen zu können, muss sie immer erst in den Dienst am Nächsten sich verbrauchen, um selber sein zu können. Dieses Geheimnis, dass sie in der Eucharistie feiert, hat sie täglich neu zu lernen. Wenn sie so dazu inspirieren kann, Politik als Dienst am Leben der anderen zu konzipieren, dann hat sie mehr Geist des Evangeliums in die Politik eingehaucht als mit der Legitimation aller gekrönten Häupter der ganzen Geschichte.

Absolutheitsanspruch und religiöser Pluralismus

Reinhold Bernhardt, Basel

„Religion, die es ernst meint, ist nicht tolerant", schrieb Norbert Bolz 2002 in der *Frankfurter Rundschau*.[1] Denn Religion, die sich ihrer Botschaft zutiefst verpflichtet fühlt, beanspruche, „einen privilegierten Zugang zur Wahrheit zu haben"[2]. Dieser Wahrheitsanspruch aber macht sie nach Bolz intolerant. Viele Religionsanalytiker stoßen in das gleiche Horn: „Religion, und zwar unabhängig von der Konfession, [besitzt] fast immer einen nicht verhandelbaren intoleranten Kern", behauptet Tanja Dückers 2012 in der *ZEIT*.[3] Nichtverhandelbarkeit von Wahrheitsansprüchen wird dabei mit Intoleranz gleichgesetzt.

In den westlichen Gesellschaften der Spätmoderne, die durch einen kulturellen und religiösen Pluralismus gekennzeichnet sind, stoßen nichtverhandelbare Wahrheitsansprüche auf Kritik. Sie sind fundamentalismusverdächtig. Interreligiöse Toleranz ist im Umkehrschluss nur von Seiten einer Religion möglich, die sich soweit relativiert hat, dass sie sich als eine Religion unter anderen Religionen versteht und das Gebot der friedlichen Koexistenz über den Absolutheitsanspruch ihrer Botschaft stellt. Religionsgemeinschaften, die das nicht zu tun bereit sind, die vielmehr Exklusivität, Universalität und Finalität für ihre zentralen Glaubensüberzeugungen beanspruchen, werden als Bedrohung für das gesellschaftliche Zusammenleben wahrgenommen und gesellschaftlicher Religionskritik ausgesetzt.

Im folgenden Beitrag soll die Spannung von religiöser Pluralität und den darin involvierten „Absolutheitsansprüchen" thematisiert

---

[1] Norbert Bolz, „Den Dialog bringt der Teufel", in: *Frankfurter Rundschau* vom 28.11.2002, online im WWW unter: http://www.fr-online.de/spezials/den-dialog-bringt-der-teufel,1472610,2740892,item,0.html (Letzter Aufruf: 20. August 2016).

[2] Ebd.

[3] Tanja Dückers, „Religion muss privat sein", in: *Die Zeit* vom 04.09.2012, online im WWW unter: http://www.zeit.de/gesellschaft/2012-09/kirche-staat-muslimische-feiertage/seite-2 (Letzter Aufruf: 20. August 2016).

werden. Der Begriff „Absolutheitsanspruch" ist dabei problematisch, weil er nicht sachlich beschreibt, sondern mit wertenden Konnotationen behaftet ist. Es ist ein Kampfbegriff, der sowohl von religiösen als auch von religionskritischen Akteuren gebraucht werden kann. Als Bezeichnung für eine in religiöser Kommunikation gebrauchte Redeform kann er Gegenstand einer theologischen Analyse sein, nicht aber als konstruktives Konzept fungieren. Er beschreibt das Problem, nicht die Lösung. Wenn er aber in dieser Weise als Artikulation von Geltungsansprüchen aufgefasst wird, die mit Formen *gelebter* Religion verbunden werden, dann macht es wenig Sinn, ihn in seinem akademisch-theologischen Diskursfeld, d. h. in seinem theologie- und philosophiegeschichtlichen Entstehungs- und Entwicklungszusammenhang zu erhellen.[4] Zu wissen, wie etwa Ernst Troeltsch diesen Begriff gebraucht hat[5], trägt wenig aus für das Verständnis des Begriffs und der damit bezeichneten Geltungsansprüche in der Sprache der Glaubenden.

1. Was heißt „Absolutheitsanspruch"?

Nach meinem Verständnis enthält ein religiöser „Absolutheitsanspruch" die oben bereits genannten drei Bedeutungsaspekte: den Anspruch auf Exklusivität, Universalität und Finalität einer bestimmten Religionsform bzw. ihrer Inhalte. „Exklusivität" bedeutet Alleingeltung, so dass den davon abweichenden Religionsformen und -inhalten die Geltung abgesprochen werden muss. „Universalität" bezeichnet die Bedeutsamkeit der Religionsform über die Gemeinschaft der eigenen Anhänger hinaus für die gesamte Menschheit und bildet die Grundlage für den Impuls zur Mission. „Finalität" meint die letzte Gültigkeit, sodass die Religionsform, für die dieser Anspruch erhoben wird, nicht mehr überboten werden kann, d. h. der Zeit und dem Fluss der Geschichte entnommen ist. Es handelt sich um eine ungeschichtliche, also ewige, weil göttliche

---

[4] Siehe dazu: Reinhold Bernhardt, *Der Absolutheitsanspruch des Christentums. Von der Aufklärung bis zur Pluralistischen Religionstheologie*, Gütersloher Verlagshaus, Gütersloh [2]1993.
[5] Ernst Troeltsch, *Die Absolutheit des Christentums und die Religionsgeschichte* (= KGA V), De Gruyter, Berlin / New York 1998.

Wahrheit. „Exklusivität" bezieht sich (negativ) auf konkurrierende Geltungsansprüche, „Universalität" auf die uneingeschränkte räumliche Extension des erhobenen Geltungsanspruchs, d. h. auf seine Geltung für alle, „Finalität" auf seine zeitliche Superlativität, d. h. seine überzeitliche Geltung.

Kann eine religionsplurale, liberale und tolerante Gesellschaft Ansprüche dieser Art tolerieren? Oder muss sie diese als Ausdruck von Intoleranz zurückweisen und auf diese Weise Intoleranz mit Intoleranz beantworten? Oder muss sie zumindest verlangen, dass die Religionsgemeinschaften die von ihnen erhobenen Ansprüche domestizieren, etwa indem sie sie ganz auf den Bereich der religiösen Selbstvergewisserung ihrer Anhänger beschränken, sie aber aus dem öffentlichen Diskurs der Gesellschaft und erst recht aus der Einflussnahme auf die Politikgestaltung heraushalten, oder indem sie deren Konsequenzen, etwa in der Missionspraxis auf ein sozialverträgliches Maß begrenzen?

Lassen sich aber die Religionsformen und -inhalte von den damit verbundenen Geltungsansprüchen abheben oder gar trennen? Stellen die Geltungsansprüche also eine von den Religionsformen und -inhalten prinzipiell ablösbare und in der Anhängergemeinschaft verhandelbare Qualifikation dar, oder sind sie fest mit der Substanz der religiösen Überlieferung verbunden? Wenn etwa Mohammed als das Siegel der Prophetie gilt – ein Anspruch übrigens, der aus der christlichen Tradition, wo er auf Jesus bezogen war[6], übernommen wurde – dann ist der Finalitätsanspruch untrennbar mit dem Islam verbunden. Wenn die Christusbotschaft nach biblischer Bezeugung an *alle* Menschen adressiert ist, dann ist der Universalitätsanspruch untrennbar mit dem christlichen Glauben verbunden. Wenn die im ersten Gebot dekretierte unbedingte Loyalitätsforderung gilt, dann ist damit eine Exklusivität der Gottesverehrung untrennbar mit der jüdischen, christlichen und muslimischen Religion verbunden.

Wenn Absolutheitsansprüche dieser Art nach Tanja Dückers zum nichtverhandelbaren Kern der Religionen gehören, führen sie damit notwendig zur Intoleranz? Diese Frage zielt auf das Verhältnis zwi-

---

[6] Tertullian, Adv. Iud. 8,12, mit Bezug auf Dan 9,24. Siehe dazu: Carsten Colpe, *Das Siegel der Propheten. Historische Beziehungen zwischen Judentum, Judenchristentum, Heidentum und frühem Islam* (ANTZ 3), Institut für Kirche und Judentum, Berlin 1989.

schen den für eine Religionsform bzw. deren Inhalt erhobene Geltungsbehauptungen und der Gestaltung der Beziehung zu Andersglaubenden. In dieser Hinsicht ist zu konstatieren, dass es keinen *notwendigen* Zusammenhang zwischen den für die zentralen Inhalte einer Religion erhobenen Geltungsansprüchen an sich und der interreligiösen Beziehungspraxis gibt. Es sind nicht die Absolutheitsansprüche selbst, die intolerante Haltungen hervortreiben. Es ist ihr *Gebrauch,* also der gesamte Interpretations- und Handlungszusammenhang, in dem sie aktualisiert werden. Es gilt, was Ludwig Wittgenstein für das Verstehen von Sprache herausgearbeitet hat: dass ihre Bedeutung in ihrer Verwendungsweise liegt. Absolutheitsansprüche können geistige Schwerter sein, die Gewalt legitimieren, sie können aber auch unbedingte Nächstenliebe legitimieren und motivieren. Sie können zur Begründung interreligiöser Feindschaft ebenso herangezogen werden wie zur Begründung interreligiöser Dialogoffenheit. Das gilt auch für die steilen Exklusivansprüche. Ein Exklusivanspruch kann auch ganz oder primär auf die eigene Gottesbeziehung bezogen sein und deren Ernst und Tiefe zum Ausdruck bringen. Und gerade aus dieser Gottesbeziehung kann sich dann die unbedingte Annahme der Andersglaubenden ergeben.

Damit ist eine zweite wichtige Einsicht angesprochen: Der Absolutheitsanspruch besteht nicht in einer formalen Geltungsbehauptung, sondern bezieht sich auf einen Inhalt. An der Bestimmung dieses Inhalts wird sich auch die Beziehungsbestimmung zu Angehörigen anderer Religionen entscheiden. Ein Absolutheitsanspruch der Liebe unterscheidet sich nicht formal, wohl aber inhaltlich gravierend von einem Absolutheitsanspruch der Herrschaft.

Die dritte Einsicht besteht in der Unterscheidung zwischen doktrinalen und spirituellen Absolutheitsansprüchen. Doktrinale beziehen sich auf die (unbedingte) Geltung bestimmter Lehrinhalte der religiösen Traditionen. Sie bringen sich in Behauptungssätzen mit Allgemeingültigkeitsanspruch zum Ausdruck und verpflichten den Adressaten, sie für wahr zu halten. Spirituelle Absolutheitsansprüche beziehen sich demgegenüber stärker auf die Praxis der Religion, auf die damit verbundenen Haltungen und Handlungen, letztlich auf die gesamte Lebensorientierung und Lebensform des Gläubigen. Sie sind eher existentiell und praktisch als theoretisch ausgerichtet und als solche nicht von der Person des religiösen Subjekts lösbar. Sie werden im personale Aneignungsmodus der subjektiven Gewissheit

erfasst. Während sich unterschiedliche kognitive Absolutheitsansprüche gegenseitig ausschließen, können unterschiedliche spirituelle Absolutheitsansprüche durchaus nebeneinander bestehen. Sie
sind also pluralismusfähig.

Im „Grundlagentext" des Rates der EKD, der 2015 unter dem Titel
„Christlicher Glaube und religiöse Vielfalt in evangelischer Perspektive" erschienen ist, wird diese Pluralismusfähigkeit folgendermaßen
ausgedrückt: „Da der christliche Glaube eine je eigene individuelle
Gewissheit ist, kann er nicht verantwortlich vertreten werden, ohne
das Recht divergierender religiöser Überzeugungen und damit das
Recht des religiösen Pluralismus anzuerkennen und zu stärken."[7]

Die vierte für die Deutung religiöser Absolutheitsansprüche rele-
vante Einsicht besteht in der Notwendigkeit, deren Bezugspunkt zu
klären: sind sie auf die Religion selbst bezogen oder auf den Grund
der Religion, auf Gott als den Absoluten? Im zweiten Fall ergibt sich
daraus eine auch für die interreligiösen Beziehungsbestimmungen
bedeutsame Selbstkritik der Religion. Diese kann sich bestenfalls als
geschichtliches Medium verstehen, das von der Selbstmitteilung
Gottes in Anspruch genommen wird, das aber dadurch nicht selbst
göttliche Qualität erlangt und beanspruchen darf. Im Gegenteil: Je
mehr das Medium sich selbst auf Gott hin transzendiert, umso weniger kann es in religiöse Selbstherrlichkeit verfallen. Je mehr es sich
seines exzentrischen Fundaments bewusst wird, umso weniger kann
es in religiösen Fundamentalismus verfallen.

2. Theologische Verarbeitungen des religiösen Pluralismus

Bedingt durch die Globalisierung der Religionslandschaften und die
Intensivierung der Religionswahrnehmung hat sich in den vergange-
nen 50 Jahren eine z. T. heftig geführte religionstheologische Debatte
entwickelt. Auf katholischer Seite ist sie vor allem durch die Erklärung „Nostra Aetate" des Zweiten Vatikanischen Konzils ausgelöst
worden. Mit einer gewissen Zeitverzögerung und Zurückhaltung haben sich dann auch evangelische Kirchen und Theologen diesem
Thema zugewandt.

---

[7] Kirchenamt der EKD, im Auftrag des Rates der EKD (Hg): „Christlicher Glaube und religiöse Vielfalt in evangelischer Perspektive, Gütersloh 2015, S. 21.

Ein starker Impuls, der die Diskussion nachhaltig befeuert hat, ging in den 80er Jahren des 20. Jahrhunderts von der sog. *Pluralistischen Religionstheologie* aus. Der Ansatz John Hicks, der als Hauptvertreter dieser Denkrichtung gelten kann, besteht in der „Ansicht, daß die großen Weltreligionen unterschiedliche Wahrnehmungen und Vorstellungen von und dementsprechend verschiedene Antworten auf das REALE oder das Unbedingte verkörpern und zwar aus den wichtigsten unterschiedlichen, kulturell geprägten Weisen des Menschseins heraus; daß sich offensichtlich in jeder von ihnen die Umwandlung der menschlichen Existenz von Selbst-Zentriertheit zur REALITÄTS-Zentriertheit ereignet – und, soweit dies menschliche Beobachtung zu sagen vermag, in weitgehend gleichem Ausmaß."[8] In diesem Satz sind die vier Punkte genannt, in denen man die Position Hicks zusammenfassen kann: (a) Die „nachaxialen", d. h. die nach der von Karl Jaspers so genannten „Achsenzeit der Menschheit" entstandenen Religionen stellen verschiedene Antworten auf den *einen* göttlichen Grund der gesamten Wirklichkeit dar. (b) Diese Verschiedenheit dieser Antworten ergibt sich aus den unterschiedlichen Kulturen der Menschheit. Diese bilden unterschiedliche Interpretationsrahmen für die Erschließung des göttlichen Wirklichkeitsgrundes. (c) Diese Antworten sind bei aller Verschiedenheit letztlich einander ähnlich. Sie bestehen in einem in allen Religionen analogen Grundvorgang: die Öffnung der Selbstzentriertheit des Menschen auf den göttlichen Grund hin. (d) Weil (und sofern) sich in ihnen dieser Grundvorgang vollzieht, besteht zwischen ihnen eine prinzipielle soteriologische Gleichwertigkeit.[9]

Mit dem vierten Punkt ist eine *wertende* Beziehungsbestimmung zwischen den religiösen Traditionen zum Ausdruck gebracht. Mit der Behauptung der soteriologischen *Gleichwertigkeit* der nachaxialen Religionen grenzt sich die Pluralistische Religionstheologie von zwei anderen möglichen Werthaltungen ab: der Behauptung des Unwertes und der Behauptung des geringeren Wertes in Bezug auf die Vermittlung von Transzendenzerkenntnis und Heil. Daraus ergibt sich das religionstheologische Dreierschema Exklusivismus – Inklusivismus – Pluralismus.

---

[8] Zitate aus: John Hick, „Eine Philosophie des religiösen Pluralismus", in: *MThZ* 45 (1994), S. 301–318, hier: S. 311.
[9] Siehe auch Hicks Hauptwerk: John Hick, *Religion. Die menschlichen Antworten auf die Frage nach Leben und Tod*, Diederichs, München 1996.

Die Behauptung einer prinzipiellen Gleichwertigkeit der in den Religionen erschlossenen heilshaften Transzendenzbeziehungen löste heftige Abwehrreaktionen aus. Zum Manifest dieser Auseinandersetzung auf römisch-katholischer Seite wurde die Erklärung *„Dominus Iesus"* (2000). Darin heißt es: „Die immerwährende missionarische Verkündigung der Kirche wird heute durch relativistische Theorien gefährdet, die den religiösen Pluralismus nicht nur de facto, sondern auch de iure (oder prinzipiell) rechtfertigen wollen."[10] Auch von vielen evangelischen Theologen und Kirchenführern wurde die Zurückweisung dieser Position mit Beifall bedacht.

Auf die Kritik an *Dominus Iesus* antwortete Gerhard Ludwig Müller mit einer Bekräftigung seiner Kritik an der Pluralistischen Religionstheologie. Diese sei „nichts anderes ist als die Zerstörung des Christentums von seinen Wurzeln her ... Ihre Vertreter behaupten, dass Frieden zwischen den Religionen nur möglich sei, wenn sich alle als gleichberechtigter Ausdruck einer allgemeinen Erfahrung des göttlichen Weltgrundes anerkennen. Um dafür den Weg frei zu machen, müssten Christen nur aufgeben, was zum Wesen ihres Glaubens gehört: das Bekenntnis zur Selbstoffenbarung des dreifaltigen Gottes, den Glauben an die Fleischwerdung des ewigen Wortes Gottes in Jesus von Nazaret, und, daraus folgend, die Einzigkeit und Universalität der Heilsmittlerschaft Christi."[11]

Die religionstheologische Debatte ging in der Folgezeit über den pluralistischen Ansatz hinaus und brachte neue Programmentwürfe hervor. Ich nennen nur zwei: Die *Komparative Theologie* und die *Abrahamitische Theologie*.

Die *„Komparative Theologie"*[12] ging von amerikanischen (katholischen) Theologen aus, die sich intensiv in interreligiösen Dia-

---

[10] Online im WWW unter: http://www.vatican.va/roman_curia/congregations/cfaith/documents/rc_con_cfaith_doc_20000806_dominus-iesus_ge.html (Letzter Abruf: 23. August 2016), Punkt 4.

[11] Gerhard Ludwig Müller, „Gegen die Intoleranz der Relativisten. Zu der Empörung über die Erklärung der Glaubenskongregation ‚Dominus Jesus'", online im WWW unter: http://www.mscperu.org/deutsch/Debatte/wider_die_intoleranz.htm (Letzter Abruf: 23. August 2016)

[12] Siehe dazu Reinhold Bernhard / Klaus von Stosch (Hg.), *Komparative Theologie Interreligiöse Vergleiche als Weg der Religionstheologie* (Beiträge zu einer Theologie der Religionen 7), TVZ, Zürich 2009 und die Sammelrezension: Reinhold Bernhardt, „Komparative Theologie", in: *ThR* 78 (2/2013), S. 187–200.

logen engagiert haben. Ich nenne nur Francis X. Clooney, SJ (Harvard Divinity School in Boston/Cambridge) sowie James Fredericks (Loyola Marymount University in Los Angeles). Im deutschsprachigen Bereich wird diese Forschungsrichtung vor allem durch Ulrich Winkler (Salzburg) sowie durch Klaus von Stosch (Paderborn) vertreten.

Die Komparativen Theologen grenzen sich von der „Theologie der Religionen" ab, weil man dort die interreligiösen Beziehungen grundsätzlich, allgemein und abstrakt anhand der Globalmodelle „Exklusivismus", „Inklusivismus" und „Pluralismus" zu bestimmen versuche. Statt ideologische Kämpfe um solche Modelle zu führen, solle man sich nach Auffassung der Komparatisten auf konkrete interreligiöse Exkursionen begeben, einzelne Lehrformen (etwa bestimmte Jenseitsvorstellungen) und Praxisvollzüge (etwa Gebete) anderer Religionen genau studieren und sie in Beziehung zu vergleichbaren Erscheinungen im Christentum setzen. Im Unterschied zur „Vergleichenden Religionswissenschaft" soll das aber nicht in einer neutralen Beobachter-, sondern in der engagierten Teilnehmerperspektive geschehen – engagiert in der eigenen wie – soweit möglich – in der anderen Religion.

„Komparative Theologie" steht also zunächst für ein methodisches Vorgehen und eine Haltung, nicht für ein *inhaltliches* Programm: Christliche Theologen setzen sich bestimmten Phänomenen einer spezifischen Religionstradition aus, um sie soweit wie möglich von innen heraus kennenzulernen. Dabei suspendieren sie ihre christliche Prägung nicht, sondern stellen diese in das Licht der interreligiösen Begegnung. Dadurch entstehen kreative Irritationen eingeschliffener Wahrnehmungsmuster und neue Verstehenszugänge zu Inhalten des eigenen Glaubens. Die tiefgreifenden Unterschiede zwischen den Religionen sollen nicht durch Postulate einer letzten Einheit aufgehoben werden, sondern als fruchtbare Fremdheitserfahrungen zu Klärungen und Vertiefungen des eigenen Glaubens und der Kenntnis der anderen Religion führen.

„Komparative Theologie" nimmt eine Mittelstellung ein zwischen religionstheologischen Grundsatzreflexionen und der Praxis des interreligiösen Dialogs. Es handelt sich dabei im Grund um einen intellektuellen Religionsdialog, der als wirklicher Dialog mit zwei oder mehr Partnern oder auch als „innerer Dialog" eines Forschers in seiner Studierstube betrieben werden kann.

Religionsvergleichend arbeitende Theologen grenzen sich zuweilen nicht nur von der Pluralistischen Religionstheologie, sondern von der Religionstheologie insgesamt ab, weil diese zu weit von der Wirklichkeit der Religionen entfernt sei. Sie ziehen sich auf eine „mikrologische" Sichtweise zurück, wollen das Einzelne und Spezifische anschauen, nicht das Große und Ganze.

Aber das Einzelne steht unlösbar im Gesamtkontext der jeweiligen Tradition und der Einstellung, die der Christ dazu hat. Und zu diesem Ganzen gehören auch die mit dem Christusglauben verbundenen Ansprüche auf Exklusivität, Universalität und Finalität. In der „Theologie der Religionen" geht es nicht zuletzt um diese Ansprüche. Sie darf nicht mit einer bestimmten Argumentationslinie – wie der Pluralistischen Religionstheologie – identifiziert werden, sondern bezeichnet ein offenes Diskussionsfeld, in dem es allgemein um die Fragen der interreligiösen Beziehungsbestimmungen und -gestaltungen aus theologischer Sicht geht.

Ferner sind in jedem Religionsvergleich theologische Vorentscheidungen involviert. Wer sich in einer intensiven Weise auf eine andere Religion einlässt und sich davon theologisch wertvolle Einsichten erhofft, der hat den Wert, die Würde und die Wahrheit dieser Religion (als hermeneutischen Raum, in dem christliche Glaubensinhalte neu verstanden werden können) implizit schon anerkannt. Er vertritt also eine inklusivistische oder eine pluralistische Grundposition, je nachdem, ob er an der Letztgültigkeit der Gottesoffenbarung in Jesus Christus festhält oder diese als eine unter mehreren (letztgültigen) Offenbarungen versteht. Deshalb kann und sollte die Komparative Theologie nicht gegen die Religionstheologie ausgespielt werden. Sie ist eine wertvolle Methode, in der sich die Theologie der Religionen konkretisiert und mit der sich die Theologie nicht in Abgrenzung *von,* sondern in Bezugnahme *auf* andere Religionen entfaltet. Aber ebenso wichtig sind die grundsätzlichen Überlegungen zur Verhältnisbestimmung zwischen den Religionen und ihren jeweiligen Wahrheitsansprüchen einerseits und zur theologischen Deutung der Vielfalt der Religionen andererseits.

Von anderem Gepräge sind die Ansätze zu einer *Abrahamischen Religionstheologie* (bzw. *Abrahamischen Ökumene*)[13], wie sie katho-

---

[13] Siehe dazu: Hanna Nouri Josua, *Ibrahim, der Gottesfreund,* Mohr Siebeck, Tübingen 2016, S. 13–88 und S. 597–629.

lischerseits vor allem von Karl-Josef Kuschel[14] und evangelischerseits von Bertold Klappert[15] vertreten werden. Sie beschränken sich auf die Beziehungsbestimmung zwischen den „abrahamischen Religionen" Judentum, Christentum und Islam. Und sie nehmen diese Bestimmung auf der Grundlage biblisch überlieferter Genealogien – verbunden mit paulinischen Ansätzen zur Zuordnung von Judentum und christlichem Glauben – vor. Darin unterscheiden sie sich methodisch von den Vertretern der Pluralistischen Religionstheologie, die eher religionsphilosophisch und -wissenschaftlich ansetzen. Kuschel steht dem von Hans Küng initiierten „Projekt Weltethos" nahe.

Der Grundgedanke besteht in der Annahme einer Verwandtschaftsbeziehung zwischen den drei Religionen, die über eine religiöse Genealogie hergestellt wird: Ismael, der erstgeborene Sohn Abrahams, der nach koranischer Überlieferung zusammen mit seinem Vater die Kaaba erbaut hat (Sure 2,127) und als Gesandter Gottes gilt (Sure 38,48; 6,86), ist nach alttestamentlicher Bezeugung von Gott gesegnet (Gen 17,20). Die beiden Söhne Abrahams, Isaak und Ismael, die als Urrepräsentanten des Judentums und des Islam angesehen werden, stehen unter der Segensverheißung Gottes. Beide gehören zum Bund Gottes, der mit der Beschneidung besiegelt wurde (Gen 17,23: Ismael ist der Erstbeschnittene). Nach Paulus sind die Christen Abrahams Nachkommen (Gal 3,29). Sie partizipieren am Abrahamsegen (Gen 12,3) und am Bund mit ihm (Gen 15,18). Abraham „ist unser aller Vater" (Röm 4,16). Jesus Christus, der in Mt 1,1 als Sohn Abrahams bezeichnet wird, bekräftigt nach Röm 15,8 die Verheißungen, die an die Väter ergangen sind, wozu auch die Segensverheißung an Ismael gezählt werden kann.

Der Gott Jesu Christi ist der Gott Abrahams, Sarahs und Isaaks, Hagars und Ismaels. „Der Israel erwählende Gott ist zugleich der

---

[14] Karl-Josef Kuschel, *Streit um Abraham. Was Juden, Christen und Muslime trennt – und was sie eint*, Patmos, Düsseldorf [5]2006; ders: *Juden – Christen – Muslime. Herkunft und Zukunft*, Patmos, Düsseldorf 2007.

[15] Bertold Klappert, „Abraham eint und unterscheidet – Begründungen und Perspektiven eines nötigen ‚Trialogs' zwischen Juden, Christen und Muslimen", in: *Bekenntnis zu dem einen Gott. Christen und Muslime zwischen Mission und Dialog*, hg. von Rudolf Weth, Neukirchner Theologie, Neukirchen-Vluyn 2000, S. 98–112. Online unter: http://www.reformiert-info.de/side.php?news_id=1851&part_id=0&navi=3 (Letzter Abruf: 20. August 2016).

Parteigänger für Ismael und Hagar, auch wenn dies die bleibende Ersterwählung Israels nicht aufhebt."[16] Daraus ergibt sich für Klappert, dass der Abrahamsegen nur gemeinsam von Juden, Christen und Muslimen ergriffen und in Welt getragen werden kann. Ansonsten würde er verkürzt. Auch die Muslime gehören zur Bundesgemeinschaft Gottes.

Den Vertretern der *Abrahamischen Religionstheologie* ist dabei sehr bewusst, dass Abraham die sich auf ihn berufenden Religionstraditionen nicht nur verbindet, sondern auch trennt. Denn in der Stilisierung Abrahams haben sich die drei Religionen einen jeweils ganz eigenen Selbstausdruck gegeben, in den sie ihr jeweiliges Identitätszentrum hineingelegt haben: Abraham als Ur-Jude, als Ur-Christ (oder gar: als Ur-Protestant), als Ur-Muslim. Im Judentum: Avraham (Avram) als Erzvater des erwählten Volkes Israel, als Träger der Segens- und Bundesverheißung, als Vorbild des vollkommenen, gesetzestreuen Gerechten. Im Christentum: Abraham als auf Christus verweisender (Joh 8,52ff) Inbegriff des glaubenden Vertrauens auf Gott, in dem Paulus den Beleg für die Rechtfertigung aus Glauben sieht, und als Gastgeber der drei Männer (aus Gen 18), die man mit der Dreieinigkeit Gottes identifiziert hat. Im Islam: Ibraim als „hanif" (6,161), als wahrer Verehrer des einen Gottes, der sich dessen Willen bedingungslos unterwirft (wie sich bei der von ihm geforderten Opferung seines Sohnes zeigt). Es sind dies nicht vollkommen inkompatible, aber doch charakteristisch verschiedene Bilder.

Das stellt vor die doppelte Frage, wie zum einen diese Verschiedenheit in Beziehung zu setzen ist zur Selbigkeit ihres davon anvisierten Referenzpunktes – der Figur Abrahams – und zum anderen, ob die Verschiedenheit als eine exklusive gedeutet werden muss oder als komplementär-inklusiv aufgefasst werden kann. Ob Abraham als theologische Brücke zwischen den Religionstraditionen angesehen werden kann, hängt vor allem vom Interesse der Interpreten ab. Die klassischen Selbstverständnisse der drei Religionstraditionen legen eine solche Interpretation jedenfalls nicht nahe. Nicht zufällig wird dieses Relationierungsmodell im Islam kaum rezipiert, denn dort gilt: Der Islam – verstanden nicht als partikulare Geschichtsreligion, sondern als mit der Schöpfung eingesetzte Urreligion – *folgt*

---

[16] B. Klappert, „Abraham eint und unterscheidet", II.3.

nicht auf Abraham, sondern geht ihm *voraus*. Muslime verstehen sich daher nicht als Erben Abrahams und Ismaels. Der Rückbezug auf Abraham ist kein genetischer, sondern ein typologischer. Abraham gilt als der Urtypus des Muslims.

3. Dialog der Absolutheitsansprüche

Die im vorherigen Teil dieses Beitrags vorgestellten Ansätze zur theologischen Bearbeitung des religiösen Pluralismus gehen auf unterschiedliche Weise mit den Absolutheitsansprüchen der Religionen um:

Die *Pluralistische Religionstheologie* empfiehlt, sie zu relativieren, etwa indem sie historisiert oder subjektiviert werden. Im ersten Fall deutet man sie als zeitbedingte Abgrenzungsfiguren, im zweiten Fall als an die Glaubenserfahrung des religiösen Subjekts gebundene Bekenntnisaussagen, vergleichbar einer Liebeserklärung. Beide Interpretationen haben ihr sachliches Recht und sind wichtig für das (aufgeklärte) Verständnis von religiösen Absolutheitsansprüchen. Doch tendieren sie dazu, die Bindung der Glaubenden an den Grund ihres Glaubens zu schwächen. In den Fällen, in denen diese Bindung in einer zum Fundamentalismus neigenden Weise überzogen ausgeprägt ist, mag das heilsam sein. In aller Regel verlangen die Glaubenden aber nach Bekräftigung ihres Glaubens durch die immer neue Vergegenwärtigung der übergeschichtlichen und subjektunabhängigen Geltung des Glaubensgrundes. Beides müssen Religionsgemeinschaften leisten: zum einen die Bindung an diesen Grund zu stärken und zum anderen diese Bindung durch Selbstaufklärung über deren historische und subjektive Bedingtheit vor Selbstabschließungstendenzen zu bewahren. Die Bekräftigung der Absolutheit und deren sachgemäße Relativierung müssen in einer Art Kontrastharmonie Hand in Hand gehen.

Die *Komparative Theologie* geht der Frage nach Absolutheitsansprüchen programmatisch aus dem Weg. Sie will sich nicht mit Beziehungsbestimmungen zwischen ganzen Religionen beschäftigen, sondern einzelne Phänomene in eine vergleichende Beziehung zueinander setzen. Mit ihrer methodischen Blickfeldverengung vermag die Komparative Theologie wichtige Elemente der religiösen Traditionen präzise zu beschreiben. Sie sollte aber religionstheologische

Grundsatzüberlegungen nicht vermeiden, wenn ihre Befunde zum interreligiösen Verstehen beitragen sollen. Denn darin liegt ihr erklärtes Ziel.

Anders als die zuvor genannten Ansätze sind die Konzepte einer *Abrahamischen Ökumene* nicht auf die interreligiösen Beziehungen insgesamt, sondern auf die Gemeinschaft der „abrahamischen" Religionen Judentum, Christentum und Islam ausgerichtet. Als Gegengewicht gegen die in diesen Traditionen (nicht selten gegeneinander) aufgerichteten Absolutheitsansprüche postulieren sie eine ihnen allen gemeinsame Ursprungsbeziehung, wenn diese auch auf verschiedene Weise erschlossen wird. Auf diese Weise wollen sie einen Beitrag leisten zur Ausbildung eines Zusammengehörigkeitsbewusstseins, das gerade in der Gegenwart mit den immer wieder aufbrechenden Spannungen zwischen den drei „Geschwistern", wenn die in den Quellen und Traditionen angelegten Absolutheitsansprüche aktualisiert und als geistige Schwerter eingesetzt werden, nötiger denn je ist.

Absolutheitsansprüche gehören zum Selbstverständnis der drei – wie überhaupt aller – Religionen. Sie können aber sehr verschieden ausgeprägt sein, wie sich schon im Vergleich der abrahamischen Religionen zeigt: Während das Judentum als auf das Volk und Land Israel bezogene Religion weder einen Universalitäts- noch einen Finalitätsanspruch erhebt, sind diese Ansprüche in Christentum und Islam – als Religionen, die sich von ihren jeweiligen religionsgeschichtlichen Vorgängern abgrenzen mussten – von Anfang an deutlich ausgebildet. Und sie stehen in Konkurrenz zueinander, wie sich an dem sowohl für Jesus als Gottesoffenbarer als auch für die an Mohammed ergangene Offenbarung zeigt. Und während das Christentum dem Islam gegenüber eher einen Exklusivanspruch geltend macht, legt der Koran eine inklusive Beziehungsbestimmung zu Juden- und Christentum nahe.

Damit ist aber noch nicht darüber entschieden, wie diese Ansprüche in den Beziehungsbestimmungen und -gestaltungen zur Geltung gebracht werden. An ihrer Interpretation und vor allem an ihrer Anwendung entscheidet sich, wie sie sich auswirken. Absolutheitsansprüche stellen nicht *an sich* eine Gefährdung für den Religionsfrieden an. Sie können aber so interpretiert und angewendet werden, dass daraus interreligiöse Feindschaft entsteht. Sie können ideologisiert und mit Hass aufgeladen werden. Dann werden sie zu Lizenzen im Kampf gegen Andersglaubende; oder in der milderen Form zu Vergewisserungen der eigenen Gottwohlgefälligkeit gegenüber denen, die in der selbstverschuldeten Gottesfinsternis sitzen. Es ist – wie oben konstatiert – nicht primär der Inhalt, sondern der Gebrauch der Absolutheitssprüche, der sie zu geistigen Schwertern machen kann.

Die hier vorgestellten Ansätze zielen darauf ab, den Ansprüchen ihre trennende Kraft zu nehmen. Sie sollen nicht gegeneinander ins Feld geführt, sondern aufeinander ausgerichtet werden, indem sie auf einen gemeinsamen transzendenten Referenzpunkt bezogen werden. Das scheint mir implizit auch für die Komparative Theologie zu gelten.

Bezieht man den *Exklusivanspruch* auf Gott statt auf die Religion, dann bringt er die Einheit und Einzigkeit Gottes als Grundbekenntnis der jüdisch-christlich-islamischen Gottesrede zum Ausdruck. Auf die Frage nach dem höchsten Gebot hatte Jesus nach der Überlieferung des Markusevangeliums mit den Worten seiner jüdischen Tradition geantwortet: „Das höchste Gebot ist das: ,Höre, Israel, der Herr, unser Gott, ist der Herr allein, und du sollst den Herrn, deinen Gott, lieben von ganzem Herzen, von ganzer Seele, von ganzem Gemüt und von allen deinen Kräften" (Mk 12,29f) … „Und der Schriftgelehrte sprach zu ihm: Meister, du hast wahrhaftig recht geredet! Er ist nur einer, und ist kein anderer außer ihm" (12,32; vgl. auch 1. Kor 8,4). Das entspricht nicht nur dem jüdischen, sondern auch dem islamischen Verständnis der Einheit Gottes, neben dem es keinen anderen Gott gibt, also dem exklusiven Monotheismus.

Man muss die Wahrheit Gottes unterscheiden von der Wahrheitsgewissheit des Glaubens und diese von den Wahrheitsansprüchen der Religion. Wo diese Unterscheidung nicht gemacht wird, kommt es zu Absolutheitsansprüchen *für die Religion*. Wo sie gemacht wird, kommt es zu einer Selbstzurücknahme der Religion, die es Gott dann auch überlassen kann, Wege zu Menschen anderen Glaubens zu finden. Wenn er will, dass alle Menschen gerettet werden (1.Tim 2,4), dann ist das auch gar nicht anders zu erwarten.

Den *universalen* Wahrheitsansprüchen der Religionen steht das Bekenntnis zur Universalität Gottes gegenüber. Juden, Christen und Muslime beschränken den Machtbereich Gottes nicht auf ihre eigene Religionsgemeinschaft, erklären Gott also nicht zu ihrem eigenen Stammesgott, sondern verstehen ihn als die universale Macht des Lebens, die alle Menschen ins Sein und zu sich als der Fülle des Seins ruft.

In diesem auf Gott bezogenen Sinn vertritt auch das Judentum einen Universalitätsanspruch, besser gesagt: ein Bekenntnis zur Universalität Gottes, aus dem dann eine Relativierung des Bewusstseins der eigenen Erwählung resultiert. So sehr sich die Juden als erwähltes Volk Gottes sehen, so wissen sie doch, dass in Jes 19,25 auch die Ägypter als „Volk Gottes" bezeichnet und die Assyrer „das Werk meiner (Gottes) Hände" genannt werden. Die Tora richtet sich nicht an diese Völker, aber sie sind deshalb nicht weniger eingeschlossen in Gottes universalen Segen.

Nimmt man noch die Universalitätspotentiale hinzu, die in der Rede vom Geist Gottes liegen, dann ist klar, dass die in der Kraft des Geistes vergegenwärtigte Wahrheit Gottes über die Religionswahrheit des christlichen Glaubens in seinen vielen Variationen hinausreicht. Nach christlichem Verständnis ist der Geist an das Wort gebunden und dieses hat in Christus Menschengestalt angenommen. Die Wahrheit Gottes kann also keine andere sein als die in Jesus, dem Christus, repräsentierte. Aber als solche reicht sie über die Wirkungsgeschichte der Christusbotschaft hinaus und ist in möglicherweise gänzlich fremden Gestalten auch außerhalb dieser Wirkungsgeschichte anzutreffen.

Dem Anspruch auf *Letztgültigkeit* der eigenen Religionswahrheit steht die Überzeugung gegenüber, dass Gott selbst die letztgültige Wirklichkeit und Wahrheit ist. Alles Religiöse kann demgegenüber eine bloß (mit Bonhoeffer gesprochen) ‚vorletzte' Wahrheit sein. Am Ende wird alle Wirklichkeit – auch die Christuswirklichkeit – in Gott eingehen, und er wird alles in allem sein (1. Kor 15,28). Alles Religiöse, alle Glaubensgewissheiten, auch die im Glauben erfasste Botschaft von Jesus Christus, steht unter „eschatologischem Vorbehalt" und ist ausgerichtet auf ihre noch ausstehende Vollendung in Gott.

Im *locus classicus* der biblischen Toleranzbegründung – dem Gleichnis von Unkraut unter dem Weizen (Mt 13, 24–30) – findet dieser Vorbehalt eine wunderbare Inszenierung: *Gott* ist der Richter, der am Ende der Zeit das Unkraut als solches identifiziert und vom Weizen trennt. Bis dahin soll es auf dem Acker stehen bleiben. Kein Mensch kann und darf diese Scheidung vornehmen. Niemand soll sich anmaßen, diesem Gericht vorzugreifen und das vermeintliche Unkraut auszureißen. „Lasset beides miteinander wachsen bis zur Ernte" (Mt 13,30) – das ist die Magna Charta der christlichen Toleranz.

Die Religionen gehören zum ‚Vorletzten‘, nicht zum ‚Letzten‘; so sehr es um das ‚Letzte‘, um Gott als den Eschaton und um die Selbstvermittlung Gottes in ihnen geht. Wo sie diese Einsicht in ihr Selbstverständnis integrieren, werden sie sich ihrer Geschichtlichkeit bewusst. In Anlehnung an Paulus: Sie haben den Schatz der göttlichen Wahrheit in irdenen Gefäßen (2 Kor 4,7). Das Gefäß ist wichtig, sonst würde der Inhalt zerfließen. Aber man darf das Gefäß nicht verabsolutieren. Eine Religion, die ihre eigene Geschichtlichkeit ernst nimmt, kann sich nicht selbst verabsolutieren.

Praktische Adaption
Zur interreligiösen Realität des 21. Jahrhunderts

Warum wir die Religionen (trotzdem) brauchen
Wider die Versuchung der Segmentierung postmoderner Gesellschaften

Mirjam Schambeck, Freiburg im Breisgau

Allein der Titel des Beitrags zeigt in dem eingeklammerten Wort „trotzdem", dass Religionen in der Postmoderne fraglich geworden sind. Es muss argumentiert, bewiesen, aufgezeigt werden, warum Religionen in postmodernen Gesellschaften einen Platz haben sollen. Dies hat auch damit zu tun, dass die Religionen wieder ein öffentlicher Faktor geworden sind, aber ein unliebsamer. V. a. die Zerrbilder des Islam haben sich in unsere Köpfe viel tiefer eingeprägt als irgendetwas anderes, das mit Religion zu tun hat. Daran können auch der Dalai Lama, die klugen Reden Navid Kermanis oder die Sympathien, die Papst Franziskus weckt, nichts ändern.

Es ist nicht mehr nur die Meinung einzelner und auch nicht nur einzelner randständiger Intellektueller, dass die Religionen eher als störend, ja als hinderlich und gefährlich empfunden werden, denn als hilfreich.

Vor diesem herausfordernden Szenario gilt es also Gründe aufzuzeigen, warum postmoderne, säkulare Gesellschaften nicht auf Religionen verzichten können, ja, warum postmoderne Gesellschaften sogar aus den Religionen einen Nutzen ziehen sollen, insofern sich religiöse Pluralität als Lernfeld oder sogar als Schrittmacher in und für demokratische Gesellschaften erweist. Damit soll nicht einer idealisierenden oder naiven Weise, mit Religionen umzugehen, das Wort geredet werden. Diese Ausführungen wollen vielmehr das Bewusstsein schärfen, dass es zumindest in Westeuropa nicht reicht, Religion im Privaten zu verhandeln – das wäre ja auch eine Strategie, die seit der Aufklärung über viele Jahrhunderte funktionierte –, und dass eine der großen Weichenstellungen gesellschaftlichen Lebens darin liegt, sich gegen die Versuchung einer Segmentierung der Gesellschaft zu erwehren.

Wenn im Folgenden einige Vorschläge dazu gemacht werden, was der Beitrag der Religionen für ein gelingendes Zusammenleben in pluralen, demokratischen Gesellschaften sein kann, dann ist zwischen formalen Gründen einerseits und inhaltlichen Gründen andererseits zu unterscheiden. Unter *formalen Gründen* sind solche zu verstehen, die nicht auf einzelne religiöse Traditionen und deren Spezifika abheben. Unter ihnen wird vielmehr das verhandelt, was sozusagen die säkularen Wirkungen der Religionen sind, insofern sie alle, wenn auch auf sehr verschiedene Weise, über das Vorfindliche hinausweisen und die Frage nach Sinn und Heil – man könnte postmodern auch sagen – nach Glück und Ganzheit („wholeness") aufwerfen.

Die inhaltlichen Gründe dagegen fokussieren die material-substanziellen Spezifika bestimmter religiöser Traditionen, die nirgendwo anders, auch nicht in den Ersatzformen von Transzendenz und den Stellvertretern der Religionen wie der Kultur, der Kunst oder der Vernunft auffindbar sind.[1]

Vom unersetzbaren Beitrag der Religionen für ein gelingendes Zusammenleben in pluralen, demokratischen Gesellschaften

Religionen als unverzichtbare „Ressourcen der Sinnfindung" (Jürgen Habermas)

Jürgen Habermas hat wiederholt und seit dem Jahr 2001 bis heute immer wieder davon gesprochen, dass die Religionen eine Ressource der Sinnfindung darstellen, auf die postsäkulare Gesellschaften angewiesen sind.[2]

Den Religionen ist ein Sprach-, Sinn- und Vernunftpotenzial inhärent, das nicht ungebrochen in eine säkulare Sprache übersetzt werden kann, so Habermas. Dieser Übersetzungsprozess wurde bis-

---

[1] Vgl. dazu Terry Eagleton, *Der Tod Gottes und die Krise der Kultur,* Pattloch, München 2014, S. 10.

[2] Vgl. Jürgen Habermas, *Glauben und Wissen. Friedenspreis des Deutschen Buchhandels,* Suhrkamp, Frankfurt am Main 2001; ders., *Zwischen Naturalismus und Religion, Philosophische Aufsätze,* Suhrkamp, Frankfurt am Main 2005, S. 129–131; S. 137 f. u. a.

lang einseitig den religiösen Bürger/-innen angelastet wurde. Wenn die Kirchen z. B. wollten, dass in den Gentechnikdebatten die Unverfügbarkeit menschlichen Lebens garantiert blieb, dann mussten *sie* Sorge tragen, wie sie den Gedanken der Gottebenbildlichkeit auch religiös unmusikalischen Politiker/-innen und Entscheidungsträger/-innen zugänglich machten.[3]

Hier intervenierte Habermas und machte darauf aufmerksam, dass dieser Übersetzungsprozess auch in der Verantwortung der säkularen Öffentlichkeit liegt; denn der Sinn, den z. B. der jüdisch-christliche Glaube in der Rede transportiert, dass der Mensch Gottes Geschöpf sei – different von ihm und zugleich von einer Würde, die Gottes ist, so dass sich kein Mensch über den anderen erheben darf, vielmehr alle in gleich vornehmer Weise auf Gott ausgerichtet sind und alle Menschen füreinander Verantwortung tragen –, geht nicht einfach im moralischen Sollen auf, den anderen nicht zu töten.

Hat dieser Gedanke in den etablierten, wenn auch noch nicht befriedeten Debatten um die Gentechnik seinen inzwischen angestammten Platz gefunden, zeigt er seine Sprengkraft, wenn wir ihn auf die brisante Frage übertragen, was er für die Aufnahme von Geflüchteten – hier bei uns in Europa, in Deutschland und Österreich – austrägt. Wenn also alle Menschen von unvergleichlicher Würde sind, wenn noch dazu diejenigen, die Not leiden, den Einsatz nicht nur einzelner Helfer/-innen, sondern die Solidarität des gesamten gesellschaftlichen Systems brauchen, um diese Würde auch leben zu können, warum schotten wir uns dann ab und bauen Grenzzäune, an denen sich Zufluchtsuchende blutig wetzen? Und warum predigen höchste Kirchenvertreter in Polen, dass sich das Land vor Flüchtlingen schützen solle und wenn überhaupt, dann höchstens Christ/-innen, keinesfalls aber Muslim/-innen aufnehmen dürfe?

So sehr dann ökonomische Gründe und auch politische vorgeführt werden, die Humanität geht – da kann man noch so *spekulativ argumentieren – faktisch* zurzeit an unseren Grenzzäunen zu Grunde. Der Sinn, den Religionen diesbezüglich zur Verfügung stellen, den Menschen nicht nur als Bürger/-in, sondern als Schwester und Bruder zu sehen, ist nicht einfach ein Surplus, das sich die Religionen

---

[3] Vgl. J. Habermas *Glauben und Wissen,* 29 ff.

eben leisten können (und das auch die Religionen selbst zutiefst kritisiert). Er ist ein Stachel, der uns als demokratische Gesellschaften zutiefst anfragt und darauf hinweist, dass wir zurzeit dabei sind, die Werte, die uns ausmachen, zu verkaufen.

Allein diese wenigen Andeutungen zeigen, dass es durchaus unbequem ist, die sinnstiftende Kraft der Religionen in säkularen Gesellschaften zu ventilieren; das mag freilich ein Grund sein, warum die Öffentlichkeit kein großes Interesse hat, die religiösen Sinnpotenziale auch in ihre Denksysteme zu übersetzen. Die Frage ist aber, ob sich Demokratien dies langfristig leisten können; denn wenn der Übersetzungsprozess nur den Religionen und den religiösen Bürger/-innen angelastet wird, läuft eine Gesellschaft Gefahr, diese Ressource zu verlieren, weil sie nur einer bestimmten (Religions-)Gruppe zugänglich ist, oder zu riskieren, dass sich diese Ressource auf diffuse oder sogar totalitäre Weise in die Gesellschaft hineinschreibt.

Verweise auf den „leeren Stuhl" oder: Anrede gegen Totalisierungen des Lebens

In der jüdischen Kabbala gibt es eine Erzählung vom „leeren Stuhl", die auf ein weiteres Potenzial hinweist, das den Religionen eigene und das für demokratische Gesellschaften elementar ist.

Diese Geschichte handelt von einer jüdischen Gemeinde, die sehr rege war. Die Armenfürsorge lief hervorragend, der Rabbi gehörte zu den gelehrtesten im Land, die Juden waren die Frommsten weit und breit und das Gemeindeleben verlief geschäftig und behände. Als ein fremder, etwas heruntergekommener Rabbi die viel gerühmte Gemeinde besuchte, wurde er, je länger er dort war, umso stiller. Am Ende seines Besuchs sagte er gar nichts mehr. Das fiel sogar den Gemeindemitgliedern auf, obwohl sie doch ständig herumliefen, hier und dort Besorgungen erledigten – alles zum Wohl der Gemeinde selbstverständlich. Einer von ihnen, der zu den Mutigsten gehörte, wagte es schließlich, den fremden Rabbi zu fragen, warum er nichts mehr sagte. Im Geheimen malte sich der Mutige schon die Antwort aus und dachte, dass der Rabbi angesichts der Frömmigkeit der Juden und seiner Bewunderung für ihre Geschäftigkeit im staunenden Schweigen versunken war.

Da begann der fremde Rabbi seine Rede, zunächst leise und dann immer lauter und fester. Er sprach davon, dass es in jeder Gemeinde einen „leeren Stuhl" gebe. Dieser „leere Stuhl" sei für den Messias reserviert. Nichts und niemand anderes dürfe diesen Stuhl einnehmen. Wenn man nun im alltäglichen Beschäftigtsein plötzlich merkt, dass der Stuhl gar nicht mehr leer, sondern besetzt ist, dann kann man sicher sein: Es handelt sich nicht um den richtigen Messias. Etwas Vorletztes hat Platz genommen und der Geist hat die Gemeinde verlassen.[4]

Soweit die Erzählung.

Die Religionen sind die Mahner, die Gesellschaften auf diesen „leeren Stuhl" aufmerksam zu machen, bzw. diejenigen, die selbst vorleben (sollten), was es heißt, den Horizont nicht mit Vorletztem zu besetzen. Aufgrund ihrer ureigenen Kraft, über das Vorfindliche hinauszuweisen, das, was ist, nicht als alles zu verstehen, sind sie *die* Instanzen, um die Gesellschaften mit der kritischen Frage zu konfrontieren, ob dieser letzte Stuhl leer oder besetzt ist. Weder ökonomische Interessen, noch politisches Kalkül, noch die Machtinteressen Einzelner oder bestimmter gesellschaftlicher Gruppen haben das Recht, diesen leeren Stuhl einzunehmen. Hier sind auch die Kirchen und Religionsgemeinschaften in ihren institutionalisierten Formen freilich nicht ausgenommen oder gefeit davon. Auch sie können, wie die Erzählung zeigt, den leeren Stuhl besetzen und zu totalitären Systemen mutieren, die in ihrer Gewalttätigkeit erschaudern lassen.

Bei uns in Europa laufen diese Prozesse der Vereinnahmung des leeren Stuhls m. E. zurzeit sehr sublim. Wir können heute immer deutlicher sehen, wohin wir kommen, wenn ökonomische Logiken uns vorgaukeln, dass wir in Europa nur überleben, wenn wir die Grenzen dicht machen, wenn unsere Wirtschaft ständig wächst, auch wenn dies auf Kosten der Landbevölkerung in Afrika geht, auch wenn dies bedeutet, dass Kinder in Bangladesh unsere billigen Kleider nähen und Frauen und Männer in Indien unsere Jeans ohne Schutzkleidung mit gesundheitsgefährdenden Mitteln präparieren.

In Europa haben wir es uns zur Gewohnheit werden lassen, dass die Wirtschaft noch mehr als die Politik vorschreibt, wie wir leben

---

[4] Die Geschichte wurde gefunden in: Josef Homeyer, „Religion als Stachel der Moderne", in: *Süddeutschen Zeitung*, Nr. 292 (18.12.2002).

sollen und müssen. Der winzige Hinweis, dass eine politische Entscheidung Arbeitsplätze kosten würde, genügt in Debatten nicht selten schon, um alle weiteren Überlegungen einzustellen. Ich frage
mich oft, ob dies wirklich so sein muss, ob das Auseinandergehen
der Schere zwischen Armen und Reichen nicht Hinweis genug ist,
dass das Diktat der ökonomischen Logiken für eine Gesellschaft ver-
heerende Folgen hat.

Auch wenn der Aufschwung der rechtspopulistischen Mächte
nicht nur durch wirtschaftliche Gründe zu erklären ist, ist die au-
genfällige Ungleichheit in unserer Gesellschaft doch ein mächtiger
Faktor, der dazu beiträgt, dass Menschen gegen bestehende gesellschaftliche Verfasstheiten revoltieren und die Solidarität und Loyali-
tät gegenüber dem Staat aufgeben, auf die ein Staat aber notwendigerweise angewiesen ist.

Braucht es dazu die Religionen oder genügen auch säkulare Welt-
anschauungen?

So nachdenklich diese Beiträge stimmen mögen, so stellt sich dennoch die Frage, ob diese gesellschaftlichen Wirkungen, die hier den
Religionen zugeschrieben wurden, nicht auch von Denksystemen
wie der Philosophie, der Kunst, der Kultur oder säkularen Weltanschauungen geleistet werden können. Kommen diese Beiträge
wirklich nur ausschließlich den Religionen zu?

Spätestens an dieser Stelle müssen die formalen Gründe um mate-
riale/inhaltliche ergänzt werden. Denn letztlich entscheidet sich an
den religiösen Gehalten/Inhalten, ob Religionen in Zukunft als un-
heilvolle Störmechanismen in postmodernen Gesellschaften oder in
ihrer integrierenden, orientierenden und aufrüttelnden Kraft gesehen werden.

Weil das Judentum, das Christentum und der Islam in Europa zu
den einflussreichsten Religionsgemeinschaften zählen, konzentriere
ich mich im Folgenden auf das Potenzial, das die sog. monotheistischen Religionen in postmoderne Gesellschaften einbringen können.

Sensibilität und Engagement für die Entrechteten oder: Vom prophetischen Stachel in unserer Gesellschaft

Wie oben schon deutlich wurde, kommen unsere europäischen Demokratien in eine immer größere Schieflage, weil immer mehr Menschen – darunter v. a. junge – von gesellschaftlichen Teilhabemöglichkeiten ausgeschlossen werden. In Spanien beträgt die Quote der Jugendarbeitslosigkeit (also der Anteil der 15–24-Jährigen an der Zahl der Jugendlichen, die dem Markt zur Verfügung stehen) seit mehreren Jahren schon um die 45 % (im April 2016: 45,3 %).[5] D. h., dass jeder zweite junge Mensch zwischen 15 und 24, der arbeiten will, keine Arbeit bekommt. Noch schlimmer ist es in Griechenland mit fast 50 % (47,4 %). In Österreich waren es „nur" 11,3 % und in Deutschland 7,2 %.

Je mehr aber Menschen aus gesellschaftlichen Teilhabesystemen ausgeschlossen werden, desto weniger kann eine Gesellschaft auf sie zählen und desto größer ist die Gefahr, dass sich diese Gruppen in sog. „Wirs" abschotten, die sich gegenüber anderen sozialen Gruppen extensiv oder sogar gewalttätig abgrenzen, wie wir das an den Neonazis, den PEGIDA-Leuten oder auch an nicht wenigen Vertreter/-innen der AfD studieren können.

Das Judentum, das Christentum und der Islam dagegen könnten mittels ihrer religiösen Traditionen die Sensibilität und das Engagement für die Entrechteten in unseren Gesellschaften stark machen. Ihr Einsatz für die Marginalisierten und ihre Perspektiven, von denen am Rand her die Welt zu lesen, ermöglichen einen Blickwechsel, auf den demokratische Gesellschaften, die einen Sinn für das Humane behalten wollen, nicht verzichten können. Wie würde es in Deutschland und anderen Ländern aussehen, wenn nicht mehr die soziale Herkunft über den Zugang zu Bildungsmöglichkeiten entscheiden würde, sondern die Fähigkeiten, die ein Kind mitbringt?[6]

---

[5] Vgl. die Zahlen der Bundesagentur für Arbeit, Statistik/Arbeitsmarktberichterstattung (2016), *Arbeitsmarkt in Kürze: Arbeitsmarktstatistik im europäischen Vergleich*, Nürnberg 2016, S. 7.

[6] Vgl. auch die Ergebnisse der aktuellen PISA-Studie 2015, die nach wie vor eine signifikante Abhängigkeit zwischen Bildungsniveau und sozialer Herkunft diagnostiziert. Vgl. PISA 2015. Results in focus, in: https://www.oecd.org/pisa/pisa-2015-results-in-focus.pdf

Nun kann man einwenden, dass die Staaten doch schon enorm viel für Benachteiligte tun und die Förderungen im Bildungsbereich hoch sind. Es bleibt aber nach wie vor zu fragen, warum es sich ein Staat wie Deutschland, der keine anderen Ressourcen besitzt als die Köpfe, die ihm zur Verfügung stehen, leisten kann, seine Gesamtausgaben für Bildung im Bundeshaushalt 2016 auf 16,4 Mrd.[7] zu beschränken und zugleich für Rüstung mehr als doppelt so viel Geld auszugeben – nämlich 34,26 Mrd.?

Hier müssten die Kirchen sowie die Vertreter/-innen des Judentums und des Islam aufstehen und deutlich machen, dass sich eine Gesellschaft nicht im Frieden wähnen kann, wenn so viele ihrer Mitglieder zwar ein Auskommen, aber keine Perspektiven haben. Wo jemand von der Hoffnung auf eine bessere Zukunft abgeschnitten wird, da kehren Resignation ein und das, was wir aus den Radikalisierungsforschungen fürchten gelernt haben.

Ein Staat kann es sich nicht leisten, Menschen auszugrenzen. Und ein/e Christ/-in kann es nicht angehen lassen, dass Systeme Menschen ausschließen von Teilhabe an Bildung, an Wohnraum, an Arbeit und Gesundheit. Gläubige und Religionsgemeinschaften könnten und müssten sich als verlässliche Warner und Mahner etablieren, die in den öffentlichen Disput die Sorge für Benachteiligte nicht als Luxus einer reichen Gesellschaft einspeisen, sondern als Grundaufgabe, an der sich ein demokratischer Staat messen lassen muss. Etwa so wie Heinrich Böll das einmal formuliert hat: „Selbst die allerschlechteste christliche Welt würde ich der besten heidnischen vorziehen, weil es in einer christlichen Welt Raum gibt für die, denen keine heidnische Welt je Raum gab: für Krüppel und Kranke, Alte und Schwache …"[8]

Freilich müssten dann die Kirchen und Religionsgemeinschaften selbst nicht nur von diesen Engagements für Arme wortreich reden und über sie eloquent predigen. An den kirchlichen Institutionen müsste vielmehr erkennbar sein, dass Entscheidungen vorrangig für

---

[7] Vgl. Statista. Das Statistikportal, in: https://de.statista.com/statistik/daten/studie/449433/umfrage/bundeshaushalt-ausgaben-nach-ressorts/

[8] Heinrich Böll, „Eine Welt ohne Christus", in: *Was halten Sie vom Christentum? 18 Antworten auf eine Umfrage* hg. von Karlheinz Deschner, List, München 1958, S. 21–24, hier: S. 23.

das Wohl der Armen getroffen werden. Und der Lebensstil auch der Kirchenvertreter müsste ein Zeugnis für eine solche Einfachheit und Bedürfnislosigkeit sein.

Orte, an denen das Scheitern und Versagen nicht ausgeblendet wird oder: Nicht erst die Supermänner und -frauen sind Menschen

Ein weiterer Beitrag ergibt sich aus dem gesellschaftlichen Phänomen, dass es zurzeit kaum Orte gibt, an denen es möglich ist, das eigene Scheitern und Versagen, die eigene Erfolglosigkeit und Mittelmäßigkeit eingestehen und zeigen zu können. Wo man aber nur perfekt sein darf, wo es nicht möglich ist, auch Schwäche zu zeigen, krank zu sein, in Urlaub oder auch nur offline, da ist die Gefahr groß, als Mensch unter die Räder zu kommen. Wir Menschen sind nicht perfekt und wir Menschen sind auch nicht 24 Stunden, 7 Tage die Woche leistungsfähig.

Diese gesellschaftliche Unfähigkeit, mit dem Nicht-Perfekt-Sein umzugehen, die sich in der Verdrängung des Todes nochmals steigert, lässt sich derzeit auch in einer anderen Hinsicht ausmachen. Gesellschaftlich stehen derzeit kaum Weisen zur Verfügung, begangene Schuld anzuerkennen, Verantwortung zu übernehmen und um Vergebung zu bitten. Da können Bankmanager noch so viel an Korruption in ihren Bankhäusern zugelassen oder sogar selbst betrieben haben. Da können Kirchenvertreter noch so viel Geld verschwendet und damit das Image der Kirche insgesamt demoliert haben. Schuld einzugestehen, Verantwortung zu übernehmen, um Verzeihung zu bitten und nicht nur die juristischen Konsequenzen zu tragen, ist öffentlich zu einer absoluten Ausnahme geworden. Das gilt, wie gesagt, genauso für Kirchenvertreter.

Gerade hier könnten die Religionen mit ihrem Wissen um die Schuld und Defizienz des Menschen, mit Ritualen von Vergebung und Reue ein wichtiges Ventil anbieten. Säkulare Gesellschaften könnten durch dieses Potenzial lernen, dass stark zu sein, nicht gleichzusetzen ist mit dem Übertünchen von Fehlern oder damit, diese in Abrede zu stellen. Vielmehr könnten säkulare Gesellschaften aus dem tiefen Wissen der Religionen um Schuld und Vergebung erfahren, dass das Anerkennen von Fehlern ein notwendiger Schritt ist, um auch systemisch von begangener Schuld nicht erdrückt zu werden, sondern geläutert in die Zukunft zu gehen.

Die Auseinandersetzung mit Auschwitz, die Aufarbeitung von Opfer- und Tätergeschichten in der Nazi-Zeit mag ein Beispiel dafür sein, dass uns dort, wo dies nicht passiert ist oder in Vergessenheit gerät, die alten Geister in Form rechtspopulistischer und nicht weniger nationalistischer Ideen als damals durch die Hintertür wieder einholen.

Glück und Ganzheitlichkeit, die verdient werden wollen oder: Erlösung, die geschenkt wird

Nicht nur in den Bahnhofsbuchhandlungen sind die Ausstellungsstände mit Ratgeberliteratur zu einem glücklichen und ganzheitlichen Leben voll. In den letzten Jahren hat sich ein ganzer Wirtschaftszweig etabliert, der sich um das Glück und die Ganzheitlichkeit von Jungen und Alten sorgt. Um glücklich und gesund zu leben, so die implizite Botschaft dieses Trends, muss man auch etwas tun. Glück und Ganzheitlichkeit, Fitness und ein dynamisches Leben gibt es nicht umsonst. Dafür müssen – überspitzt formuliert – Kuren, Trainings, Wellness-Wochenenden und Fitnessprogramme absolviert werden.

Das Prinzip des Leistens steckt uns zutiefst in den Knochen. Zugleich gab es noch nie so viele Menschen, die aufgrund des dauernden Leistungsdrucks und der damit einhergehenden Überforderung krank geworden sind. Dies gilt nicht nur individuell, sondern auch systemisch. Spätestens der Klimawandel zeigt uns als Weltgemeinschaft, dass wir nicht mehr so weiter machen können, wie bisher, weil wir uns und die gesamte Erde überfordern.

Dies sind nicht nur äußere Faktoren. Was sich hier abspielt, hebt auf viel grundlegendere Mechanismen ab als auf Mode, Zeitgeist oder Technik. Wo Menschen alles von sich selbst erwarten müssen, wo es nichts mehr gibt, das geschenkt ist, gratis sozusagen, unverdient, da werden Einzelne, aber auch Gesellschaften in ein Hamsterrad des Leistens, Tuns und Erfolgs gezwungen, aus dem es kein Entrinnen mehr gibt.

Die Religionen sind dazu der Gegenmechanismus schlechthin. So unterschiedlich die religiösen Inhalte von Judentum, Christentum und Islam sind, so sehr ist ihnen allen gemeinsam, dass der Mensch und die gesamte Schöpfung nicht auf sich selbst geworfen sind. Es ist vielmehr Gott, der Allerhöchste, der die Welt trägt und hält; er ist es, der Heil und Erlösung zuspricht. Dieses Heil ist nicht unabhängig von dem, was wir tun. Und zugleich kann es nicht verdient werden. Es ist frei geschenkt – einfach so, gratis eben, jeder und jedem anvertraut, angeboten und offen, vom Menschen angenommen zu werden.

Was diese Zusage an Entstressendem hat, was sich daraus an Lebensqualität für den Einzelnen, aber auch für gesellschaftliche Systeme ergibt, mag an Menschen spürbar werden wie Johannes XXXIII. Dieser antwortete – so erzählt es eine Anekdote – auf die Frage, ob er angesichts der großen Verantwortung als Papst überhaupt noch schlafen könne, dass sein letzter Gedanke vor dem Schlafengehen das Wort sei: „Herr, es ist deine Kirche, nicht meine." Und: „Johannes, nimm dich nicht so wichtig."

Aus dieser Grundhaltung heraus kann eine Kultur des Teilens erwachsen, die ihre Lebensqualität darin entdeckt, nicht nur für mich und auch nicht nur für meine Generation zu sorgen, sondern darauf zu achten, dass auch der Nachbar und die Generation von morgen zufrieden leben können. Nicht mehr viel oder sogar alles zu haben, sondern sich beschränken zu können, weil gar nicht mehr nötig ist, um glücklich zu sein, sind Haltungen, die eine solche Kultur des Teilens kennzeichnen.

Ein erstes Fazit: Surplus oder doch Notwendigkeit?

Nun könnte man freilich einwenden, dass es schon richtig sei, dass unsere postmodernen Gesellschaften wieder viel dazugewinnen könnten, wenn sie den Beitrag der Religionen anerkennen, wertschätzen und in ihrer positiven Kraft integrieren. Aber fehlt den Menschen, wenn sie auf der Straße gefragt werden, wirklich das, was hier als unersetzbarer Beitrag der Religionen deklariert wurde? Sind sie also nur Surplus oder doch Notwendigkeit?

Vielleicht sind die Wirkungen der Religionen indirekt spürbar, vielleicht wird der ein oder andere zugestehen, dass er sich bei unterschiedlichen Religionen Anleihen nimmt, um seine Sinnfragen zu klären und im Leben durchzukommen.

Was aber gesellschaftlich als Problem nicht nur indirekt, sondern offen zu Tage tritt, ist die Frage, wie demokratische Staaten mit

dem Religionsplural in guter Weise umgehen können. Hier stehen
kaum Instrumente zur Verfügung. Und so wenig diesbezüglich fer-
tige Lösungen angeboten werden, so soll dieses Thema im letzten
Teil des Beitrags zumindest eigens aufgegriffen werden.

Religiöse Vielfalt als Schrittmacher demokratischer Gesellschaften

Demokratische Staaten ringen zurzeit um Konzepte, mit dem zunehmend erfahrbaren Religionsplural in Europa umzugehen und
den Bürger/-innen der unterschiedlichen Religionsgemeinschaften
das Recht auf Religionsfreiheit zu garantieren bzw. es auch inhaltlich
einzulösen. Diese Auseinandersetzung macht sich an ganz alltäglichen Fragen bemerkbar: Hat z. B. ein islamischer Arbeitnehmer das
Recht, seine Arbeitszeit kurzfristig für das Gebet zu unterbrechen?
Kann ein Arbeitnehmer gekündigt werden, weil er an den hohen
Feiertagen seiner Religionsgemeinschaft nicht zur Arbeit erschienen
ist? Muss jüdischen Geschäftsleuten die Geschäftsöffnung an Sonn-
tagen erlaubt sein, weil sie am Samstag aus religiösen Gründen ihr
Geschäft nicht betreiben können? Dürfen islamische Schüler/-innen
in der Schule das Kopftuch tragen und wie sieht es mit islamischen
Lehrer/-innen an öffentlichen Schulen und Universitäten aus?[9] Diese
Liste könnte noch um viele weitere Themenbereiche ergänzt werden.

Die Frage ist, was die Religionen selbst zur Befriedung des Religions-
plurals beitragen können. Jürgen Habermas schlägt in einem ähnlichen Fragehorizont einen interessanten Gedanken vor, der im Folgenden kurz skizziert werden soll, um ihn dann auszubauen und auf
den Beitrag der Religionen anzuwenden.[10]

---

[9] Vgl. dazu die Aufzählung von Dieter Grimm, „Kann der Turbanträger von der
Helmpflicht befreit werden? Nach dem Gesetz: Welche kulturellen Konflikte zwischen Einheimischen und Zugewanderten entstehen und wie ihnen juristisch begegnet werden kann", in: *Frankfurter Allgemeinen Zeitung* vom 21.6.2002, S. 49.
[10] Vgl. J. Habermas, *Zwischen Naturalismus und Religion*, 258–278.

Erst religiöse Pluralität ruft die Notwendigkeit von Toleranz auf den Plan

Im Rückgriff auf die Studien von Rainer Forst[11] macht Habermas deutlich, dass im Grunde erst Lebensüberzeugungen, wie es die Religionen sind, oder auch Weltanschauungen, die einen ethischen Gehalt transportieren, Toleranz erfordern. Wissenschaftliche Theorien beispielsweise können zwar kritisch geprüft werden; man muss ihnen gegenüber aber nicht tolerant sein (außer dort, wo sie zu Lebensüberzeugungen mutieren). Toleranz wird vielmehr erst dort nötig, wo Auffassungen einen internen Bezug zur Praxis aufweisen[12] *und* – das ist ein zweiter Faktor – wo eine Einigung strittiger Überzeugungen vernünftigerweise nicht erwartet werden kann. Damit ist gemeint, dass ich mir als Christ/-in zwar vernünftige Gründe vor Augen führen kann, warum Jesus nicht Gottes Sohn ist, ich werde mich in diesem Punkt – zumindest so lange ich Christ/-in bleibe – aber nicht mit den jüdischen und muslimischen Glaubensschwestern und -brüdern einigen können. Religiöse Pluralität ruft damit notwendigerweise Toleranz auf den Plan, wenn die destruktive Kraft, die ein solcher bleibender Dissens entfalten kann, die Gesellschaft nicht zerstören soll.

In einem demokratischen Staat nun, in dem Menschen zusammenleben, die unterschiedlichen Religionen angehören, müssen die Religionen – und der Staat mit ihnen – einen Weg finden, wie sie zwar weiterhin ihre Überzeugungen leben können, wie dies aber nicht zur Folge hat, andere Menschen mit anderen Lebensüberzeugungen zu diskriminieren.

Habermas schlussfolgert deshalb, dass sich in einer pluralistischen Gesellschaft jede Religion und jedes Weltbild, das beansprucht, eine Lebensform im Ganzen zu strukturieren und damit einen Ausschlag auf das praktische Leben hat, im eigenen Handlungsanspruch zurücknehmen muss, sobald sich das Leben der reli-

---

[11] Vgl. Rainer Forst, „Toleranz, Gerechtigkeit und Vernunft", in: *Toleranz. Philosophische Grundlagen und gesellschaftliche Praxis einer umstrittenen Tugend* hg. von Rainer Forst, Suhrkamp, Frankfurt am Main 2000, S. 119–143, hier: S. 144–161; ders., *Toleranz im Konflikt*, Suhrkamp, Frankfurt am Main 2003.

[12] Vgl. J. Habermas, *Zwischen Naturalismus und Religion*, 266.

giösen Gemeinschaften vom Leben des größeren politischen Gemeinwesens differenziert.[13]

Um nochmals die Beispiele von oben aufzugreifen: Ein religiöses Sonderethos – wie z. B. als Sikh beim Motorradfahren keinen Helm tragen zu müssen, sondern den Turban – kann gelebt werden, solange das politische Gemeinwesen darin seine eigenen Normen nicht unumstößlich verletzt sieht. Dies freilich steht nicht zeit- und kontextunabhängig, statisch und apodiktisch fest, sondern braucht dynamische Aushandlungsprozesse, an denen sich die Religionen selbst aktiv beteiligen müssen.

Die Religionen in ihrer Pluralität als vielseitige Übersetzerinnen und Schrittmacher für Teilhabe

Der Beitrag der Religionen inmitten dieser anstehenden Aushandlungsprozesse kann nun folgender sein – und auf den kann der Staat nicht verzichten.

1. Erstens müssen die Religionen sich aktiv einbringen, um auch säkularen Bürger/-innen verstehbar zu machen, was ihre eigenen Überzeugungen ausmacht. Das heißt, dass sie die religiösen Überzeugungen in vernünftigen Gründen erläutern lernen müssen, so dass sie intersubjektiv verstehbar sind, was zugleich nicht heißt, dass sie logisch zwingend sind. Um ein sehr alltägliches Missverständnis aufzugreifen, das Muslime für sich und auch in die Öffentlichkeit hinein zu erklären haben: Djhad meint im Islam an erster Stelle, den Kampf gegen die eigenen Leidenschaften anzustrengen und ist auf keinen Fall ungebrochen gleichzusetzen mit dem ungezügelten, terroristischen Kampf gegen Andersgläubige – auch wenn der Islam sein Verhältnis zu Gewalt und Dominanz dringend klären und für das Leben in demokratischen Gesellschaften konkretisieren muss.

2. Zweitens müssen die Religionen nicht nur für sich diesen Übersetzungsprozess anstrengen. Sie sind auch aufgerufen, untereinander und miteinander zu klären, was die Religionen sagen und bewirken. Wer könnte besser verstehen, dass die Welt nicht in Zweckrationalitäten aufgeht als die Religionen selbst? Wie sehr

---

[13] Vgl. ebd., 268.

könnten also z. B. das Christentum und die Christ/-innen mit
ihm den Menschen von heute verstehbar machen, dass der Islam
eine Religion ist, die die Menschen auf die Hingabe zu dem nie
einholbaren Gott hin einlädt, die Menschen zur Sorge für die
Notleidenden anstiftet und die Menschen für die Schönheit des
Lebens motiviert? Man könnte es auch so sagen: Wenn Muslim/-
innen diskriminiert werden, dann müssen die Christ/-innen, die
Jüd/-innen, die Buddhisten und die Hindus die ersten sein, die
auf die Straße gehen, um Solidarität zu üben und umgekehrt.
3. Die Einschränkung der praktischen Wirksamkeit der Religionen,
wie sie in einem pluralistischen, demokratischen Staat nötig ist,
kränkt freilich auch. Was solche Kränkungen auslösen können,
ist an den Radikalisierungen zu studieren, die quer durch die Religionen gehen und im Islam genauso auffindbar sind wie in fa-
natischen jüdischen Siedlergruppen oder in reaktionären christlichen Zirkeln. Die Religionen und ihre Repräsentant/-innen
können solchen ausufernden Mechanismen am besten entgegen-
arbeiten, indem sie sich selbst und dem Staat gegenüber deutlich
machen, dass der religiöse Handlungsanspruch nicht sofort kor-
rumpiert sein muss, nur weil er sich selbst zu begrenzen hat.
Auch wenn das Christentum nicht mehr per Obrigkeitsentscheid
Politik beeinflusst, so kann es und muss es in postmodernen Gesellschaften für die eigenen Überzeugungen werben. Das aber
hilft auch den Religionen, nochmals in einen kritischen Selbstver-
gewisserungsprozess einzutreten. Dass das Grundrecht auf Religionsfreiheit beispielsweise auf dem Nährboden des jüdisch-christlichen Weltbildes gewachsen ist, lässt sich historisch aufzeigen.
Dennoch war es ein langer Weg für die katholische Kirche, sich
das Grundrecht der Religionsfreiheit zu eigen zu machen, der
schließlich erst in der Erklärung *Dignitatis humanae* auf der
Schlusssitzung des 2. Vaticanum (07.12.1965) einen wichtigen
Höhepunkt gefunden hat. Für den Islam hieße dies – um ein anderes Beispiel zu nennen –, dringend die Frage zu klären, wie er
die Gleichberechtigung von Frauen und Männern, die für den demokratischen Rechtsstaat unverrückbar gilt, einlöst oder auch
möglichst schnell deutlich zu machen, dass die Rechtsvorstellun-
gen des Islam nicht über das Grundgesetz zu stellen, sondern so
auszuhandeln und auszugestalten sind, dass sie den demokratischen Prinzipien entsprechen.

4. Indem Religionen den Staat darauf aufmerksam machen und dies auch einfordern, dass sie trotz ihres Sonder-, manchmal auch trotz ihres Minderheitenstatus das Recht auf Teilhabe an allen Bereichen der Gesellschaft haben, helfen sie dem Gemeinwesen, die Sensibilität für die Ansprüche anderer, v. a. diskriminierter Gruppen auszubilden und zu schärfen.[14] Man könnte mit anderen Worten sagen, dass der Staat an den Religionsgemeinschaften lernt, dass und wie er allen Einzelnen, aber auch den unterschiedlichen Gruppen die „uneingeschränkte soziale Zugehörigkeit"[15] ermöglicht. Der religiöse Pluralismus könnte dem Staat so vor Augen halten, dass es nicht reicht, Verteilungsgerechtigkeit zu praktizieren, auch wenn das schon enorm viel ist und die sozialen Konflikte – wie gesagt – ein gewaltiger Faktor sind, Zusammenleben in Verschiedenheit zu verunmöglichen. Der religiöse Pluralismus könnte dem Staat aber darüber hinaus zeigen, wie unverzichtbar es ist, Minderheiten – religiöser, geschlechtlicher, ethnischer Art – den Anspruch auf Teilhabe zuzuerkennen und diesen konkret einzulösen. In diesem Sinn ist der religiöse Pluralismus Schrittmacher für die Optimierung der Teilhabemöglichkeiten aller – oder kann dies zumindest sein.

5. Fünftens schließlich und das ist wohl der größte und wichtigste Beitrag, den die Religionen in diesen Aushandlungsprozessen leisten müssen, gilt es deutlich zu machen, dass die Religionen niemals zu Ausgrenzungszwecken missbraucht werden dürfen. So sehr es – ohne Zweifel – ein Innen und Außen der Religionen gibt, so wenig heißt das, dass der Andere deshalb abzuqualifizieren oder gar auszumerzen ist.

Ein abschließendes Fazit: Wider die Segmentierung der Gesellschaft

Die größte Versuchung, der postmoderne Gesellschaften zurzeit ausgesetzt sind, ist diejenige, die durch den Religionsplural erzeugte Konflikte einseitig und damit unterkomplex aufzulösen, indem man bestimmte Religionsgruppen für sie verantwortlich macht. Als Bürger/-innen leben wir aber in ein und derselben Gesellschaft. Wir

---

[14] Vgl. ebd., 274.
[15] Ebd., 275.

tun dies als Christ/-innen, Muslim/-innen, Jüd/-innen als Religions-
lose oder anderen Weltanschauungen Angehörende. Wer anfängt, zu
segmentieren, auszugrenzen, abzugrenzen, der hat verloren. Die
Segmentierung unserer Gesellschaft ist nicht die Lösung, sondern
das Problem. Die Religionen dürfen solchen Menschen und Mechanismen nicht das Feld überlassen. Die gesellschaftlichen und politischen Verantwortungsträger/-innen aber auch nicht.

„Schaffen wir das?"
Empirische Daten zur interkulturellen und interreligiösen Toleranz der Europäer und der Deutschen

Matthias Sellmann, Bochum

In einem für die Disziplin grundlegenden Beitrag hat Karl Rahner der Pastoraltheologie die Aufgabe zugeschrieben, Gegenwartsanalysen vorzulegen, die die planerische Selbstbestimmung der Kirche in die Zukunft hinein rationalisieren.[1] Da eben nicht geoffenbart sei, wie Praxis zu deuten ist, bedarf es der methodisch kontrollierten Zufuhr nicht-geoffenbarten, eben: empirischen Wissens. Ausgerüstet mit Empirie können jene Deutungen vorgenommen und zu Strategien konkretisiert werden, auf die niemand verzichten kann, der Freiheit auch als ihren tätigen und verantworteten Vollzug versteht. Will Kirche sein, was sie sein soll, bedarf sie solchen Wissens einer, wie Rahner es in den frühen Jahren seiner Befassung mit Pastoraltheologie markiert, existentialen Kosmologie.

Ohne Frage soll Kirche für ihre jeweilige gesellschaftliche Situation eine Trägerin von Versöhnungs- und Dialogkraft sein – und dies je deutlicher, je fremder die Bewohner einander werden. Damit sie auch hier sein kann, was sie sein soll, muss nüchtern identifiziert werden, was es hieße, so zu werden. Hierzu braucht es empirisches Wissen. Wie stellt sich die Datenlage dar, fragt man nach der interkulturellen und interreligiösen Toleranz der Deutschen beziehungsweise der Europäer? Ist das sogenannte ‚Christliche Abendland', das bestimmte Kräfte gerade wegen seiner religiösen Markierung vor nicht-christlichen Einflüssen zu schützen versuchen[2], auch ein ‚Jüdi-

---

[1] Vgl. Karl Rahner, „Die praktische Theologie im Ganzen der theologischen Disziplinen", in: ders., *Schriften zur Theologie VIII*, Benzinger Verlag, Einsiedeln/Zürich/Köln 1967, S. 133–149 (aufgenommen in: *Sämtliche Werke*, Bd. 19, Herder, Freiburg i. Br. 1995, S. 503–515).

[2] Gemeint ist die PEGIDA-Bewegung. Vgl. jetzt: Alexander Yendell, Oliver Decker, Elmar Brähler, „Wer unterstützt PEGIDA und was erklärt die Zustimmung zu den Zielen der Bewegung", in: *Die enthemmte Mitte. Autoritäre und rechtsextreme Einstellung in Deutschland*, hg. von Oliver Decker, Johannes Kiess und Elmar Brähler, Psychosozial Verlag, Gießen 2016, S. 137–152. Sowie: Thorsten

sches Abendland', insofern als es die berühmte identitätsstiftende
Formel aus der „Bibel in der Bibel", dem Kern des Heiligkeitsgeset-
zes im Buch Levitikus[3] in Politik und Versprechen umsetzt? Und gibt
es Erkenntnisse darüber, ob die christliche Konfession einen Unterschied ausmacht in Sachen Fremdenfreundlichkeit und humaner
Nachbarschaftlichkeit?

Man muss nicht lange darüber streiten, dass die Antwortsuche
auf solche Fragen einen Paradefall der rahnerschen Aufgabenbestim-
mung für eine praktische Theologie darstellt. Schließlich hat er in
vollem Maß gesehen, was mit einer auf Offenbarung gepolten Theologie geschieht, wenn sie erkennt, dass für ihre Handlungsempfeh-
lungen genau jene Offenbarungserkenntnis zwar notwendig, aber
nicht hinreichend ist. Diese Umstellung des Spiels, diese Neuzuwei-
sung einer nicht eingeübten Rolle kann für Theologie und Kirche
„unheimlich"[4] sein, weil Manipulation, Vorläufigkeit und Interes-
senpolitik in die Theologie einziehen. Aus der Komfortzone des au-
topoietisch und damit kontrollierbar gewonnenen exegetischen, historischen und dogmatischen Eigenwissens kommt man in die offen
kontingenten Niederungen empirischer Datenfelder.

Und diese Flanke ist gegenwärtig weit geöffnet für gesicherte
Unkenntnis, Datenmanipulation und trendhaftes Schwanken von
Meinungen, wenn es um das Thema der interkulturellen Beziehungen geht. Europa erlebt im Angesicht einer Migrations- und
Fluchtwelle nicht gekannten Ausmaßes eine historische Bewäh-
rungsprobe seines eigenen normativen Projektes. Und dies wirkt
sich aus in allem, was Sozialforschung fassen kann. Wer im Augen-
blick behauptet, er könne mehr als Momentaufnahmen zum Zustand der interkulturellen Toleranz der europäischen Aufnahmeländer liefern, der behauptet viel. Als zu groß muss vor allem die
symbolpolitische Durchdringung der einzelnen Bevölkerungen an-

---

Mense, Frank Schubert, Gregor Wiedemann, „Von ‚besorgten Bürgern' zu
Widerstandskämpfern? – PEGIDA und die neue Rechte", in: ebd., 179–200.

[3] „Der Fremde, der sich bei euch aufhält, soll euch wie ein Einheimischer gelten
und du sollst ihn lieben wie dich selbst; denn ihr seid selbst Fremde in Ägypten
gewesen."

[4] Karl Rahner, „Zur theologischen Problematik einer ‚Pastoralkonstitution'", in:
ders., *Schriften zur Theologie VIII*, Benzinger Verlag, Einsiedeln/Zürich/Köln
1967, S. 613–636, hier: S. 629 (aufgenommen in: *Sämtliche Werke*, Bd. 21/2, Herder, Freiburg i. Br. 2013, S. 904–922).

gesehen werden, als dass man als Forscher/in im Moment genauer wissen könnte, was wirklich gedacht wird. Pointierter: Wo ein Papst als erste Auslandsreise seines Pontifikates die Insel Lampedusa besucht, um seine Solidarität mit den Geflüchteten zu erklären; wo das „Wir schaffen das" der deutschen Kanzlerin die Oppositionen zusammenführt, die Koalition der christlich-demokratischen Schwesterparteien aber zu zerreißen droht; wo ein so traditionell katholisch geprägtes Land wie Polen äußert, gerade wegen seiner christlichen Kultur könne es nur christlich bekennende Geflüchtete aufnehmen; wo sich ein Bamberger Erzbischof Hasstiraden der AfD im Web gegenübersieht, weil er sich auch einen Bundespräsidenten muslimischen Glaubens vorstellen könne; und wo ein Kölner Dompropst die Beleuchtung des Doms verweigert, wenn islamfeindliche Kräfte an ihm vorbeiziehen wollen – da zeigt sich die enorme Emotionalisierung des Forschungsfeldes genauso wie seine zutiefst religionsspezifische Prägung. Ganz offenbar ist das religiöse Bekenntnis nicht nur ein wichtiger Auslösefaktor der interkulturellen Großkrise, sondern auch Teil der Schwierigkeit wie der Fantasie des Krisenmanagements.[5]

Die Empirie schillert, wenn Großereignisse wie der Flüchtlingsandrang die Hysterie-Mechanismen moderner Medien in Gang setzen. Statistiken zum Thema Migration, Toleranz und ‚Populismus' sind in der unmittelbaren Zeit nach dem Wahlsieg Donald Trumps – und in diese Zeit fällt die Abfassung dieses Beitrages – hochgradig interpretationsbedürftig.

Der folgende Beitrag beansprucht daher ebenfalls nicht mehr zu sein als das Angebot einer Momentaufnahme. Seine Dienstleistung ist die Lieferung aktueller empirischer Daten zur Lage der interkulturellen und interreligiösen Toleranz der Deutschen; dies wird ergänzt durch einige Seitenblicke auf die umliegenden europäischen Nationen. Im Einzelnen werden vorgestellt:

– Einige aktuelle Zahlen zu Flucht und religiöser Pluralisierung in Deutschland und Europa (1.)
– Einige Beobachtungen zur politischen Polarisierung Europas in Form des Anstiegs populistischer Parteien und Persönlichkeiten (2.)

---

[5] Beachte, dass alle genannten Beispiele auf christlich-religiöse Akteure abheben.

- Die Ergebnisse einer Umfrageserie zu rechtsextremen Einstellungsmustern und ihren Implikationen des Antisemitismus, Antiislamismus und Antiziganismus (3.)
- Ein kurzer Blick auf jugendsoziologische Ergebnisse zum Thema (4.)
- Die Ergebnisse politologischer Milieuforschung zu Entwicklungen der ‚Mitte' in Deutschland (5.).

1. Das Szenario: Zahlen zu Flucht und religiöser Pluralisierung in Deutschland und Europa

Die Zahl der in Deutschland gestellten Anträge steigt seit 2007/2008 erkennbar an, nachdem sie bis in die Mitte der 1990er Jahre zurückging. Ein Höchstwert wird 2016 erreicht: Das Bundesamt für Migration und Flüchtlinge zählte zwischen Januar und September 2016 657.855 Erst- und Folgeanträge auf Asyl. Im ganzen Jahr 2015 waren es 476.649 Menschen. Zum Vergleich: Im Jahr 2008 waren es etwa 30.000 Anträge. Zu beachten ist, dass die reale Zahl geflüchteter Menschen in Deutschland noch höher sein wird, da diese Zahlen den Zwischenzeitraum zwischen Ankunft in Deutschland und der Abfassung des Asylantrages nicht erfassen. So registriert die offizielle Aufnahmesoftware EASY von Januar bis Dezember 2015 etwa 1,1 Mio Zugänge von Asylsuchenden.[6] Die meisten Antragsteller, etwa 3/4 kamen 2015 aus Syrien, Afghanistan und Irak. Hiernach sind Iran, Pakistan, Eritrea, Albanien, Kosovo, Mazedonien und Serbien die dominanten Fluchtländer. Etwa 2/3 dieser 1,1 Mio Menschen sind männlich, und etwa 70 % sind unter 30 Jahre alt.[7]

Insgesamt hatten in Deutschland im Jahr 2015 etwa rund 17,1 Millionen Menschen in Deutschland einen Migrationshintergrund. Das sind mit mehr als 20 % der Gesamtbevölkerung, mehr als je zuvor.[8]

---

[6] In dieser Zahl sind allerdings Doppel- und Fehlregistrierungen enthalten.

[7] Die Zahlen sind dem Informationsangebot der Bundeszentrale für politische Bildung entnommen. Vgl. unter http://www.bpb.de/politik/innenpolitik/flucht/218788/zahlen-zu-asyl-in-deutschland (11.11.2016).

[8] So die Pressemitteilung des Statistischen Bundesamtes vom 16.9.2016: https://www.destatis.de/DE/PresseService/Presse/Pressemitteilungen/2016/09/PD16_327_122.html (11.11.2016)

Weitet man die Perspektive auf den europäischen Raum, so lebten am 1. Januar 2015 34,3 Millionen Menschen in einem EU-Mitgliedstaat, die außerhalb der EU-28 geboren wurden, und 18,5 Millionen Menschen, die in einem anderen EU-Mitgliedstaat als ihrem Wohnsitzmitgliedstaat geboren wurden. „In absoluten Zahlen betrachtet hielten sich am 1. Januar 2015 die meisten Nichtstaatsangehörigen, die in den EU-Mitgliedstaaten lebten, in Deutschland (7,5 Millionen), dem Vereinigten Königreich (5,4 Millionen), Italien (5,0 Millionen), Spanien (4,5 Millionen) und Frankreich (4,4 Millionen) auf. Auf diese fünf Mitgliedstaaten zusammen entfiel somit ein Anteil von 76 % aller in den EU-Mitgliedstaaten lebenden Nichtstaatsangehörigen, während der Anteil dieser fünf Mitgliedstaaten an der Gesamtbevölkerung der EU 63 % betrug."[9] Rechnet man allerdings für das Jahr 2015 die Zahl der Asylbewerber auf die Bevölkerungszahl um, so können Ungarn und Österreich sowie die skandinavischen Länder Schweden, Finnland und Norwegen als die aufnahmewilligsten Länder gelten.[10] Ein Seitenblick auf die globale Lage bringt die wichtige Erkenntnis, dass die Hauptaufnahmeländer gerade nicht die europäischen Nationen sind. Wie die Büroleiterin des Präsidenten des Bundesamtes für Migration und Flüchtlinge, Katrin Hirseland, jüngst publizierte, findet der „weitaus größte Teil der Flüchtlinge (…) Zuflucht in armen Regionen, deren ökonomische und soziale Rahmenbedingungen für die Unterstützung einer großen Zahl von Flüchtlingen sehr viel schlechter sind als die der Industriestaaten."[11] Als migrationspolitische Hauptthemen gelten gemäß dem Politikbericht der Deutschen Nationalen Kontaktstelle für das Europäische Migrationsnetzwerk (EMN) aus dem Jahr 2015 „Willkommensinitiativen und Unterstützungsnetzwerke für Schutzsuchende, Übergriffe auf und fremdenfeindliche Stimmungsmache gegen Schutzsuchende und ihre Unterkünfte, Migranten und Muslime,

---

[9] Vgl. http://ec.europa.eu/eurostat/statistics-explained/index.php/Migration_and_migrant_population_statistics/de#Statistiken_zu_Wanderungsstr.C3.B6men_und_Migrantenbev.C3.B6lkerung (Stand: 11.11.2016).

[10] Vgl. https://www.proasyl.de/thema/fakten-zahlen-argumente/ (11.11.2016).

[11] Katrin Hirseland, „Flucht und Asyl: Aktuelle Zahlen und Entwicklungen", in: *Aus Politik und Zeitgeschichte* 25 (2015), S. 17–25. So kam allein der Libanon im Jahr 2014 auf 257 Geflüchtete pro 1.000 Einwohner; vgl. ebd., 18. Zum Vergleich: Deutschland käme für 2014 auf den Wert von 2,5; vgl. ebd., 20.

Grenzkontrollen, Grenzsicherung, Grenzschließung und Obergrenzen, Verschärfung des Asylrechts für einzelne Herkunftsgruppen
und Erleichterungen für andere sowie die Integration von Schutz-
suchenden in die deutsche Gesellschaft. (…) [Außerdem, MS]
nimmt der Bericht auch Bezug auf Maßnahmen, die die Bundesrepublik Deutschland zur Umsetzung des Gesamtansatzes für Migration und Mobilität, der EU-Strategie zur Bekämpfung des Men-
schenhandels sowie der Europäischen Agenda zur Integration von
Drittstaatsangehörigen getroffen hat."[12]

Was sich hier in nüchterner Amtssprache ausdrückt, hat in der
populären Debatte ganz andere Schlagworte. „Festung Europa",
„Kollaps des Dublin-Systems", „Massengrab Mittelmeer", „Sackgas-
se Balkanroute", der „Dschungel von Calais", der „Türkei-Deal", die
„Austrocknung der Schlepperwege", „das Wegducken potenzieller
Aufnahmeländer" usw. Stellvertretend für viele brandmarkte die au-
ßen- und menschenrechtspolitische Sprecherin der Grünen im Europäischen Parlament Barbara Lochbihler im Wochenblatt DIE
ZEIT die europäische Migrationspolitik als „Schande": Europa sei
dabei, sein humanistisches Erbe zu verspielen.[13]

Genau dies ist natürlich die Frage: Wer definiert, was das normative Erbe Europas ist? Und selbst, wenn man im Label ‚humanis-
tisch' übereinkommt – wie kommt man auch zu dem Konsens,
über welche politischen Maßnahmen man diesem Ideal entspricht?
Blickt man auf den unübersehbaren Erfolg sogenannter populistischer Parteien in Europa, kann man kaum anders als zu dem Schluss
kommen, dass die Ängste vor kultureller Überfremdung schlicht als
groß zu kennzeichnen sind.

---

[12] http://www.bamf.de/SharedDocs/Anlagen/DE/Publikationen/EMN/Politikberich
te/emn-politikbericht-2015-germany.html ; vgl. den ganzen Bericht unter http://
www.bamf.de/SharedDocs/Anlagen/DE/Publikationen/EMN/Politikberichte/emn-
politikbericht-2015-germany.pdf;jsessionid=D8267BCC6A37357114FC08F9A7996
DB0.1_cid359?__blob=publicationFile (11.11.2016).
[13] Barbara Lochbihler, „Wie Europa sein humanistisches Erbe verspielt. Das Mittelmeer wird erneut zum Massengrab für Tausende Flüchtlinge. Die Politik aber
schweigt und baut Europa weiter zur Festung aus. Eine Schande!" in: *Die Zeit*
vom 5.6.2016 online im www unter http://www.zeit.de/politik/2016-06/fluecht-
linge-europa-humanismus-fluechtlingspolitik-menschenrechte (11.11.2016); vgl.
auch die Jahreschronik von PRO ASYL unter https://www.proasyl.de/hinter-
grund/schlaglichter2015/ (11.11.2016).

2. Der rechte Flügel im ‚Christlichen Haus Europa': Der unübersehbare Aufstieg der sog. „Rechtspopulisten"

Nicht erst seit dem klaren Wahlsieg des Republikaners Donald Trump bei der US-Präsidentschaftswahl 2016 ist klar: Populistische Politik kann auf ansteigende Wählerzustimmung hoffen. Bedient man die typischen Merkmale, die in der Politikwissenschaft die Bezeichnung ‚populistisch' rechtfertigen, erzielt man, betrachtet man die einschlägigen Entwicklungen in verschiedenen Ländern, deutliche Erfolge. „Populismus zeichnet sich durch folgende Merkmale aus: Berufung auf den *common sense,* Anti-Elitarismus, Anti-Intellektualismus, Antipolitik, Institutionenfeindlichkeit sowie Moralisierung, Polarisierung und Personalisierung der Politik."[14] Unterschieden wird in Identitäts- und Protestpopulismus: Der erste Typ mobilisiert Wählerloyalität auf ein bestimmtes, als Unterdrückung kommuniziertes Mono-Thema hin: Großbauten, industrielle Modernisierungen, Steuergesetze u. a. Der zweite, wesentlich überlebensfähigere Typ, baut in eine positiv ausformulierte Identitätsidee – des Volkes, der Nation, der Tradition, des Blutes usw. – eine Bedrohung durch „Andere" ein, die „die Identität" vorgeblich unterwandern, verwässern, diskriminieren usw.[15]

Einzelne prominente politikwissenschaftliche Stimmen weisen darauf hin, dass auch die unabweisbaren Wahlerfolge solcher oft radikal antidemokratischen Populismen im Sinne von Demokratie zu deuten sind: „Der Erfolg dieses Politiker zeigt, dass es offenbar viele Bürger gibt, die das Repräsentationsangebot dieser Akteure für überzeugend halten. Wir können nicht automatisch davon ausgehen, dass alle Wähler populistischer Parteien auch antipluralistische Einstellungen haben – auch wenn es dafür aufgrund politikwissenschaftlicher Untersuchungen einige Anzeichen gibt. Vielmehr sollte man prinzipiell akzeptieren, dass die Politikangebote von Populisten auch legitime Anliegen von Bürgern abdecken."[16]

Ohne Frage kann auch für Europa ein Voranschreiten rechts-

---

[14] Karin Priester, „Wesensmerkmale des Populismus", in: *Aus Politik und Zeitgeschichte* 5–6 (2012), S. 2–8, hier: S. 4. Vgl. das ganze Heft zum Thema.
[15] Vgl. ebd., 6 f.
[16] So jüngst aus Princeton Jan-Werner Müller, „Populismus. Symptom einer Krise der politischen Repräsentation?", in: *Aus Politik und Zeitgeschichte* 40–42

populistischer Wahlerfolge beobachtet werden. Und folgt man dem eben dargebotenen Zitat, lässt dies Rückschlüsse auf Wahrnehmungen, Bedarfe und Politikbereitschaften der europäischen Bevölkerungen zu, die in deutlicher Abwertung interkulturellen Zusammenlebens bestehen.

Wie ein Symbol kann etwa der Zusammenschluss von sieben populistischen Parteien zu einer gemeinsam kampagnenfähigen Fraktion im Europaparlament nach der Wahl von 2014 bewertet werden. Das Bündnis heißt „Europa der Nationen und der Freiheit" (ENF) und bestand bei ihrer Gründung aus folgenden Parteien: Front National (Frankreich), Freiheitliche Partei Österreichs, Lega Nord (Italien), Vlaams Blok/Vlaams Belang (Belgien), Partij voor de Vrijheid (Niederlande), Kongres Nowej Prawicy (Polen) und Partidul Conservator (Rumänien).[17]

Die Erfolge bei der Europawahl sind mehr als ansehnlich und lassen keineswegs das Bild von nationalen Splitterparteien zu. Auch schließen sich weitere Abgeordnete an – z. B. Janise Atkinson von der britischen United Kingdom Independence Party (UKIP) – bzw. sympathisieren offen mit deren Anliegen. Dieser Befund verstärkt sich, nimmt man die jeweils nationalen Wahlergebnisse hinzu. So wählten 24,8 % die Front National und ihre bekannte Protagonistin Marine Le Pen in das Europaparlament; in Österreich kam die FPÖ auf annähernd 20 %; die Partei des ebenfalls sehr bekannten Geert Wilders – dem Nachfolger der Lijst Pim Fortuyn – kam auf 13 % und das Rechtsbündnis Rumäniens sogar auf 37,6 %.[18] Das Bündnis umfasst 39 Abgeordnete und ist damit klein. Bedeutend ist aber die Tatsache des europaweiten Zusammenschlusses unter der Vorsitzenden Le Pen. Eine wichtige einigende Klammer dieses Bündnisses ist ihr Anti-Islamismus.

Für Deutschland ist der bemerkenswerte Aufstieg der „Alternative für Deutschland" (AfD) zu nennen. Ihr Europaabgeordneter

---

[17] (2016), S. 24–29, hier: S. 28; vgl. das ganze Themenheft zur Krise der demokratischen Repräsentation.

[17] Vgl. http://www.spiegel.de/politik/ausland/europaparlament-sieben-rechte-parteien-gruenden-neue-fraktion-a-1039089.html (24.11.2016). Eine Zusammenfassung (allerdings vor der Wahl 2014) bietet www.bpb.de/politik/extremismus/rechtsextremismus/41224/europas-rechtsparteien-auf-dem-vormarsch

[18] Zahlen unter www.Nsd.uib.no/european_election_database/election_types/ep_elections/iundex.html (24.11.16).

Marcus Pretzell ist inzwischen ebenfalls Mitglied der ENF. Aus dem Stand, also im Zuge ihrer ersten Beteiligung an Wahlen, kam die AfD bekanntlich in bestimmten Landesparlamenten wie Mecklenburg-Vorpommern (20,8 %), Baden-Württemberg (15,1 %) oder Sachsen-Anhalt (24,3 %) auf sehr hohe Zustimmungswerte.[19]

3. Die Ergebnisse einer Umfrageserie zu rechtsextremen Einstellungsmustern und ihren Implikationen des Antisemitismus, Antiislamismus und Antiziganismus

Eine bedeutende, wenn auch nicht unumstrittene Empirie zum Thema liegt in den Leipziger „Mitte-Studien" vor. Hierbei handelt es sich um ein Forschungspanel, das bereits seit 2002 durch die Universität Leipzig durchgeführt wird. Alle zwei Jahre veröffentlicht die einschlägige Arbeitsgruppe ihre Repräsentativerhebungen zu rechtsextremen Einstellungsmustern in Deutschland. Damit ist eine Datenreihe verfügbar, die die jüngste Entwicklung in den Blick zu nehmen erlaubt.[20]

Sicher ist erklärungsbedürftig, warum die Forscher zwar repräsentativ alle Segmente der deutschen Wohnbevölkerung beforschen, in Studienreihe und Buchtitel aber von der „Mitte" sprechen. Definiert wird sie wie folgt: „Wir beschreiben sie [die Mitte, MS] hier eher als normbildende Mehrheit einer Gesellschaft, als jenen Großteil in einer Gesellschaft, der maßgeblich an der politischen und demokratischen Willensbildung beteiligt ist oder sein kann. (…) Aus

---

[19] https://de.statista.com/statistik/daten/studie/320946/umfrage/ergebnisse-der-afd-bei-den-landtagswahlen/ (24.11.16).

[20] Alle Studien sind gelistet in O. Decker, J. Kiess, E. Brähler, *Die enthemmte Mitte*, 245 f. Zur Geschichte der Reihe vgl. ebd., 14–19; zur Anlage der Studie 2016 vgl. ebd., 23–28. Die „Mitte"-Studien sind nicht unumstritten – was angesichts ihres Themas auch wenig verwundert. Bestritten wird weniger die Messung von Werten als die zugrundeliegende These, der Rechtsextremismus gehe mehr von der Mitte als von den extremen Rändern aus; vgl. zur Einordnung nur die kritische Position von Viola Nue, Sabine Pokorny, „Ist ‚die Mitte' (rechts)-extremistisch?", in: *Aus Politik und Zeitgeschichte* 40 (2015), S. 3–8. Für diesen Beitrag ist weniger diese Frage entscheidend als vielmehr die Möglichkeit, einen deutlichen Einstellungswandel seit 2006 mit der gegebenen Zeitreihe der Leipziger Studien dokumentieren zu können.

jahrelangen Studien wissen wir, dass sich die Mehrheit der Deutschen selbst als Mitte bezeichnen, wenn es etwa um ihre politischen Ausrichtungen geht."[21] Eine solche als stabil und als kollektiv akzeptiert empfundene Mitte ist ein Kennzeichen der Nachkriegsgesellschaft in Deutschland und wird langläufig als eine ihrer Haupterrungenschaften kultureller, aber auch ökonomischer und politischer Stabilität angesehen.[22] Die deutsche Mitte – sicher auch Inbegriff von preußischer Obrigkeitsmentalität und spießbürgerlicher Grundbehaglichkeit, andererseits aber auch Garant für solide demokratische Grundwerte und politische Kontinuität. Allerdings: Schon seit längerer Zeit wird soziologisch berichtet, dass in dieses Bild deutliche Differenzierungen einzutragen sind. So beobachtet der Lebensweltforscher Carsten Wippermann, dass das große und ausgleichende Milieu der „Bürgerlichen Mitte" seit einigen Jahren unter deutlichen Distinktionsdruck geraten ist, der durch verstärkte Signale der Abgrenzung gegenüber der unteren Mitte und der Unterschicht ausagiert wird. Unsicherheitsängste, Überforderungserleben und Bedrohungsgefühle nehmen signifikant zu und führen zum Zweifel an dem für die bundesdeutsche Gesellschaft in den letzten Jahrzehnten prägenden Narrativ der „Normalität" und des „Aufstiegs der Fleißigen". Es kommt insgesamt zu einer Gabelung (Bifurkation), Pluralisierung und auch Schrumpfung der ‚Mitte'.[23]

Diese neue Fragilität wird durch den Zustrom von Flüchtlingen in erheblicher Weise herausgefordert. Der Politikwissenschaftler Herfried Münkler – ohnehin in zahlreichen Veröffentlichungen ein Analytiker der soziodemografischen, aber auch der geopolitischen

---

[21] Andreas Zick, Anna Klein: „Fragile Zustände", in: *Fragile Mitte – Feinselige Zustände. Rechtsextreme Einstellungen in Deutschland 2014*, hg. von Andeas Zick und Anna Klein, Dietz, Bonn 2014, S. 12–23, hier: S. 16.

[22] Verwiesen sei nur auf den sog. „Mittelstand" als Arbeitsplatzfaktor und Wirtschaftsmotor Nummer 1 in Deutschland; auf die im europäischen Vergleich sehr unspektakulären Aushandlungsroutinen von Lohntarifen; oder auf die ebenfalls im internationalen Vergleich wirklich seltenen Regierungskrisen aufgrund sehr vorhersehbaren Wahlverhaltens. Gerade als Label fungierte lange Jahrzehnte die von Helmut Schelsky analysierte „nivellierte Mittelstandsgesellschaft" Deutschland; vgl. Helmut Schelsky, „Gesellschaftlicher Wandel", in: ders., *Auf der Suche nach der Wirklichkeit. Gesammelte Aufsätze*, Goldmann, Düsseldorf/Köln 1965, S. 337–351.

[23] Vgl. Carsten Wippermann, *Milieus in Bewegung. Werte, Sinn, Religion und Ästhetik in Deutschland*, Echter, Würzburg 2011, S. 28–41.

Mitte Deutschlands – hat jüngst eine kurze Historie dieser Überforderung entwickelt.[24] Nach Münkler waren es europäische Prozesse, die zur innenpolitischen Krise geführt haben: Den Anfang machten die Bankenkrise und die Organisation der Rettungsschirme, die vor allem für die südeuropäischen Länder zu zahlen waren – hier konnte das Signal nach innen nicht vermieden werden, dass Deutschland weiterhin wegen seiner Kriegsvergangenheit verwundbar war und die alte eher diskrete Zahlmeister-Europas in eine unpopuläre Kombination als Zahl- und Zuchtmeisterrolle einzutauschen hatte. Hiernach folgte die Krim-Krise, die erstmals offenbarte, dass Deutschland zwar eine Führungsrolle spielt, ihr aber im Konfliktfall von den europäischen Nachbarn nicht gefolgt wird. Beide Effekte: Gefühlte Zahlungsüberforderung und eine Führungsverpflichtung ohne effektive Kampagnenfähigkeit kennzeichneten dann die dritte Europa-Krise, die der massenhaften Zuwanderung ab dem Sommer 2015. Vor die Wahl gestellt, die Grenzen zu schließen und damit den Schengen-Raum zu opfern sowie die brüchigen Regierungen der Balkan-Länder zum Stauraum hunderttausender von Migranten zu machen, oder die Grenzen gegen das Dublin-III-Abkommen zu öffnen, sprach Kanzlerin Merkel ihr bekanntes „Wir schaffen das!" und ließ den Zustrom zu.

Dies stieß zunächst auf eine positive Stimmung im Land. Als sich aber ab Herbst 2015 zeigte, dass eine gesamteuropäische Lösung den nationalen Agenden geopfert werden würde; als der Zustrom gefühlt und real immer mehr anschwoll; als die ehrenamtlichen Kräfte erschöpft waren; als die konservativen Kräfte Obergrenzen forderten; vor allem aber, als die Silvesternacht in Köln zum Symbol für die Unterschiedlichkeit und sogar Gefährlichkeit des interkulturellen Zusammenlebens stilisiert werden konnte – da kippte die Mitte von einer humanitären Liberalität in eine offenere Konfliktbereitschaft.

Dieser Wandel ist deutlich in den Zahlen der 2016er-Studie ablesbar. Neben der Momentaufnahme der Erhebung sind allerdings bestimmte Strömungen zu beachten, die ein differenziertes Urteil erlauben.

Zunächst aber zu den Zahlen. Der Leipziger Fragebogen ermittelt eine potenzielle rechtsextreme Einstellung über folgende Dimensio-

---

[24] Vgl. Herfried Münkler, „Die Mitte und die Flüchtlingskrise: Über Humanität, Geopolitik und die innenpolitischen Folgen der Aufnahmeentscheidung", in: *Aus Politik und Zeitgeschichte* 14–15 (2016), S. 3–8.

nen: Befürwortung einer rechtsextremen Diktatur, Chauvinismus, Ausländerfeindlichkeit, Antisemitismus, Sozialdarwinismus und Verharmlosung des Nationalsozialismus. Jede dieser Dimensionen fußt auf 3 Items, die in einer Range von 1 („lehne voll und ganz ab") bis 5 („stimme voll und ganz zu") beantwortet werden kann.[25] Ergänzend werden weitere Skalen verwendet, unter anderem auch die zur „gruppenbezogenen Menschenfeindlichkeit" zur Wahrnehmung von Muslimen, Sinti und Roma, Flüchtlingen und Homosexuellen. Die Stichprobenziehung entspricht den gängigen Standards der statistischen Repräsentativität.

Hier interessieren nicht die im engeren Sinne auf Rechtsextremismus abhebenden Ergebnisse, wohl aber ihre Implikationen zur Interkulturalität. Diese zeigen ein ernüchterndes Bild:[26] Mehr als 25 % aller Deutschen findet, man solle bei Arbeitsplatzmangel die Ausländer wieder in ihre Heimat zurückschicken. Fast ein Drittel im Westen und fast 40 % im Osten Deutschlands unterstellen Ausländern, nur den Sozialstaat auszunutzen. Jeder Dritte sieht die Bundesrepublik in gefährlichem Maß überfremdet.

Sehr ähnlich im Ost/West-Maßstab fallen die Antworten in der Dimension ,Antisemitismus' aus. Jeweils etwa 10 % sehen „auch heute noch" einen zu großen Einfluss der Juden; diese arbeiteten mehr als andere „mit üblen Tricks", seien schlicht eigentümlich und „passen nicht so recht zu uns". Gut 12 % der Deutschen finden, man sei als Deutscher „anderen Völkern von Natur aus überlegen".

Insgesamt können in Gesamtdeutschland über 20 % als ausländerfeindlich und 4,8 % als antisemitisch gelten. Bezogen auf die Kirchenzugehörigkeit ergibt sich keine Differenzierung in Sachen Rechtsextremismus, übrigens ebenso wie bei einer Gewerkschaftszugehörigkeit. Katholiken sind sogar leicht überrepräsentiert in den Dimensionen „Ausländerfeindlichkeit" mit 22,7 % und Antisemitismus mit 5,5 %.[27]

Geht der Blick in Richtung Anti-Islamismus und Anti-Ziganismus, so sind die Ergebnisse der Skalen zur gruppenbezogenen Men-

---

[25] Der Fragebogen mit 18 Items ist nachlesbar bei O. Decker, J. Kiess, E. Brähler, *Die enthemmte Mitte*, 30 f.

[26] Vgl. zum Folgenden ebd. 31–36. Die Zahlen addieren jeweils, wer mit den Werten „stimme voll zu" bzw. „stimme überwiegend zu" geantwortet hat.

[27] Ebd., 42.

schenfeindlichkeit zu konsultieren. Der von der Gruppe um Wilhelm Heitmeyer erarbeitete Fragebogen misst die Vorurteile gegenüber bestimmten Gruppen.[28] Hier ergeben sich folgende einschlägige Werte:[29] Das Statement „Muslimen sollte die Zuwanderung nach Deutschland untersagt werden" wird 2009 von 21,4 % der Deutschen befürwortet. 2016 sind es 41,4 %. Im Jahr 2009 fühlen sich 32,2 % der Deutschen wegen der vielen Muslime „manchmal wie ein Fremder im eigenen Land". Der Wert liegt 2016 bei 50 %. 80,9 % befürworten, dass der Staat Asylanträge nicht zu großzügig prüfen solle und fast 60 % bestreiten, dass Asylbewerber sich zu Recht zuhause verfolgt fühlen können. Sinti und Roma sollten gemäß fast 50 % der Deutschen „aus den Innenstädten verbannt werden"; dass sie zur Kriminalität neigen, empfinden 58,5 %; und die Aussage „Ich hätte Probleme damit, wenn sich Sinti und Roma in meiner Gegend aufhalten" bejahen 57,8 %. Alle Werte zum Antiziganismus steigen seit 2011 an.

Nur zum Vergleich: Noch im Jahr 2013 berichtete der Religionsmonitor der Bertelsmann-Stiftung von einer sehr ausgeprägten interreligiösen Toleranzbereitschaft der Deutschen. Fast 85 % aller Deutschen bejahten damals das Statement „Man sollte allen Religionen gegenüber offen sein."[30] Auch wenn man damals schon lesen konnte, dass 19 % der Deutschen das Judentum und mehr als 50 % den Islam als Bedrohung wahrnahmen, war der Tenor doch deutlich entspannter als 2016. Die kritische Wahrnehmung führte nicht zu einer Steigerung des Bedürfnisses nach Selbstbehauptung.

Dies hat sich geändert. Die Leipziger Studie von 2016 berichtet von einer anwachsenden Gewaltbereitschaft in den sogenannten vorurteilsgebundenen und autoritären Milieus. Hier stieg die Item-

---

[28] Vgl. Wilhelm Heitmeyer (Hg.), *Deutsche Zustände – Folge 10,* Suhrkamp, Frankfurt am Main 2012.

[29] Vgl. O. Decker, J. Kiess, E. Brähler, *Die enthemmte Mitte,* 49 f. Hier wird vierskalig gearbeitet, es gibt keinen Mittelwert „teils, teils". Die beiden zustimmenden Werte werden addiert. Als Methode werden hier Telefoninterviews durchgeführt, während bei der Erhebung rechtsextremer Einstellungen face-to-face-Befragungen angewendet werden.

[30] *Religionsmonitor 2013. Verstehen, was verbindet. Religion und Zusammenhalt in Deutschland,* hg. von Detlef Pollack und Olaf Müller, Bertelsmann Stiftung, Gütersloh 2013, S. 37.

Ladung auf „Gewalt wird akzeptiert" von 31,8 % (2006) auf 50,7 % (2016).[31]

Dieser letzte Wert führt die Auflösung des Gesamtbildes eine Differenzierungsstufe weiter und gelangt sowohl zu qualitativeren Aussagen wie zur Identifikation bestimmter Gesamttrends. Bevor dies abschließend referiert wird, erfolgt noch ein rascher Blick auf aktuelle jugendsoziologische Daten.

4. Gestiegenes Toleranzempfinden – Ergebnisse der Shell-Jugendstudie 2015

Die bekannte Shell-Jugendstudie ging 2015 in die 17. Erhebung und markierte eine „pragmatische Generation im Aufbruch".[32] Beforscht wurden im Zeitraum von Januar bis Anfang März 2015 insgesamt 2.558 Jugendliche zwischen 12 und 25 Jahren. Der Zeitpunkt scheint in dieser Frage doch sehr wichtig zu notieren, liegt er doch vor der gesellschaftsweit hochemotionalisierten Debatte um Zuwanderung und Flüchtlingspolitik.

In Bezug auf eine interkulturelle und interreligiöse Toleranz gilt: „Aktuell lehnen Jugendliche deutlich weniger häufig bestimmte Gruppen ab, als dies noch in den letzten Shell Jugendstudien der Fall gewesen ist."[33] Vorbehalte gegenüber türkischen Familien in der Nachbarschaft fielen von 27 % (2010) auf 20 %, gegenüber Russlanddeutschen von 26 % (2010) auf 17 %; etwa gleichbleibend mit 11 % liegt der Wert afrikanischen Familien gegenüber. Ostdeutsche Jugendliche sind deutlich signifikanter ausländerskeptisch als ihre westdeutschen Altersgenossen. Die Gegnerschaft zur Zuwanderung hat von 58 % (2006) zu aktuell 37 % deutlich abgenommen. Dass Deutschland mehr Flüchtlinge als bisher aufnehmen solle, befürworten 15 % (2006: 5 %; 2010: 8 %). Die Studie markiert, dass sich im Vergleich mehr junge Leute für die weitere Aufnahme von Flüchtlin-

---

[31] Vgl. Oliver Decker, Elmar Brähler, „Ein Jahrzehnt der Politisierung: Gesellschaftliche Polarisierung und gewaltvolle Radikalisierung in Deutschland zwischen 2006 und 2016", in: *Die enthemmte Mitte. Autoritäre und rechtsextreme Einstellung in Deutschland*, hg. von Oliver Decker, Johannes Kiess und Elmar Brähler, Psychosozial Verlag, Gießen 2016, S. 95–136, hier: S.109.

[32] Vgl. *Jugend 2015. Eine pragmatische Generation im Aufbruch*, hg. v. der Shell Deutschland Holding, Fischer, Frankfurt am Main 2015.

[33] Vgl. ebd., 183. Zum Ganzen vgl. ebd., 183–191 und 201–235.

gen aussprechen – im Sinne einer humanitären Geste – als für strukturell auf dem Arbeitsmarkt wirksame Zuwanderung von Migranten.[34] Hier greifen durchaus Ängste vor Überfremdung und auch
vor einer unterstellten Ausbeutung sozialstaatlicher Leistungen. Die
Angstwerte vor Zuwanderung und Ausländerfeindlichkeit sind gegenüber 2010 (27 % bzw. 40 %) gestiegen auf 29 % bzw. 48 %. Immerhin fast jeder zweite gibt damit an, vor ausländerfeindlichen
Kräften Angst zu verspüren.[35] 62 % äußern sogar Angst vor einem
Krieg in Europa (2010: 44 %).[36] Bedeutsam erscheint in diesem Zusammenhang der Anstieg des Nationalgefühls und die Ausbildung
einer herkunftsstolzen Identität als Deutsche/r: 68 % betonen, dass
Deutschland ein wichtiger Akteur in der Welt sei; 62 % sind stolz,
Deutsche/r zu sein; dass Deutschland ein Vorbild für andere Länder
ist, markieren sogar 67 % der befragten Nichtdeutschen.[37] Immerhin
37 % der jungen Leute sehen sich identitär in erster Linie als Europäer.[38]

Die Shell-Studie hat auch die nicht-deutschen jungen Leute nach
ihren Diskriminierungserfahrungen befragt. 18 % fühlen sich oft,
weitere 49 % ab und zu wegen ihrer Nationalität benachteiligt.[39]
Ein auf den ersten Blick also irritierendes Bild: Während insgesamt
die Jugend entspannter auf Diversität reagiert, fühlen sich nicht-
deutsche Jüngere häufiger diskriminiert.

Dieser Befund leitet über in differenzierte Betrachtungen, die
qualitativer vorgehen. So ergibt eine Kreuzung der Einstellungskrite-
rien mit der politischen Selbstverortung der Jugendlichen ein klares
Signal. Auf die Frage, wo man sich in den Lagern von links nach
rechts selbst einschätzt, antwortet die Mehrheit weiterhin mit einer
leichten Verschiebung nach links. Es zeigt sich aber insgesamt eine
stärkere Tendenz zu polaren Positionierungen: Die Verortung in
der ‚Mitte‘ sinkt von 29 % (2010) auf 26 %; die in klar ‚links‘ steigt
von 9 % (2010) auf 12 %; die in klar ‚rechts‘ sinkt leicht von 4 %
(2010) auf 3 %, und verharrt bei ‚eher rechts‘ bei einem Wert um

---

[34] Ebd., 187.
[35] Ebd., 203.
[36] Ebd., 202.
[37] Ebd., 225.
[38] Ebd., 219.
[39] Ebd., 188 f. Bezogen auf ihre Religion äußern dies 2 % bzw. 8 %.

14 % herum. Keine Position nehmen 20 % ein; 2010 waren das nur 14 %.[40] Die eher oder klar rechtsgerichteten jungen Leute gehen in klare Statements: Zusammengenommen 46 % sind mit der Demokratie als solcher unzufrieden[41]; sie sind erheblich ausländerfeindlicher und lehnen auch in der ‚eher rechts'-Positionierung zu mehr als 30 % türkische Nachbarn und zu mehr als 50 % die weitere Aufnahme Geflüchteter ab.[42]

Es scheint, also lohne gerade beim Thema der interkulturellen Toleranz eine genauere Sondierung gemäß der qualitativen Differenzierung in ostdeutsch/westdeutsch und links bzw. rechts.

5. Die Ergebnisse politologischer Milieuforschung zu Entwicklungen der ‚Mitte' in Deutschland

Eines der wichtigsten Instrumente für eine nicht ausschließlich quantifizierende und homogenisierende Einstellungsforschung ist die analytische Rekonstruktion von sogenannten Milieus. Damit sind Ähnlichkeitsmuster in tiefsitzenden sozialpsychologischen Dispositionen gemeint, die sich durch ähnliche Figuren öffentlich artikulieren: Meinungen gehören dazu, aber auch alltagsästhetische Strategien oder Habitusformen. Die Milieuforschung negiert daher die ihrer Analyse nach überzogene radikale Individualisierungstheorie, dergemäß es nur noch Wahlakte der Subjekte gäbe und kaum noch überlieferte Einbettungen in vorbewusste kollektive Konstellationen, kaum noch meinungsbildende ‚Wir-Gefühle' und kaum noch aktivierbare Gruppen-Ideale.[43]

---

[40] Ebd., 167 ff.
[41] Ebd. 175 f.
[42] Ebd., 185 f.
[43] Vgl. zum Ganzen Stefan Hradil, „Soziale Milieus – Eine praxisorientierte Forschungsperspektive", in: *Aus Politik und Zeitgeschichte* 44/45 (2006), S. 3–10. Die Milieuforschung hat in der jüngsten Pastoraltheologie eine wichtige Aufmerksamkeit bekommen; vgl. nur Michael N. Ebertz, Hans-Georg Hunstig (Hg.), *Hinaus ins Weite – Gehversuche einer milieusensiblen Kirche*, Echter, Würzburg 2008; Matthias Sellmann, *Zuhören – austauschen – vorschlagen. Entdeckungen pastoraltheologischer Milieuforschung*, Echter, Würzburg 2012; Matthias Sellmann, Caroline Wolanski (Hg.), *Milieusensible Pastoral. Praxiserfahrungen aus kirchlichen Organisationen*, Echter Würzburg 2013.

In der bereits einschlägig herangezogenen „Leipzig-Studie" 2016 werden solche Milieuerkenntnisse vorgelegt.[44] Sechs Milieuformationen können diskret voneinander abgehoben werden, wenn man die Datenreihen in drei Ausprägungsdimensionen aufrechnet und somit zu Typisierungen kommt. Diese sind: Politische Einstellung (u. a. Befragungen zur Ausländerfeindlichkeit oder zum Chauvinismus); Handlungsbereitschaft (u. a. Befragungen zur Gewaltbereitschaft); Legitimation des politischen Systems (u. a. Befragungen zum Institutionsvertrauen).[45]

Die sechs Milieus unterteilen sich in ‚demokratische Milieus', antidemokratisch-autoritäre Milieus' und ein ‚vorurteilsgebundenes Milieu mit relativer Akzeptanz des bestehenden Systems'. Es ergibt sich folgende Abbildung:[46]

Politische Milieus in Deutschland 2006 und 2016 (Stärke in %)

	2006 (N=4.872)	2016 (N=2.420)
demokratische Milieus		
Modernes Milieu	23,3	30,6
Konformes Milieu	13,6	29,3
vorurteilsgebundenes Milieu mit relativer Akzeptanz des bestehenden Systems		
Ressentimentgeladenes Milieu	21,5	14,1
antidemokratisch-autoritäre Milieus		
Latent antisemitisch-autoritäres Milieu	17,5	8,4
Ethnozentrisch-autoritäres Milieu	12,8	10,3
Rebellisch-autoritäres Milieu	11,4	7,3

---

[44] Vgl. zum Folgenden Oliver Decker, Elmar Brähler, „Ein Jahrzehnt der Politisierung: Gesellschaftliche Polarisierung und gewaltvolle Radikalisierung in Deutschland zwischen 2006 und 2016", in: *Die enthemmte Mitte. Autoritäre und rechtsextreme Einstellung in Deutschland,* hg. von Oliver Decker, Johannes Kiess und Elmar Brähler, Psychosozial Verlag, Gießen 2016, S. 95–136.

[45] Vgl. ebd., 101 ff.

[46] Ebd., 104.

Wenn starke Vorurteile, signifikant höhere Aggressionsbereitschaft als der bundesdeutsche Durchschnitt und besonders geringes Institutionsvertrauen vorliegen, wurde dies unter dem Label „antidemokratisch-autoritär" eingruppiert. Die Unterschiedlichkeit untereinander besteht zum Beispiel in der Kombination aus hoher Ausländerfeindlichkeit und Anti-Semitismus mit geringer Zustimmung zum Rechtsextremismus im „latent antisemitisch-autoritären Milieu" oder in der Verbindung von hoher Gruppenfeindschaft, aber keinem manifesten Antisemitismus im „ethnozentrisch-autoritären Milieu".[47]

Die genauen Einzelheiten können hier nicht detailliert geboten werden. Für die Gesamtschau ist wichtiger, was die Zeitreihenbeobachtung seit 2006 ergibt. Hier zeigt sich deutlich, was sich als Gesamttrend in der bundesrepublikanischen Gesellschaft festzuhalten lohnt: eine voranschreitende Polarisierung. Lagen die sechs genannten Milieus im Jahr 2006 doch deutlich in einer Mittellage beieinander, zeigt das Bild für 2016 eine enorme Spreizung und eine Erosion der Mittellage. Die Milieus beobachten einander und akzentuieren sich aneinander. So wird die Ablehnung von Gewalt in Milieu 1 und 2 genauso vehementer betont wie die entsprechende Zustimmung etwa in Milieu 5 und 6.[48]

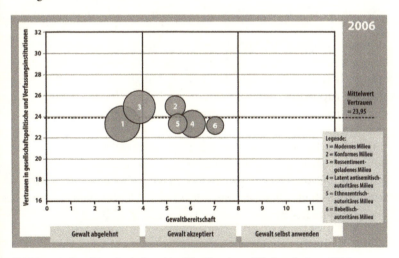

Abbildung 1: Gewaltbereitschaft und Legitimation des politischen Systems 2006

---

[47] Vgl. die genauen Milieuprofile ebd., 110–133.
[48] Vgl. ebd., 106 f.

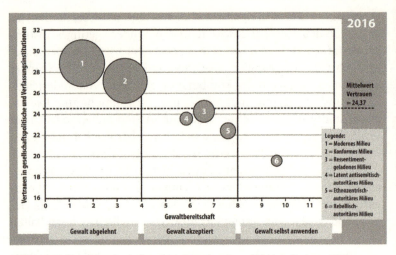

Abbildung 2: Gewaltbereitschaft und Legitimation des politischen Systems 2016

Als umfassende Polarisierungstrends hält die Studie fest:

Die Haltung zu Migranten ist der „Kristallisationspunkt, an dem sich demokratische und antidemokratische Milieus voneinander abgrenzen (…)"[49]. Insgesamt ist die Ausländerfeindlichkeit gesunken und die Zugehörigkeit zu demokratischen Milieus gestiegen. Bestimmte Gruppen erfahren jedoch eine besondere Abwertung und eine geschärft skeptische Wahrnehmung (z. B. Asylbewerber, Muslime, Sinti und Roma). Paradoxerweise erfolgt die Abqualifizierung dieser Gruppen oft im Namen eines Schutzes der liberalen Werte, der offenen Gesellschaft oder des Schutzes der Moderne, verbindet sich dann aber schnell mit Semantiken des Völkischen oder des Traditionalen, die als ebenso vormodern zu qualifizieren wären wie die beklagten. Sensibel zu beachten ist es, ob es im Zeitvergleich zu einer höheren Selbstbehauptungsbereitschaft kommt, wenn man Gruppennormen bedroht sieht. Der Rückgang des Legitimationsvertrauens in den nicht-demokratischen Milieus ist signifikant.

---

[49] Ebd., 134.

Testfall für die Toleranzfähigkeit des demokratischen Rechtsstaats?

Zur Debatte um die religiös motivierte Beschneidung von Knaben

Eberhard Schockenhoff, Freiburg im Breisgau

Die Präsenz von Mitgliedern nicht-christlicher Religionsgemein-schaften, die ihren Glauben nach deren Vorschriften privat und öf-fentlich praktizieren, stellt für das Selbstverständnis einer säkularen Gesellschaft nach westlichem Zuschnitt in mehrfacher Hinsicht eine Herausforderung dar. Das Grundrecht der Religionsfreiheit gewähr-leistet allen Bürgern die Möglichkeit, ihre Religion ungehindert, ge-meinsam und öffentlich auszuüben. Es schützt nicht nur die indivi-duelle Glaubensfreiheit der einzelnen Gläubigen, sondern das Recht der Glaubensgemeinschaften auf gemeinsame Glaubensausübung in Übereinstimmung mit den jeweiligen Lehrmeinungen, Ritualvor-schriften und Praxisformen einschließlich der Anforderungen an die individuelle Lebensführung der einzelnen Gläubigen, die in die-ser Religionsgemeinschaft gelten. Nach dem in der deutschen Verfas-sungsgeschichte vorherrschenden Verständnis einer positiv-wohl-wollenden Neutralität des Staates verfolgt dieser nicht (wie im französischen Modell der *laïcité*) die Intention, religiöse Praxis und religiöse Symbole aus dem öffentlichen Raum herauszuhalten und ins Private abzudrängen. Das ihn leitende Verständnis der Religions-freiheit ist nicht religionsfeindlich (*freedom from religion*), sondern grundsätzlich religionsfreundlich; d. h. der Staat ist bestrebt, seinen Bürgern die Ausübung ihrer Religion nach ihren eigenen Vorstellun-gen zu ermöglichen und sie darin zu unterstützen.

Die religiöse und weltanschauliche Neutralität des Rechtsstaates fordert demnach nicht eine kämpferische Distanz des Staates gegen-über der Religion oder gar die aktive Erschwerung der religiösen Be-tätigung gläubiger Menschen, sondern den Verzicht auf die privile-gierte Bindung an eine Religionsgemeinschaft oder eine christliche Kirche. Anstelle der ausschließlichen oder bevorzugten Identifikation mit einer bestimmten Religionsgemeinschaft, die für den Gedanken der Staatsreligion oder der Staatskirche prägend wurde, zeichnet sich der religiös neutrale Rechtsstaat durch eine prinzipielle Offenheit ge-

genüber allen Formen der Religionsausübung aus, die im Geltungs-
gebiet seiner Rechtsordnung faktisch gelebt werden. Die einzige Grenze, die der demokratische Rechtsstaat nach seinem eigenen Selbstverständnis der Duldung und Förderung religiöser Praxis ziehen muss,
wird durch die allgemeinen Menschenrechte und die in der Verfassung garantierten Grundrechte gezogen, die er gegenüber jedermann
gewährleistet. Wenn fundamentalistische Anhänger von Religionsgemeinschaften sich zur Rechtfertigung von Ehrenmorden, Zwangs-
vermählungen minderjähriger Töchter oder von Todesurteilen für
Blasphemie-Vergehen auf den Schutz der Religionsfreiheit berufen,
muss der Rechtsstaat ihnen entgegentreten und sie durch Sanktions-
drohungen und notfalls auch durch Strafverfolgung an solchen
Handlungen hindern. Da die Religionsfreiheit keinen Freibrief für
die Verletzung anderer Rechtsgüter ausstellt, sind derartige Handlungen auch dann nicht tolerabel, wenn sie im Namen und in Übereinstimmung mit den Vorschriften einer Religion verübt werden.

Außer den bereits erwähnten Handlungsweisen zählt nach einem
breiten Konsens der Rechtsauslegung auch die weibliche Genitalverstümmelung zu den Eingriffen in die individuellen Freiheitsrechte,
die mit dem Schutz der Menschenwürde unvereinbar sind. Wie verhält es sich in dieser Hinsicht mit der rituellen Beschneidung von
Knaben im Judentum und im Islam? Stellt nicht die männliche
Form der Beschneidung ebenso wie die weibliche eine körperliche
Verstümmelung dar, die mit der Menschenwürde unvereinbar ist?
Zählt die rituelle Beschneidung von Knaben nicht unter den Kreis
religiöser Handlungen, die der Rechtsstaat nicht tolerieren kann,
weil die Verfassung individuellen Schutzansprüchen wie der körperlichen Unversehrtheit einen Vorrang gegenüber der Religionsfreiheit
einräumt? Im Folgenden sollen zur Beantwortung dieser Fragen zunächst Überlegungen zum Verständnis der Toleranz als kommunika-
tiver Einstellung gegenüber den anderen angestellt werden (1).Vor
dem Hintergrund des dargestellten Toleranzbegriffes kann in einem
zweiten Schritt eine Güterabwägung zwischen den durch die Praxis
der rituellen Beschneidung betroffenen Rechtsgütern erfolgen (2).
Eine kurze Schlussbemerkung erläutert das Ergebnis dieser Abwägung, nach dem das Recht jüdischer und muslimischer Eltern, ihre
minderjährigen Knaben gemäß den Vorschriften ihrer Religion beschneiden zu lassen, durch die ihnen anvertraute Sorge um das Kindeswohl gedeckt ist (3).

1. Toleranz als Anerkennung des Fremden

Aus historischer Sicht lässt sich nicht bestreiten, dass im Namen der Wahrheit, insbesondere im Namen der Wahrheit religiöser Glaubensüberzeugungen, oftmals Fanatismus, Intoleranz und die grausame Verfolgung Andersdenkender gerechtfertigt wurden. Mit dem Übergang vom antiken Polytheismus zum jüdischen und christlichen Monotheismus verband sich eine Tendenz zur religiösen Unduldsamkeit, die seit der konstantinischen Wende zur rücksichtslosen Bekämpfung von Ketzern, Häretikern und Schismatikern führte.[1] Auch nach der Reformation konnte sich die Gewährung religiöser und politischer Toleranz durch aufgeklärte Herrscher zumeist nur gegen den Widerstand beider christlicher Großkirchen durchsetzen. Dabei darf jedoch nicht übersehen werden, dass auch von der Ausbildung mystischer Spiritualitätsformen auf dem Boden des Christentums und durch die rationale Selbstkritik der Religion entscheidende Impulse für die Entwicklung politischer und religiöser Toleranzvorstellungen ausgingen.[2] Es beruht daher auf einem Fehlschluss, wenn Fanatismus und Intoleranz als der Religion immanente Phänomene betrachtet werden, die sich aus der Idee einer Glaubensgemeinschaft und des religiösen Zusammenschlusses unter dem Anspruch der geoffenbarten Wahrheit notwendig ergeben.[3] Vielmehr entspricht aller Fanatismus einer Reaktion der menschlichen Psyche auf elementare Bedrohungs- und Unsicherheitserlebnisse, die sich auf bestimmten Entwicklungsstufen religiöser Systeme

---

[1] Eine ausgewogene historische Darstellung findet sich bei Klaus Schreiner, Art.: „Toleranz", in: *Geschichtliche Grundbegriffe. Historisches Lexikon zur politisch-sozialen Sprache in Deutschland,* hg. von Otto Brunner, Klett Cotta, Stuttgart 1990, Bd. VI, S. 445–605, bes. S. 450–455, der auch die biblischen und patristischen Wurzeln des Toleranzgedankens würdigt und den Beitrag des Augustinus zur Begründung der Toleranzforderung hervorhebt.

[2] Vgl. ebd., 459–484.

[3] Zu einer solchen Deutung vgl. Sigmund Freud, *Jenseits des Lustprinzips. Massenpsychologie und Ich-Analyse* (= *Gesammelte Werke;* Bd. 13), Fischer, Frankfurt am Main 1955, S. 107: „Darum muss eine Religion, auch wenn sie sich die Religion der Liebe heißt, hart und lieblos gegen diejenigen sein, die ihr nicht angehören. Im Grunde ist ja jede Religion eine solche Religion der Liebe für alle, die sie umfasst, und jeder liegt Grausamkeit und Intoleranz gegen die nicht Dazugehörigen nahe."

mit diesen verbindet und somit als eine historisch kontingente Erscheinungsform der Religion angesehen werden kann.

1.1 Toleranz gegenüber der religiösen Wahrheit und den Lebensformen der anderen

Trotz einer bedrückenden historischen Bilanz, die zu allen Epochen der europäischen Geschichte vielfältige Erscheinungsformen gesellschaftlicher, religiöser und politischer Unduldsamkeit gegenüber Andersgläubigen aufweist, bedingt das Festhalten an Wahrheitsansprüchen nicht zwangsläufig eine innere Monopolisierung des Denkens und gewaltsame Intoleranz nach außen. In einer systematisch-ethischen Perspektive verhält es sich umgekehrt so, dass der Gedanke der Wahrheit alle gewaltsamen Durchsetzungsformen ausschließt und von sich nach der Ergänzung durch politische, moralische und religiöse Toleranz ruft. Tatsächlich besteht zwischen dem Geltungsanspruch der Wahrheit und dem Toleranzgebot eine so enge Relation, dass keine der beiden Größen außerhalb dieses wechselseitigen Verweisungszusammenhangs angemessen bestimmbar ist. Religiös lebende Menschen müssen deshalb ertragen, dass ihre Glaubensüberzeugungen in der Öffentlichkeit Gegenstand kritischer Debatten sind, die – sofern sie die Grenzen zur verletzenden Schmähkritik nicht überschreiten – in aller intellektuellen Schärfe ausgetragen werden. Das Recht auf Religionsfreiheit muss als ein umfassendes Freiheitsrecht jedes Menschen verstanden werden, in Fragen von Religion und Weltanschauung eine eigene Überzeugung auszubilden und für diese öffentlich einzutreten. Das schließt das Recht zur Religionskritik und die Freiheit ein, ohne Religion zu leben. Doch sollten Kritik und Angriffe auf religiöse Lebensformen und Traditionen in einer Form vorgetragen werden, die denen, die in diesen Lebensformen und Traditionen ihre eigenen religiösen Überzeugungen praktizieren, die Anerkennung nicht versagen. Die vom Toleranzgebot geforderte Anerkennung gilt dem anderen als Mitbürger eines demokratischen Gemeinwesens, nicht seinen religiösen Überzeugungen und Lebensformen als solchen.

Es gehört zum Wesen der religiösen Wahrheit, dass sie nur in freier Zustimmung ergriffen werden kann; daher gibt es so viele Wege zur Erkenntnis der Wahrheit, wie es Menschen gibt. Zwar kann die

Wahrheit ihrem formalen Begriff nach nur eine sein; wer diesen Sin-
gular aus grundsätzlicher Skepsis ablehnt und die eine Wahrheit
durch eine offene Pluralität beliebiger Wahrheiten ersetzt, hat ihren
Anspruch bereits verfehlt. Doch ebenso wie die eine, in sich identi-
sche Wesensnatur des Menschen real nur in der jeweiligen Verwirk-
lichungsform existiert, die sie im einzelnen Menschen annimmt, ist
auch die eine Wahrheit unter uns Menschen nur als jeweils persön-
lich angeeignete und besessene Wahrheit gegeben. Die Achtung vor
der Wahrheit, die nicht auferlegt, sondern aus Überzeugung und innerer Einsicht übernommen werden will, gebietet es daher, auch die
untereinander verschiedenen Erkenntniswege zu respektieren, auf
denen die Menschen zu ihr gelangen. Die Verpflichtungskraft der
Wahrheit und das Toleranzgebot gegenüber der Wahrheitssuche der
anderen bedingen einander, denn Geltungsansprüche können, sofern sie ein Überzeugtwerden durch die Wahrheit intendieren, nicht
anders als im intersubjektiven Ringen um diese eingelöst werden.

Zu den Bedingungen eines kultivierten Dialogs, in dem der Anspruch der Wahrheit aufscheinen kann, müssen in erster Linie der
Verzicht auf strategische Einflussnahme und sublime Zwangsandro-
hung sowie die Bereitschaft zur Beibringung von Gründen gezählt
werden. Die einzige wahrheitsverträgliche Zwangsausübung besteht
in der für das Gespräch konstitutiven Bereitschaft, sich wechselseitig
dem „zwanglosen Zwang des besseren Arguments" (J. Habermas)
auszusetzen. Im Namen der Wahrheit erhobene Geltungsansprüche
unterscheiden sich von subjektiven Evidenzerfahrungen und privaten Gewissheitserlebnissen vor allem durch ihre intersubjektive
Nachprüfbarkeit. Gründe wollen zur Wahrheit führen, indem sie
Einsicht ermöglichen. Wer Gründe vorträgt oder eine rationale Deutung von Erfahrungen anbietet, die dem anderen in der eigenen Le-
benspraxis prinzipiell ebenso zugänglich sind, der appelliert an die
freie Einsichtsfähigkeit des anderen. Eine Wahrheitsbehauptung,
die Zustimmung auf andere Weise erzwingen wollte, wäre eo ipso
unglaubwürdig. Sie mag sich erfolgreich durchsetzen lassen, aber
sie wäre dann nicht als Wahrheit anerkannt.

Doch ebenso wie die Idee der Wahrheit die Toleranz gegenüber den
vielfältigen Wegen einschließt, auf denen sie sich im Denken der
Menschen erweisen kann, lässt sich auch der Begriff der Toleranz

nicht ohne die Anerkennung der Wahrheit denken. Schon politische Toleranz, die innerhalb der Demokratie den Rang einer unverzichtbaren Tugend besitzt, erfordert mehr als bloße Duldung oder ein rein pragmatisches Geltenlassen anderer Meinungen. Gewiss impliziert politische Toleranz als Lebensform demokratischer Gesellschaften zunächst die Akzeptanz formaler Entscheidungsregeln im Verhältnis zwischen Mehrheit und Minderheit; dazu zählen insbesondere die für das Gelingen demokratischer Meinungsbildungsprozesse unerlässlichen Voraussetzungen wie die öffentliche Kritikfähigkeit politischer Programme, die Korrekturoffenheit nach dem Mehrheitsprinzip getroffener Entscheidungen oder der Verzicht auf die totale Unterwerfung der Minderheit und die politische Durchsetzung absoluter Wahrheitsansprüche. Ebenso ist hier die Forderung nach loyalem, gesetzeskonformem Verhalten der Minderheit zu nennen, was durch die zeitliche Begrenzung politischer Machtausübung erleichtert wird, die einen künftigen Wechsel der Mehrheitsverhältnisse prinzipiell denkbar macht.[4] Doch erfordert politische Toleranz, die in der Einhaltung demokratischer Spielregeln mehr als ein notgedrungen hinzunehmendes Übel sieht, auch die moralische Anerkennung der anderen in ihrem Anderssein. Zur Legitimität der Besonderheit und Andersheit, ja oftmals der unverständlichen Fremdheit der anderen gehört ja nicht nur ihre abweichende politische Meinung, sondern auch ihr Recht auf die eigene kulturelle Identität und die eigene religiöse Wahrheitsüberzeugung. Solche Toleranz, die als „kleine Tugend" (*I. Fetscher*) der institutionellen Absicherung in demokratischen Staatsformen bedarf, nährt sich weder aus der Gleichgültigkeit gegenüber den anderen, noch aus der Relativierung der eigenen Überzeugung; sie gewinnt ihre Kraft allein durch die gelebte, alltägliche Anerkennung der anderen in ihrem Anderssein.[5]

---

[4] Vgl. Trutz Rendtorff, *Ethik. Grundelemente, Methodologie und Konkretionen einer ethischen Theologie,* Kohlhammer, Stuttgart ²1991, Bd. 2, S. 120 ff. und Martin Honecker, *Grundriß der Sozialethik,* De Gruyter, Berlin/New York 1995, S. 703 f.

[5] Vgl. K. Schreiner, „Toleranz", 604 und Iring Fetscher, *Toleranz. Von der Unentbehrlichkeit einer kleinen Tugend für die Demokratie,* Radio Verlag, Stuttgart 1990, S. 11 f und S. 81 f. Schon Johann Wolfgang von Goethe notiert im Rückblick auf Lessings Ringparabel: „Toleranz sollte eigentlich nur eine vorübergehende Gesinnung sein; sie muss zur Anerkennung führen" (Johann Wolfgang Goethe, *Maxi-*

1.2 Kulturelle Verschiedenheit oder homogene demokratische Einheitskultur?

Während in der europäischen Aufklärung der Glaube an eine gemeinsame Vernunftnatur des Menschen, im Vergleich zu der seine kulturellen und religiösen Besonderheiten letztlich belanglos sind, als geistige Grundlage der Toleranz gegenüber unterschiedlichen weltanschaulichen und religiösen Überzeugungen galt, sind wir heute bezüglich des Gedankens einer homogenen demokratischen Einheitskultur skeptischer geworden. Das Fundament des aufklärerischen Universalismus erwies sich gerade deshalb als brüchig, weil es der kulturellen Eigenart der Menschen keinen positiven Wert beimessen konnte. Tatsächlich erfordert Toleranz nicht nur, dass wir die anderen in dem respektieren, worin sie uns gleichen; wirkliche Anerkennung der anderen ist vielmehr erst dort vollzogen, wo sie auch deren kulturelle Identität als eigenständigen Beitrag zum Reichtum der Weltkultur einschließt.[6]

Die Basis aufgeklärter Toleranz, die im anderen die gemeinsame Vernunftnatur respektiert, muss daher ergänzt werden durch „die Anerkennung der nicht austauschbaren und nicht auf eine Ethik reduzierbaren Vielfalt und Besonderheit der Religionen"[7]. Es widerspricht dem Gedanken religiöser Toleranz, wenn die Vielfalt an Glaubensaussagen, Sinnangeboten und Anleitungen zur Lebensgestaltung auf den kleinsten gemeinsamen Nenner des faktisch in der demokratischen Gesellschaft bestehenden Konsenses zurückgedrängt werden soll. Eine solche Vereinheitlichungsstrategie, die sich auch unter dem Ideal demokratischer Gleichheit präsentieren kann, versucht, der Gesellschaft den kulturellen *mainstream* eines sich als aufgeklärt empfindenden Bewusstseins und der darin geduld-

---

men und *Reflexionen* (= Hamburger Ausgabe, Bd. 12, S. 365–547), dtv, München [12]1994, S. 385, Nr. 151).

[6] Vgl. I. Fetscher, *Toleranz*, 89: „Individuen bedürfen offenbar nicht nur der Selbstgewißheit als ‚vernünftige Wesen', sondern auch der Vergewisserung ihrer – ethnisch-kulturellen – Eigenart. Sie können sich als Individuen ohne die Zugehörigkeit zu einer spezifischen Kultur und deren Sprache nicht definieren. Je homogener infolge der technischen Weltzivilisation die äußeren Umstände des Lebens werden, desto größer wird das Bedürfnis nach Vergewisserung jener ‚Besonderheiten'."

[7] I. Fetscher, *Toleranz*, 11.

deten Lebensanschauungen aufzuzwängen. Dies verkennt nicht nur die Partikularität der eigenen kulturellen Weltdeutungen, sondern verfehlt auch das Toleranzpostulat in seiner Bedeutung. Das jeweils Eigene und Spezifische wird tendenziell zum Unwahren, wenn der Respekt voreinander primär durch die als Wahrheitskriterium fungierenden Gemeinsamkeiten begründet ist, während die verbleibende Andersheit des anderen und seine irreduzible Eigenart eher als störend empfunden werden. Wirkliche Toleranz verlangt dagegen, dass die anderen nicht nur in dem ernst genommen werden, worin wir ohnehin mit ihnen übereinstimmen. Sie ist vielmehr durch die von keinem Konsens mehr einholbare Andersheit der Dialogpartner motiviert und erfordert daher immer beides: das Festhalten am eigenen Lebensstil und den Respekt vor den Lebensformen der anderen.[8]

1.3 Grenzen der Toleranz

Selbstverständlich muss die Toleranz als kommunikative Grundeinstellung gegenüber dem Anderen und Fremden auch Grenzen finden. Diese sind in einem Rechtsstaat dort erreicht, wo religiös motivierte Handlungen die moralischen Rechte unschuldiger Personen oder abhängiger Dritter verletzen. Toleranz für den Rechtsbruch und den Angriff auf die geschützte Rechtssphäre anderer kann es in einem Rechtsstaat nicht geben. Wo solche Verletzungshandlungen im Namen der Religion ausgeübt werden, ist Toleranz fehl am Platz. Es geht dann nicht mehr um die Duldung kultureller Differenzen oder die Anerkennung unterschiedlicher religiös oder weltanschaulich geprägter Lebensformen, sondern um den Rechtsgehorsam, den die Mitglieder einer Rechtsgemeinschaft sich gegenseitig schulden. Von dieser grundlegenden Loyalitätspflicht kann der Rechtssaat niemanden dispensieren, auch nicht unter dem Vorwand, das Recht zur Differenz achten zu wollen.[9] So klar diese Grenzen der Toleranz-

---

[8] Vgl. Jürgen Werbick, „Heil durch Jesus Christus allein?", in: *Der einzige Weg zum Heil? Die Herausforderung des christlichen Absolutheitsanspruchs durch pluralistische Religionstheologien,* hg. von Jürgen Werbick und Michael von Brück, Herder, Freiburg im Breisgau, 1993, S. 11–61, bes. S. 43 ff.

[9] Vgl. Michael Bongardt, „Vom Recht auf Freiheit und der Pflicht zur Toleranz, ein politisch-philosophischer Hinweis zur sogenannten Beschneidungsdebatte", in: *Beschneidung. Das Zeichen des Bundes in der Kritik. Zur Debatte um das Kölner*

bereitschaft des Rechtsstaates auf einer abstrakten Ebene erkennbar sind, so schwierig ist es, ihren Verlauf in konkreten kulturellen Konflikten zu ermitteln. Im Streitfall der rituellen Beschneidung von Knaben wird dies exemplarisch deutlich, da die Gegner durch diese religiöse Praxis die Grenzen der Toleranzfähigkeit bereits überschritten sehen, während die Reaktion des Rechtsstaates in den Augen ihrer Befürworter zum Testfall dafür wird, wie dieser mit der kulturellen und religiösen Verschiedenheit in der Gesellschaft umgeht.

2. Die rituelle Beschneidung

Die Frage der Zirkumzision von Knaben aus religiösen Gründen stellt eine Rechtsordnung, die sich dem Schutz der Menschenwürde, der Gewährleistung der Religionsfreiheit, der Anerkennung des Rechtes auf freie Entfaltung der Persönlichkeit sowie der Achtung des Elternrechts verpflichtet weiß, vor große Herausforderungen. Lange Zeit wurde die selbstverständlich geübte Praxis der Beschneidung jüdischer und muslimischer Knaben in Deutschland als durch das Recht auf freie Religionsausübung gedeckt angesehen. Die eigentliche Herausforderung für den säkularen Rechtsstaat und die Toleranzbereitschaft einer pluralen Gesellschaft, die von dieser Praxis ausging, geriet daher nur selten in den Blick. Dies änderte sich schlagartig nach dem Urteil des Landgerichts Köln vom 7. Mai 2012, das die Beschneidung eines nicht einwilligungsfähigen vierjährigen Jungen als rechtswidrige Körperverletzung wertete und von einer Bestrafung des die Beschneidung durchführenden Arztes nur deshalb absah, weil dieser in einem Verbotsirrtum gehandelt habe.[10] Dieses Urteil, das ohne eine schnelle Reaktion des Gesetzgebers dazu geführt hätte, dass Beschneidungen in Deutschland illegal oder nur mehr in einer rechtlichen Grauzone möglich gewesen wären, veranlasste die Politik nach kurzer, aber heftiger öffentlicher Debatte zur Verabschiedung eines Ergänzungsgesetzes zum 4. Buch des BGB, das § 1631 BGB durch Bestimmungen über das elterliche Sorgerecht und die Beschneidung eines männlichen Kindes erweitert.

Urteil, hg. von Johannes Heil und Stefan J. Kramer, Metropol, Berlin 2012, S. 191–198, bes. S. 194 f.
[10] Vgl. *JZ* 2012, 805 f.

Danach umfasst die Personensorge der Eltern für ihr Kind auch das Recht, in eine medizinisch nicht erforderliche Beschneidung einzuwilligen, sofern diese nach den Regeln der ärztlichen Kunst durchgeführt wird und das Kindeswohl nicht gefährdet. In der Öffentlichkeit wurde das Gesetz als mit den Rechten des Kindes unvereinbares Spezialgesetz kritisiert, das aus politischer Rücksichtnahme auf Juden und Muslime zustande gekommen sei, um ihnen auch weiterhin die Ausübung ihrer Religion in Deutschland zu ermöglichen. Vereinzelt wurde im Vorfeld der Verabschiedung des Gesetzes aber auch heftige Kritik an der Urteilsbegründung des Kölner Gerichts laut. In der teilweise mit erschreckenden antijüdischen und antimuslimischen Untertönen geführte Debatte offenbarten manche aggressiv-kämpferisch argumentierende Beschneidungsgegner die Grenzen ihres eigenen Toleranzverständnisses. Die öffentliche Auseinandersetzung um ein jahrtausendelang praktiziertes religiöses Ritual wurde so zur Nagelprobe auf die Toleranzfähigkeit einer pluralistischen Gesellschaft und zum Testfall dafür, wie „unser Gemeinwesen jenseits wohlfeiler Lippenbekenntnisse mit (religiöser) Verschiedenheit umgeht."[11]

2.1 Der Sinn der religiös motivierten Beschneidung

Bevor Gehalt und Grenze der jeweiligen Rechtsgüter ermittelt und gegeneinander abgewogen werden können, ist nach der Bedeutung zu fragen, die der Beschneidung nach dem Selbstverständnis der jeweiligen Religionsgemeinschaften zukommt. Die Deutungshoheit darüber liegt bei den Religionsgemeinschaften selbst und ihren religiösen Autoritäten; ergänzend zu deren Selbstaussagen können religionsgeschichtliche Erkenntnisse über die genaueren Vorschriften zur Durchführung der Beschneidung in den normativen Texten dieser Religionsgemeinschaften und ihrer Auslegung durch verschiedene Rechtsschulen herangezogen werden. Die rituelle Beschneidung von Knaben ist kulturgeschichtlich älter als die erste Erwähnung dieses religiösen Rituals in den Quellen des Judentums. Erste Zeugnisse ritueller Beschneidung sind im Kulturraum des vorderen Orient bereits vor mehr als 4000 Jahren anzutreffen. In Nord- und Ost-

---

[11] Stephan Rixen, „Das Gesetz über den Umfang der Personensorge bei einer Beschneidung des männlichen Kindes", in: *NJW* 66 (2013) S. 257–262, hier: S. 262.

afrika, aber auch im westlichen Asien und in Australien finden sich in patriarchalen Gesellschaften Hinweise zu rituellen Beschneidungsformen. Die Bandbreite möglicher Erklärungen über Funktion und Sinn dieser Maßnahme ist sehr weit. Diese reichen von dem Hinweis auf die ariden Klimaverhältnisse in Wüstenlandschaften und medizinischen Gründen über die Ablösung archaischer Menschenopfer bis hin zu sozialen (Stammeszugehörigkeit), sexuellen (Heiratsfähigkeit) und religiösen Initiationsriten.

Im Judentum wird die rituelle Beschneidung „Brit Mila" nach den Angaben der Bereschit (des jüdischen Namens für das Buch Genesis) und der halachischen Gesetzgebung bis auf den Stammvater Abraham zurückgeführt. Die Beschneidung dient allerdings nicht, wie irrtümlich gelegentlich angenommen wird, der Aufnahme männlicher Neugeborener ins Judentum. Der religiöse Status der Zugehörigkeit zur Religionsgemeinschaft wird nicht durch die Brit Mila erworben, sondern er muss durch die Geburt von einer jüdischen Mutter bereits zuvor gegeben sein, damit die Beschneidung halachischen Vorschriften genügt.[12] Dennoch ist die Beschneidung männlicher Knaben für das religiöse Selbstverständnis des Judentums ein unverzichtbares Initiationsritual. Denn sie wird als Zeichen des Bundes mit Gott gesehen, der für das Selbstverständnis des jüdischen Volkes von konstitutiver Bedeutung ist. Wie eng die Brit Mila mit der Verheißung Gottes verbunden ist, die für die religiöse Identität Israels konstitutiv ist, ergibt sich aus den Ausführungen von Genesis 17,1–27. Hier wird das Gebot der Beschneidung mit dem Vorgang der Namensänderung von Abram zu Abraham und der Verheißung verbunden „Ich mache dich sehr fruchtbar und lasse Völker aus dir entstehen; Könige werden von dir abstammen" (Gen 17,6). Unmittelbar darauf folgt die Zusage des Bundesschlusses durch Gott sowie die Verpflichtung des Bundesvolkes, die Beschneidung als Zeichen des immerwährenden Bundes zu vollziehen: „Ich schließe meinen Bund zwischen mir und dir samt deinen Nachkommen,

---

[12] Vgl. hierzu und zu den folgenden Angaben: Antje Y. Deusel, *Mein Bund, den ihr bewahren sollt. Religionsgeschichtliche und medizinische Aspekte der Beschneidung*, Herder, Freiburg im Breisgau 2012, 27 ff.; Thomas O. Beidelman, Art. „Circumcision", in: *The Encyclopedia of Religion*, hg. von Mircea Eliade, Macmillan Library Reference, New York 1987, Vol. III, S. 411–414, bes. S. 412.

Generation um Generation, einen ewigen Bund: Dir und deinen
Nachkommen werde ich Gott sein" (Gen 17,7).

Mit dem Bundesschluss ist die Verheißung der Landgabe in Ka-
naan verbunden; der Ausblick auf das gelobte Land stellt ein Ende
des Fremdlings-Status in Ägypten und während des Zugs durch die
Wüste in Aussicht. Das Volk Israel wird dabei zur Bundestreue verpflichtet, die sich ethisch in einem den Weisungen des Bundesethos
entsprechenden Verhalten und rituell im Symbol der Beschneidung
vollzieht: „Das ist mein Bund zwischen mir und euch samt deinen
Nachkommen, den ihr halten sollt: Alles, was männlich ist unter
euch, muss beschnitten werden" (Gen 17,10). Die folgende Bestimmung präzisiert das rituelle Gebot der Brit Mila durch einen Hinweis auf den Zeitpunkt, zu dem sie durchgeführt werden soll sowie
durch eine exakte Angabe, für wen die Beschneidung verpflichtend
ist: „Alle männlichen Kinder bei euch müssen, sobald sie acht Tage
alt sind, beschnitten werden in jeder eurer Generationen, seien sie
im Haus geboren oder um Geld von irgendeinem Fremden erworben, der nicht von dir abstammt" (Gen 17,12). Die Vorschrift erfasst
also nicht nur die eigenen Söhne jüdischer Familien, sondern auch
die männlichen Nachkommen von jüdischen oder nichtjüdischen
Sklaven, die zu einem jüdischen Haushalt gehören. Die Anordnun-
gen über das Schicksal von nicht-beschnittenen männlichen Nachkommen verdeutlichen, wie ernst die wörtliche Befolgung dieses Ge-
botes nach jüdischem Selbstverständnis ist: „Ein Unbeschnittener,
eine männliche Person, die am Fleisch ihrer Vorhaut nicht beschnitten ist, soll aus ihrem Stammesverband ausgemerzt werden. Er hat
meinen Bund gebrochen" (Gen 17,14). Im Frühjudentum galt die
Beschneidung als eine von Gott angeordnete Schutzmaßnahme, die
der Gefahr einer religiösen Vermischung des erwählten Volkes mit
dem Heidentum vorbeugen sollte.

Bei Bedarf können daher auch Frauen eine Beschneidung vornehmen, wie dies von Zippora, der Frau des Mose, berichtet wird
(vgl. Ex 4,25), die ihre Söhne beschnitt. Doch wird die Brit Mila in
der Regel durch einen Mohel vorgenommen, der oft ein dafür aus-
gebildeter Arzt jüdischen Glaubens ist. Da dem Vater nach jüdischem Recht die Pflicht obliegt, für die Beschneidung seines Sohnes
Sorge zu tragen, darf er diesen Eingriff aber auch selbst vornehmen.
Als religiöses Ritual wird die Brit Mila von verschiedenen Gebeten
(Rezitation von Versen aus der Thora) und rituellen Vollzügen (Aus-

gießen eines Bechers mit Wein über der Wunde) begleitet. Seit den innerjüdischen Kontroversen des 19. Jahrhunderts wird der Eingriff immer stärker unter Beachtung der chirurgischen Sorgfaltsregeln durchgeführt, die dem jeweiligen medizinischen Erkenntnisstand entsprechen. Im Reformjudentum wird die Bedeutung der Beschneidung relativiert; sie wird von Konvertiten nach den Beschlüssen der Rabbiner-Konferenz von New York im Jahr 1892 nicht mehr verlangt. Umgekehrt praktizieren koptische Christen diesen biblischen Brauch bis heute. Die Beschneidung wird von ihnen wie von den Judenchristen zur Zeit des Paulus (vgl. Gal 5,2f., Röm 4,9-22 und Phil 3,5) als eine Rückerinnerung an den Bund Gottes mit seinem Volk und als ein Typus der Taufe angesehen, der durch den Übergang zum Neuen Bund nicht anachronistisch wurde, sondern mit der Taufe eine Einheit bildet.[13]

Im Islam geht die Beschneidung männlicher Nachkommen auf den Religionsgründer Mohammed zurück, von dem die Legende sagt, er sei bereits beschnitten zur Welt gekommen. Der Koran erwähnt die Beschneidung nicht ausdrücklich; sie zählt nach Sure 3,95 aber zu den Traditionen Abrahams. Die Beschneidung gilt daher im Islam als wichtigster Initiationsritus, auch wenn sie nicht zwingend als Zeichen religiöser Zugehörigkeit zur muslimischen Gemeinschaft erforderlich ist. Der Zeitpunkt der Beschneidung und die Art ihrer Durchführung können je nach Kulturkreis erheblich voneinander abweichen. Die verschiedenen Riten sehen als Zeitpunkte den siebten Tag, das fünfte oder sechste Lebensjahr sowie noch spätere Termine bis zum 13. Lebensjahr vor. Bis heute wird der traditionelle Brauch gepflegt, die Beschneidung männlicher Nachkommen im Rahmen eines großen Familienfestes zu vollziehen, wobei Art und Weise der konkreten Durchführung stärker als im Judentum variieren. Auch für den Islam gilt, dass die Beschneidung von den meisten Rechtsschulen als integraler Bestandteil muslimischen Lebens angesehen und daher empfohlen wird.[14]

Bereits aus diesen wenigen Bemerkungen lässt sich eine erste Schlussfolgerung im Blick auf die Bedeutung ziehen, die der rituel-

---

[13] Vgl. Hans-Dieter Betz, Art. „Beschneidung II: Altes Testament, Frühjudentum und Neues Testament", in: *TRE*, Bd. V, S. 716–722, bes. S. 720.
[14] Vgl. Arent J. Wensinck, Art. „Khitan", in: *The Encyclopedia of Islam. New Edition*, hg. von Edmund Bosworth, Brill, Leiden 1986, Vol. V., S. 20 ff.

len Beschneidung im Judentum und im Islam zukommt. Nach der Selbsteinschätzung, die sich den religiösen Quellen beider Religionen entnehmen lässt, handelt es sich bei der Beschneidung jeweils um einen zwar nicht ausnahmslos, aber doch weithin praktizierten Bestandteil der Religionsausübung. Für das moderne Judentum gilt dies sogar in besonderer Weise. Der Umstand, dass auch die meisten säkularen Juden, obwohl sie ansonsten nicht religiös leben, ihre Knaben beschneiden lassen, deutet darauf hin, dass die Beschneidung ein „Ausdruck jüdischen Überlebenswillens nach der Shoa" geworden ist.[15] Der wohlmeinende Ratschlag externer Beobachter, zugunsten einer nachholenden Selbstaufklärung auf ein angeblich archaisches und grausames Ritual zu verzichten, kommt aus der Sicht beider Religionen der erzwungenen Preisgabe eines religiösen Identitätsmerkmals von essentieller Relevanz für den individuellen und gemeinschaftlichen Vollzug des jüdischen oder islamischen Glaubens gleich. Der weltanschaulich neutrale Staat hat diese Selbstauskunft der Religionen anzuerkennen, ohne sie einer Bewertung zu unterziehen. Diese ihm auferlegte Abstinenz übt er, sofern es sich nicht um eine religiöse Gemeinschaft handelt, deren Ziele eindeutig gegen die rechtsstaatliche Ordnung und ihren freiheitlichen Grundkonsens gerichtet sind, unterschiedslos im Blick auf alle Religionen aus, auf das Christentum ebenso wie auf das Judentum und den Islam. So wenig es Aufgabe staatlicher Instanzen ist, innerhalb der christlichen Symbolwelt den religiösen Bedeutungsgehalt des Kreuzes zu bewerten, darf er sich ein Urteil über die Notwendigkeit der rituellen Beschneidung von Knaben im Judentum und im Islam oder den angemessenen Zeitpunkt ihrer Durchführung anmaßen.

2.2 Der Konflikt zwischen den betroffenen Rechtsgütern

Nachdem die Herausforderung, die die Praxis der rituellen Beschneidung von Knaben an die Toleranzfähigkeit moderner Gesellschaften stellt, sich nicht einfach durch die staatlich angeordnete Verschiebung dieses Rituals auf einen späteren Zeitpunkt umgehen

---

[15] Micha Brumlik, „Ein Urteil aus Köln – der Gesetzgeber vor dem Ernstfall", in: *Beschneidung. Das Zeichen des Bundes in der Kritik. Zur Debatte um das Kölner Urteil,* hg. von Johannes Heil und Stefan J. Kramer, Metropol, Berlin 2012, S. 228–232, hier: S. 229.

lässt, bleibt nur der Weg einer verantwortlichen Güterabwägung zwischen der Religionsfreiheit, dem Sorgerecht der Eltern, den Rechten des Kindes und der Schutzpflicht des Staates. Aufseiten des Kindes können dabei insbesondere das Recht auf körperliche Unversehrtheit und das Recht auf freie Persönlichkeitsentfaltung betroffen sein, die beide als Aspekte des Kindeswohls und somit als Konkretionen der Menschenwürde anzusehen sind. Bei den einzelnen miteinander kollidierenden Rechtsgütern ist jeweils zu fragen, wie diese auf das Kindeswohl hingeordnet sind, das bei der erforderlichen Güterabwägung als eine Art Metakriterium oder Höchstmaßstab fungiert. Die entscheidende Frage ist dabei, wann und unter welchen Umständen eine staatliche Interventionspflicht zum Schutz des Kindeswohls als Schranke des elterlichen Sorge- und Erziehungsrechtes greifen kann.

Für manche Kommentatoren erscheint von vornherein nur eine Auflösung des aufgezeigten Konflikts mit rechtsstaatlichen Grundsätzen vereinbar: „Unmündigen Kindern die Religionszugehörigkeit mittels eines körperverletzenden Akts einzugravieren, verletzt das religiöse Selbstbestimmungsrecht, die Menschenwürde und die körperliche Integrität des Kindes. Die Rechte des Kindes überwiegen das Elternrecht auf religiöse Erziehung, zumal sowohl bei Juden wie auch bei Muslimen das Erreichen des Mündigkeitsalters abgewartet werden kann, ohne die Religionszugehörigkeit zu gefährden."[16] Diese Argumentation, die von einem antagonistischen Verhältnis zwischen den Rechten des Kindes und denen der Eltern ausgeht, enthält eine Reihe von Prämissen, die näherer Klärung bedürfen. Die zutreffende Qualifizierung der Beschneidung als Körperverletzung reicht als bloße Beschreibung der Tatbestandsmerkmale dieser Handlung noch nicht aus, um ihre mögliche Rechtswidrigkeit zu begründen. Diese hängt vielmehr davon ab, ob sie durch das elterliche Sorgerecht legitimiert werden kann. Sollte dies grundsätzlich der Fall sein – was noch zu prüfen ist – gehört auch die Eingriffstiefe der Beschneidung von Knaben zu den abwägungsrelevanten Merkmalen hinzu. Nur wenn diese anders als bei der weiblichen Genitalverstümmelung zu beurteilen ist, kommt eine Rechtfertigung des kör-

---

[16] Günter Jerouschek, Art. „Genitalmutilation/Beschneidung/Zirkumzision", in: *Wörterbuch der Würde*, hg. von Rolf Gröschner, Antje Kapust und Oliver W. Lembcke, Wilhel Fink, München 2013, S. 349–351, hier: S. 350.

perverletzenden Eingriffs überhaupt in Betracht. Der medizinische
Befund lässt allerdings den begründeten Schluss zu, dass im Regelfall
die Folgen der männlichen Zirkumzision keineswegs mit denen der
weiblichen Genitalverstümmelung vergleichbar sind. Während diese
immer mit schweren Verletzungen einhergeht, die zu irreversiblen
lebensgeschichtlichen Traumata führen können, werden vergleichbar schwere körperliche oder seelische Begleitfolgen im Falle der
männlichen Beschneidung nur in seltenen Ausnahmefällen berichtet, die auf unsachgemäße Ausführung der Beschneidung selbst
oder auf Komplikationen danach zurückgehen.

Die Argumentation, die in der rituellen Beschneidung von Knaben eine Verletzung der Menschenwürde sieht, beruft sich auf den
im Bereich der Medizinethik geltenden Grundsatz, dass eine stellver-
tretende Einwilligung der Eltern bei minderjährigen Schutzbefohle-
nen nur für Maßnahmen in Betracht kommen kann, die aus medizinischen Gründen erfolgen. Da dies bei der rituellen Beschneidung
aber gerade nicht der Fall ist, kann sie aus der Sicht dieses Bewer-
tungsansatzes nur als rechtswidrige Körperverletzung gelten, für die
es keine rechtliche oder moralische Legitimation gibt, da die Abwägung der Vor- und Nachteile aus der Sicht des Kindes zu dem Ergebnis führt, dass der (religiöse) Nutzen die (körperlichen und see-
lischen) Nachteile nicht überwiegt.[17] Eine Betrachtungsweise, die in
der Beschneidung ausschließlich einen Akt der Körperverletzung
sieht, der aus nicht-medizinischen Gründen erfolgt und schon deshalb die Rechte des Kindes verletzt, beruht jedoch auf einem Kurz-
schluss. Eine Körperverletzung aus nicht-medizinischen Gründen
muss nämlich nicht zwangsläufig mit den Rechten des Kindes kolli-
dieren. Dies ist vielmehr nur dann der Fall, wenn der äußere Akt der
Körperverletzung das Kindeswohl beeinträchtigt. Eine Verletzung
des Kindeswohls wird von der dargelegten Argumentation nur unterstellt, aber nicht argumentativ aufgezeigt. Aus der Binnenperspektive
der jüdischen Religionsgemeinschaft und ihrer Mitglieder ist es keineswegs ausgemacht, dass der Vollzug der Beschneidung den Eigen-

---

[17] Vgl. Holm Putzke, „Die strafrechtliche Relevanz der Beschneidung von Knaben. Zugleich ein Beitrag über die Grenzen der Einwilligung in Fällen der Per-
sonenfürsorge", in: *Strafrecht zwischen System und Telos* (= FS Herzberg), hg.
von Holm Putzke und Bernhard Hadtung, Mohr Siebeck, Tübingen 2008,
S. 669–709, bes. S. 701.

interessen des Kindes widerspricht. Es gibt aus dieser Perspektive vielmehr starke Gründe für die Vermutung, dass die Beschneidung und das mit diesem Akt initiierte Hineinwachsen in die jüdische Glaubenswelt Schritte sind, zu denen sich jüdische Eltern durch die Sorge um das Wohlergehen ihrer Kinder motivieren lassen.

Deshalb verletzt die Beschneidung auch nicht das Recht des Kindes auf (negative) Religionsfreiheit. Die Beschneidung stellt keine unzulässige religiöse Einflussnahme auf die Entwicklung des Kindes dar, weil diesem in seinem späteren Leben die Möglichkeit bleibt, die durch den elterlichen Erziehungsstil empfangenen Vorprägungen durch bewusste Aneignung zu einem Merkmal der frei gewählten religiös-weltanschaulichen Identität werden zu lassen oder sich von ihnen zu distanzieren und sie zu verwerfen. Der Hinweis auf die negative Religionsfreiheit des Kindes überzeugt schon deshalb nicht, weil auch der Verzicht auf eine religiöse Erziehung eine elterliche Einflussnahme auf die Entwicklung des Kindes darstellt. Indem sie ihm die Möglichkeit des altersgemäßen Hineinwachsens in die Lebenswelt des jüdischen Glaubens vorenthalten, üben sie in negativer Hinsicht eine persönlichkeitsprägende Wirkung auf ihr Kind aus. Solange das Kind die Möglichkeit der späteren Distanznahme gegenüber den von den Eltern empfangenen religiösen Vorprägungen behält, stellt die religiöse Erziehung gemäß den Anschauungen und Lebensformen des jüdischen Glaubens keine Beeinträchtigung seines Rechts auf religiöse Selbstbestimmung dar. Mit jeder Erziehung ist unvermeidlich eine bestimmte Vorprägung des Kindes hinsichtlich der Sprache, die es erlernt, der Kultur, in der es aufwächst, und der Charakterbildung, die es empfängt, verbunden. Das ist grundsätzlich mit dem Hineinwachsen in religiöse Lebensmuster nicht anders als auf den sonstigen Feldern elterlicher Erziehung. Richtig ist allerdings, dass die Beschneidung, deren körperliche Folgen irreversibel sind, die körperliche Integrität verletzt und einen Apostaten oder gleichgültig gewordenen säkularen Juden immer an die (frühere) Zugehörigkeit zum Judentum erinnert.

Allerdings lässt sich die Beschneidung auch nicht allein durch das Recht auf die positive Religionsfreiheit der Eltern legitimieren. Die Ausübung der eigenen Religion verleiht nämlich keineswegs die Befugnis, in die geschützten Rechte Dritter einzugreifen, nur weil die eigenen religiösen Vorschriften dies so festlegen. Wenn religiöse Praktiken die grundlegenden Rechte Dritter verletzen, lassen sich derartige Übergriffe durch den Hinweis auf die Religionsfreiheit nicht rechtfertigen. Dies steht – um zwei eindeutige Beispiele heranzuziehen – im Fall der (früheren) Witwenverbrennung in manchen Spielarten des Hinduismus und der weiblichen Genitalverstümmelung in afrikanischen Naturreligionen von vornherein fest. Im Blick auf die rituelle Beschneidung von Knaben schält sich deshalb als entscheidender Problemkern die Frage heraus, ob diese in Analogie zu solchen Rechtsverletzungen zu begreifen ist oder ob sie mit guten Gründen anders beurteilt werden kann.

Diese Einschätzung kann wiederum nur vom Gedanken des Kindeswohls her erfolgen. Politische Opportunitätsüberlegungen mögen im Hintergrund eine Rolle spielen, dürfen die Beurteilung, ob und inwiefern eine Verletzung des Kindeswohls vorliegt, aber keineswegs ersetzen. Dass die Argumentation, die in der rituellen Beschneidung von Knaben eine unmittelbare Verletzung der Menschenwürde durch einen nicht-einwilligungsfähigen Akt der Körperverletzung sieht, zur Folge hätte, dass jüdische und muslimische Mitbürger an der Religionsausübung in unserem Land gehindert wären, erscheint aus der Optik politischer Überlegungen als besonders überzeugender Einwand. Immerhin würde eine solche Rechtsauffassung dazu führen, dass zwei große Weltreligionen ihren eigenen Glauben und dessen jahrhundertelang selbstverständlich praktizierte Riten in Deutschland nicht mehr ausüben könnten. Eine solche Konsequenz wäre vom Selbstverständnis eines modernen Rechtsstaates und von der besonderen Last der deutschen Geschichte her in höchstem Maße befremdlich und unerwünscht. Doch stellen derartige Opportunitätserwägungen auf der normativen Ebene kein geltungstheoretisches Argument dar. Aus der isolierten Betrachtung der Religionsfreiheit allein lässt sich noch nicht ersehen, ob die rituelle Beschneidung zu den religiösen Lebensformen gehört, die in einem neutralen Rechtsstaat Toleranz erwarten dürfen oder ob dieser von seinem eigenen Selbstverständnis her aufgefordert ist, Übergriffe in die Rechtssphäre Minderjähriger zu verhindern. Weder die negative Religionsfreiheit des Kindes noch die positive Religionsfreiheit der Eltern können die Frage präjudizieren, ob die Beschneidung mit dem Kindeswohl vereinbar ist oder nicht.[18]

---

[18] Vgl. zu den bisherigen Überlegungen Tatjana Hörnle, Stefan Huster, „Wie weit reicht das Erziehungsrecht der Eltern? – Am Beispiel der Beschneidung von Jun-

2.3 Elterliches Sorgerecht und Kindeswohl

Der Dreh- und Angelpunkt, von dem aus die erforderliche Abwägung zwischen den im Fall der rituellen Beschneidung von Knaben betroffenen Rechtsgüter zu erfolgen hat, ist vielmehr die Ausübung des elterlichen Sorgerechtes für das Kind, die sich am Maßstab des Kindeswohls ausrichten muss. Die Frage nach der Reichweite und grundsätzlichen Anerkennung des elterlichen Erziehungsrechtes berührt den freiheitlichen Charakter unserer Rechtsordnung unmittelbar, da diese im Verzicht auf staatliche Bevormundung die gesellschaftlichen Freiräume anerkennt, in denen sich das private Leben der Bürgerinnen und Bürger in Ehe und Familie nach jeweils unterschiedlichen Vorstellungen frei entfalten kann. Der Verzicht auf staatliche Bevormundung der Eltern in der Festlegung ihrer Erziehungsvorstellungen besagt keineswegs, dass diese in willkürlicher Weise ins Belieben der Eltern gestellt wären. Die Anerkennung eines vor unmittelbarer staatlicher Einflussnahme geschützten elterlichen Erziehungsrechts geht vielmehr von der Präsumption aus, dass dem Wohl des Kindes am besten gedient ist, wenn dieses bei seinen Eltern aufwächst und ihrer Sorge anvertraut ist; ihm liegt die Vermutung zugrunde, dass die Ausübung der elterlichen Sorge und Erziehung am ehesten gewährleistet, dass „das Kind zu einer eigenverantwortlichen Persönlichkeit heranwächst und fähig ist, in einer Gemeinschaft zu leben".[19] Dabei geht diese Begründung davon aus, dass „das Kindeswohl die oberste Richtschnur der elterlichen Pflege und Erziehung" zu sein hat.[20]

---

gen", in: *JZ* 68 (2013) S. 328–339, bes. S. 329–332 und Ünsal Yalcin, „Zur Strafbarkeit der Beschneidung. Ein Plädoyer für die elterliche Sorge", in: *Betrifft Justiz,* Nr. 112 (2012) S. 380–389. Eine andere Sichtweise geht dagegen von dem Grundrecht des betroffenen Kindes auf Religionsausübung aus, das diesem von Geburt an zusteht, aber bis zum Eintritt der Religionsmündigkeit stellvertretend von den Eltern ausgeübt wird. Da das Aufwachsen mit der Lebensordnung der eigenen Religionsgemeinschaft dem Kindeswohl entspricht, dürfen diese in die Beschneidung einwilligen. Vgl. Werner, Beulke, Annika Dießner, „,(…) ein kleiner Schritt für einen Menschen, aber ein großes Thema für die Menschheit.' Warum das Urteil des LG Köln zur religiös motivierten Beschneidung von Knaben nicht überzeugt", in: *Zeitschrift der internationalen Strafrechtsdogmatik,* 7 (2012), S.338–346, bes. S. 344 f.

[19] BVerfGE 61, S.358, S. 372.
[20] Ebd.

Elterliches Sorgerecht und Kindeswohl stehen somit in einem differenzierten, reziproken Verweisungsverhältnis zueinander. Keineswegs ist den Eltern ein ungebundenes Herrschaftsrecht über ihr Kind eingeräumt, das sie nach Belieben ausüben könnten. Vielmehr ist das Kind ihrer Sorge unter der Prämisse anvertraut, dass sie ihrer Elternverantwortung durch die Bereitschaft gerecht werden, sich bei allen pädagogischen Maßnahmen und Entscheidungen vom Kindeswohl leiten zu lassen. Die Bindung des elterlichen Erziehungsrechts an das Kindeswohl wird auch in den einschlägigen Lehraussagen der katholischen Kirche anerkannt. „Die wahre Erziehung erstrebt die Bildung der menschlichen Person in Hinordnung auf ihr letztes Ziel" sowie „in der harmonischen Entfaltung ihrer körperlichen, sittlichen und geistigen Anlagen."[21] Dieselbe Verhältnisbestimmung zwischen Elternrecht und Kindeswohl liegt dem „Übereinkommen über die Rechte des Kindes" (UN-Kinderrechtskonvention) zugrunde, das am 20. November 1989 von den Vereinten Nationen beschlossen wurde und nach seiner Ratifizierung durch den deutschen Bundestag am 5. April 1992 in der Bundesrepublik Deutschland in Kraft trat. Im Mittelpunkt der Konvention steht der Gedanke, dass das Kind nicht nur der elterlichen Schutzverantwortung untersteht, sondern als ein mit individuellen Rechten ausgestattetes Subjekt zu achten ist. Artikel 3 legt dar, dass sich alle erzieherischen Maßnahmen am Kindeswohl *(best interest of the child)* ausrichten sollen, das die Eltern innerhalb des ihnen zustehenden Spielraums selbst auslegen können. Ihnen obliegt zunächst die Näherbestimmung des Kindeswohls, während das Kind selbst im Lauf seiner Entwicklung immer stärker als Interpret seiner Rechte zum Zuge kommen soll. Für die Frage der Beschneidung folgt daraus, dass sie vom elterlichen Sorgerecht gedeckt ist, sofern das Kindeswohl nach Auffassung der Eltern auch die religiöse Sozialisation entsprechend den Geboten der eigenen Religionsgemeinschaft umfasst, dabei sind die Willensäußerungen des Kindes mit wachsendem Alter und zunehmender Reife zu berücksichtigen. Eine Interpretation, die das Konzept individueller Kinder-

---

[21] Zweites Vatikanisches Konzil, Erklärung *Gravissimum educationis,* Nr. 1; weitere Verlautbarungen zur Aufgabe der Erziehung und dem Vorrang des Elternrechts vor staatlicher Bevormundung finden sich in: *Päpstlicher Rat für Gerechtigkeit und Frieden, Kompendium der Soziallehre der Kirche,* Herder, Freiburg im Breisgau 2006, S. 188–193.

rechte aus diesem Kontext lösen und gegen die Rechte der Eltern aus-
spielen möchte, ist weder durch den Wortlaut noch durch das zentrale Anliegen der UN-Kinderrechtskonvention gedeckt.[22]

Zwischen Elternrecht und Kindeswohl können zwar Spannungen
und Konflikte auftreten, doch nach der Auffassung wichtiger völker-
rechtlicher Dokumente und nationaler Rechtstexte sollen sie im
Regelfall einander wechselseitig unterstützen. Diese Verhältnisbestimmung hat einerseits zur Folge, dass es ein elterliches Erziehungsrecht, das nicht auf den Gedanken des Kindeswohls verpflichtet wäre, grundsätzlich nicht geben kann. Andererseits dürfen
Elternrecht und Kindeswohl aber auch nicht in ein antagonistisches
Verhältnis zueinander gebracht werden, wie es in der Urteilsbegründung des Kölner Landgerichtes und in den rechtswissenschaftlichen
Diskussionsbeiträgen geschieht, die in der rituellen Beschneidung
von Knaben eine rechtswidrige Körperverletzung und deshalb *eo
ipso* eine Missachtung des Kindeswohls und somit letztlich eine Verletzung der Menschenwürde sehen. Vielmehr obliegt es den Eltern,
das Kindeswohl näher zu konkretisieren und festzulegen, wobei
eine freiheitliche Rechtsordnung ihnen einen eigenen Spielraum zu-
gesteht, innerhalb dessen sie ihren jeweiligen Wertvorstellungen und
Persönlichkeitsidealen folgen dürfen.

Der Maßstab des Kindeswohls, auf den die Eltern in der Ausübung ihres Erziehungs- und Sorgerechtes verpflichtet sind, ist also
ein durchaus deutungsoffener.[23] Innerhalb der Schranken, die durch
die Grundrechte des Kindes (auf Gesundheit, auf gedeihliche Entwicklung usw.) gezogen sind, kommt den Eltern dabei ein „Interpre-
tationsprimat" vor allen anderen öffentlichen oder staatlichen Instanzen zu.[24] Wenn die Eltern aufgrund ihrer eigenen jüdischen
oder muslimischen Religionszugehörigkeit eine religiöse Erziehung

---

[22] Vgl. Heiner Bielefeldt, „Der Kampf um die Beschneidung. Das Kölner Urteil und
die Religionsfreiheit", in: *Blätter für deutsche und internationale Politik* 57 (2012)
S. 63–72, bes. S. 68 und Franziska Kelle, „Die Vereinbarkeit der rituellen Beschneidung bei Jungen mit der UN-Kinderrechtskonvention", in: *Beschneidung. Das Zeichen des Bundes in der Kritik. Zur Debatte um das Kölner Urteil*, hg. von Johannes
Heil und Stefan J. Kramer, Metropol, Berlin 2012, S. 115–133, bes. S. 121 f.

[23] Vgl. W. Beulke, A. Dießner, „(…) ein kleiner Schritt für einen Menschen, aber
ein großes Thema für die Menschheit'", 343.

[24] Stephan Rixen, „Das Gesetz über den Umfang der Personensorge bei einer Beschneidung des männlichen Kindes", in: *NJW* 66 (2013) S. 258–262, hier: S. 258.

als vom Kindeswohl gefordert ansehen, die es dem Kind erlaubt, in
die Glaubenswelt ihrer Religionsgemeinschaft hineinzuwachsen, ist
dies grundsätzlich durch die Prärogative des Elternrechts gedeckt,
sofern sie dabei auf das der jeweiligen Altersstufe entsprechende Fas-
sungsvermögen und die Willensäußerung des Kindes angemessen
eingehen. Das Kindeswohl darf nämlich nicht als eine objektive Größe betrachtet werden, die unabhängig von der Beziehung der Eltern
zu ihrem Kind aus der überlegenen Warte eines neutralen Beobach-
ters oder unbeteiligten Dritten zu erkennen wäre. Die Eltern sollen
ihr Kind in dieser Beziehung in seiner eigenen Subjektstellung als
unabhängige Persönlichkeit (in jeweils altersgemäßer Ausprägung)
anerkennen und sich durch ihren Erziehungsstil bemühen, diesem
Ziel soweit als möglich gerecht zu werden.

Durch diese interne Gebundenheit des elterlichen Erziehungsrechts an die Beachtung des Kindeswohls ergibt sich jedoch keine
Verpflichtung, in der Auswahl ihrer Erziehungsziele und -maßnah-
men einem von außen festgelegten Maßstab zu folgen. Mit religiös
geprägten Erziehungsvorstellungen und Lebensanschauungen verhält es sich in dieser Hinsicht grundsätzlich nicht anders als mit
den Anschauungen vom guten und gelingenden Leben, von denen
sich die Bürgerinnen und Bürger bei der Gestaltung anderer Sphä-
ren ihres privaten Daseins leiten lassen. Keineswegs sind die weltanschauliche Neutralität des Staates oder sein säkularer Charakter
dadurch in besonderer Weise gefährdet, dass die Eltern bei der ihnen
aufgetragenen Näherbestimmung des Kindeswohls den in ihrer
Glaubensgemeinschaft geltenden religiösen Inhalten, Riten und Ver-
haltensmustern folgen. Vom freiheitsverbürgenden Charakter des
freiheitlichen Rechtsstaates her gesehen, verhält es sich vielmehr
umgekehrt: „Gerade weil sich der Staat nicht mit einer bestimmten
Religion oder Weltanschauung identifiziert, respektiert er die unterschiedlichen, religiös imprägnierten Lebens- und Erziehungsvorstellungen der Bürger und enthält sich einer Bewertung.“[25] Gemäß dem
Subsidiaritätsprinzip erweist sich der freiheitliche Charakter des
Staates darin, dass er den Freiraum des elterlichen Erziehungs- und
Sorgerechtes achtet, den die Eltern in eigener Gestaltungsverantwor-
tung ausfüllen sollen. Er kann und muss von seiner staatlichen

---

[25] T. Hörnle, S. Huster, „Wie weit reicht das Erziehungsrecht der Eltern?“, 8.

Schutzverantwortung her Mindestanforderungen an das Kindeswohl definieren, die von Eltern zu beachten sind. So ist es diesen nicht erlaubt, ihr Kind von der allgemeinen Schulpflicht fernzuhalten oder körperliche Gewalt als Erziehungsmittel einzusetzen. Bezüglich der Beschneidung erfordern diese indispensablen Zulässigkeits-bedingungen, dass diese nach anerkannten ärztlichen Behandlungs-standards durchgeführt wird, wie es nun in Deutschland gesetzlich vorgeschrieben ist. Doch jenseits solcher Mindestvoraussetzungen legt der Staat das Kindeswohl nicht auf objektive Inhalte fest, die die Eltern zu beachten hätten. Deshalb darf er es von seinem eigenen Selbstverständnis als freiheitlicher säkularer Rechtsstaat her jüdi-schen oder muslimischen Eltern auch nicht verbieten, ihre Kinder entsprechend den religiösen Gepflogenheiten ihrer Glaubens-gemeinschaft zu erziehen und diese in Übereinstimmung mit deren allgemein geübter Initiationspraxis beschneiden zu lassen.

3. Die Toleranzfähigkeit einer pluralistischen Gesellschaft

Das vom deutschen Bundestag am 12. Dezember 2012 verabschiedete „Gesetz über den Umfang der Personensorge bei einer Beschneidung des männlichen Kindes" rief in der öffentlichen und fachwissen-schaftlichen Debatte unterschiedliche, ja entgegengesetzte Reaktionen hervor. Der Passauer Strafrechtler *Holm Putzke*, dessen Argumentati-on das Landgericht Köln in seiner Urteilsbegründung weitgehend folgte, sieht in der durch das Gesetz erlaubten Beschneidung das „Aufzwingen eines unabänderlichen religiösen Zugehörigkeitsmerk-mals", das dem Selbstbestimmungsrecht des Kindes und damit der Religionsfreiheit widerspreche.[26] Für ihn stellt die Beschneidung einen Akt der Gewalt dar, die im Namen der Religion verübt wird. Daher seine Schlussfolgerung: „Der Staat ist verpflichtet, Kinder davor zu schützen."[27] Für die frühere Justizministerin *Brigitte Zypris* war es da-gegen eine moralische Verpflichtung des deutschen Parlaments, für jüdische und muslimische Eltern, die ihre Kinder beschneiden lassen

---

[26] Holm Putzke „Ist die religiöse Beschneidung Körperverletzung? Pro: Die ritu-elle Beschneidung von Jungen ist rechtswidrig!", in: *Recht und Politik* 48 (2012) S. 138.
[27] Ebd., 138.

wollen, Rechtssicherheit zu schaffen. „Es darf nicht sein, dass Jahrtausende alte Traditionen von Millionen von Menschen auf diese Weise leichtfertig in Frage gestellt werden. Jüdisches und muslimisches Leben muss auch in Deutschland möglich sein … Ich bin kein sehr religiöser Mensch, trotzdem bin ich der Meinung: Wir sollten die Kirche im Dorf lassen – und die Moschee und die Synagoge auch."[28] Auch in der Rechtswissenschaft stieß das Gesetz auf unterschiedliche Reaktionen. Die einen sahen in ihm eine aus bloßer Staatsräson erlassene „lex judaica", die man allenfalls um der Last der deutschen Vergangenheitsbewältigung willen hinnehmen können. Andere lobten das Gesetz als angemessene Antwort auf die durch das Kölner Urteil entstandene Rechtsunsicherheit, die unter jüdischen und muslimischen Mitbürgern Zweifel entstehen ließ, ob sie in Deutschland ihre Religion noch ungehindert ausüben können.

Betrachtet man die gesellschaftliche Debatte, wie sie in den Medien, aber auch in Leserbriefen und Internet-Foren vor der Verabschiedung des Gesetzes geführt wurde, so stellen die antijüdischen und antimuslimischen Begleittöne, die dabei nicht zu überhören waren, der Toleranzfähigkeit der deutschen Gesellschaft kein gutes Urteil aus. Die Beschneidungsgegner zeigten sich durch das Festhalten von Juden und Muslimen an ihrer religiösen Überlieferung so irritiert, dass sie nicht davor zurückschreckten, die Beschneidung als ein atavistisches, grausames Ritual zu verspotten. Sie unternehmen erst gar nicht den Versuch, die Beschneidung als „Merkmal jüdischer Differenz" zu verstehen, sondern identifizierten die eigene Sichtweise mit einem angeblich universalen Rechtsverständnis, das sie im Namen von Menschenwürde und Religionsfreiheit anderen aufdrängen wollten.[29] Darin kommt eine erstaunliche Unfähigkeit zum Ausdruck, die Partikularität des eigenen kulturellen Standpunktes zu reflektieren. Auch zeigte der kulturkämpferische Impetus und der ätzend-verächtliche Ton mancher Beiträge, dass unter dem Deckmantel der Sorge um die Rechte jüdischer und muslimischer Kinder viel verquertes weltanschauliches Gedankengut ans Tageslicht gespült wurde. Das merkwürdige Amalgam zwischen hohem

---

[28] Ebd., 139.
[29] Vgl. Alfred Bodenheimer, „In der Beschneidungsklemme. Trauma und Pluralität im Deutschland des 21. Jahrhunderts", in: *IKZ Communio* 41 (2012) S. 577–584, hier: S. 579.

Freiheitspathos und einer prinzipiell religionsfeindlichen Einstellung führte bei einigen Beschneidungsgegnern dazu, dass sie die christliche Taufe der sichtbaren körperlichen Beschneidung hinsichtlich ihres angeblich freiheitsgefährdenden Gewaltpotenzials zur Seite stellten, weil sie die Seele des Kindes durch ein unauslöschliches Prägemerkmal vergewaltige. Da das Argument der Gefährdung des Kindeswohls durch einen Akt der Körperverletzung bei der Taufe nicht zur Verfügung steht, zeigt diese Parallelisierung, dass der Streit um die Beschneidung über den unmittelbaren Anlass hinaus ein Stellvertreterkrieg war, bei dem es um die Freiheit der ungehinderten Religionsausübung an sich und das Elternrecht der religiösen Erziehung als solches ging. Die antireligiöse Intoleranz und die Unfähigkeit, religiöse Verschiedenheit als Ausdruck gesellschaftlichen Reichtums zu betrachten, überraschen in ihrer dabei zu Tage getretenen Schärfe. Das dünne Eis der Toleranzfähigkeit, das ihrem normativen Selbstverständnis nach unsere pluralistische Gesellschaft auszeichnen sollte, kann schneller einbrechen, als wir ahnen – vor allem, wenn Toleranz die Bereitschaft fordert, die Differenz des Anderen, des unverstandenen Fremden gelten zu lassen.

Schlussreflexion

Islam – ein Teil Europas?

Säkulare Politik und weltanschaulich plurale Gesellschaften als Ausdruck des normativen Projekts der Moderne

Christian Spieß, Linz

Es sieht so aus, als fiele manchem die eigene „abendländische Kultur" gerade dann ein, wenn es darum geht, gegen eine andere Kultur zu Felde zu ziehen. Die Pegida-Aufmärsche in Dresden und anderswo sind wohl das kurioseste Beispiel dafür. Wenn Hassprediger Weihnachtslieder gegen die Islamisierung Europas singen, ist das von einer Chuzpe, die einem den Atem stocken lässt (und zum Glück auch die Lichter an den großen christlichen Kirchen ausgehen lässt). Zugleich zeigt sich aber auch, wie wenig die „kulturellen Werte" der jüdisch-christlichen Traditionen Europas bei jenen, die vorgeben, sie zu verteidigen, tatsächlich bekannt, geschweige denn verinnerlicht sind. Denn wer könnte allen Ernstes Fremdenhass mit christlicher Nächstenliebe begründen, wer ein christliches Weihnachtslied als Hymne gegen gläubige Muslime interpretieren? So bekämpfen die „Patriotischen Europäer gegen die Islamisierung des Abendlandes" und ihresgleichen im Grunde nicht nur den Islam, sondern auch das Christentum und die europäische Kultur.

In Bezug auf die Rolle des Islam in Europa und in Bezug auf die Rolle der Religionen in den modernen politischen Gemeinwesen Europas wird in diesem Beitrag die folgende These vertreten: Die jüdisch-christlichen und antik-philosophischen Traditionen wurden in der Neuzeit durch die entsprechenden (politisch-) philosophischen Impulse in mehreren – durchaus spannungsvollen – Schritten in die Idee des säkularen und demokratischen Verfassungsstaates transformiert. *Das* ist es, was heute Europa ausmacht: Freiheitsrechte, bürgerliche Beteiligung und soziale Gerechtigkeit. Eine „Kultur des Abendlandes" oder Europas kann sich, wenn wir heute davon reden, nicht in erster Linie auf die Vormoderne beziehen, auf Religion, Feudalsystem, Reich(e), mittelalterliches Kaisertum und dergleichen. Vielmehr muss sie sich auf das, freilich maßgeblich in Europa entwickelte, normative Projekt der Moderne beziehen, das vor allem Menschenrechte und Demokratie, die Trennung von Religion und Politik, Rechtsstaatlichkeit und Rechtssicherheit umfasst. Die Pointe dieses normativen Projekts der Moderne ist aber gerade nicht, dass ein bestimmtes religiöses Glaubens- und Moralsystem oder ein weltanschaulich gebundenes Wertesystem im Recht verankert wird, sondern dass sich das Recht von den Ideen des guten Lebens emanzipiert (1.).

Die Genese dieses Staates, der politischen Freiheitsrechte und der Säkularität hat auch die religiösen Traditionen, nicht zuletzt die katholische Kirche und den Katholizismus, überholt, so dass diese sich die Standards der europäischen Moderne erst wieder mühsam, in einer Art nachholender Modernisierung, aneignen mussten. In ähnlicher Weise, wie sich das Christentum der europäischen Moderne affirmiert hat, können sich auch andere religiöse Traditionen der europäischen Moderne affirmieren. Nach den Erfahrungen des strikten Antimodernismus der katholischen Kirche und ihrer verspäteten Modernisierung erscheint es abseitig, diese Tradition als mit Menschenrechten und Demokratie vereinbar zu bewerten, um zugleich anderen religiösen Traditionen diese Vereinbarkeit abzusprechen. Die Modernisierung des Katholizismus zeigt, im Gegenteil, dass Religionsgemeinschaften lernfähig und religiöse Traditionen veränderbar sind (2.). Mithin verstricken sich jene, die insbesondere dem Islam eine Unvereinbarkeit mit der modernen Verfassungsstaatlichkeit attestieren, in unübersehbare Widersprüche (3.). Bei der Unterstellung der Unvereinbarkeit des Islam mit dem modernen Staat wird außerdem übersehen, dass nicht nur „der Islam" Bereitschaft zur Modernisierung aufbringen muss, sondern auch, dass die säkularen politischen Gemeinwesen die Bereitschaft aufbringen müssen, unterschiedliche religiöse Orientierungen in ihr Konzept der säkularen Verfassungsstaatlichkeit zu integrieren; dies ist eine der größten politischen und gesellschaftlichen Herausforderungen der europäischen Gegenwart (4.).

1. Islam und Europa – Europa und die Muslime

Es ist gewiss nicht originell, in der Debatte um die Rolle der Religion im modernen Verfassungsstaat auf das „Böckenförde-Theorem" zu verweisen, mithin auf die „meistzitierte[] Bekenntnisformel der politischen Kultur der Bundesrepublik"[1]. In der Frage des Verhältnisses von Religion und Politik im modernen Verfassungsstaat bringt die Formel aber in einzigartig prägnanter Weise die Spannung zum Ausdruck, die zwischen weltanschaulicher Bindung und freiheitlicher Rechtsstaatlichkeit besteht. Im Hintergrund der Formel steht eine positive Haltung zur Religion, insofern diese einen Beitrag leisten kann zur Reproduktion jener Sinnressourcen, die der freiheitliche und säkulare Staat selbst nicht garantieren kann. Wegen dieser möglichen positiven Funktion der Religion, fehlt der Hinweis auf das Böckenförde-Theorem in kaum einer Debatte über die Bedeutung religiöser Orientierungen im säkularen Verfassungsstaat. „Der freiheitliche, säkularisierte Staat lebt von Voraussetzungen, die er selbst nicht garantieren kann. Das ist das große Wagnis, das er, um der Freiheit willen, eingegangen ist. Als freiheitlicher Staat kann er einerseits nur bestehen, wenn sich die Freiheit, die er seinen Bürgern gewährt, von innen her, aus der moralischen Substanz des einzelnen und der Homogenität der Gesellschaft, reguliert. Andererseits kann er diese inneren Regulierungskräfte nicht von sich aus, das heißt mit den Mitteln des Rechtszwanges und autoritativen Gebots zu garantieren suchen, ohne seine Freiheitlichkeit aufzugeben und – auf säkularisierter Ebene – in jenen Totalitätsanspruch zurückzufallen, aus dem er in den konfessionellen Bürgerkriegen herausgeführt hat."[2]

Ernst-Wolfgang Böckenförde beteiligte sich als Verfassungsjurist intensiv an den zur Zeit des Zweiten Vatikanischen Konzils stattfindenden Debatten um eine neue Position der katholischen Kirche in Fragen der kirchlichen „Staatslehre". Böckenförde nahm leidenschaftlich am Ringen um die Neuorientierung des Lehramts teil und publizierte während des Konzils sein Plädoyer für die Anerkennung der Religionsfreiheit und der Trennung von Religion und Politik durch die Kirche.[3] Die Stoßrichtung seiner Argumentation war

---

[1] Hermann-Josef Große Kracht, „Fünfzig Jahre Böckenförde-Theorem. Eine bundesrepublikanische Bekenntnisformel im Streit der Interpretationen", in: *Religion – Recht – Republik. Studien zu Ernst-Wolfgang Böckenförde*, hg. von Hermann-Josef Große Kracht und Klaus Große Kracht, Ferdinand Schöningh, Paderborn 2014, S. 155–183, hier: S. 155.

[2] Ernst-Wolfgang Böckenförde, *Staat, Gesellschaft, Freiheit. Studien zur Staatstheorie und zum Verfassungsrecht*, Suhrkamp, Frankfurt am Main 1976, S. 60.

[3] Vgl. ausführlich Karl Gabriel, Christian Spieß, „Das Zweite Vatikanum und die Religionsfreiheit: Eine kopernikanische Wende?", in: *Religion – Recht – Republik*.

dabei eindeutig im Sinne der Wende vom „Recht der Wahrheit" zum „Recht der Person".[4] „Wie niemand sonst im deutschen Katholizismus hat Ernst-Wolfgang Böckenförde deshalb die staats- und demokratietheoretischen Umbrüche des II. Vatikanischen Konzils, vor allem der Erklärung Dignitatis humanae über die Religionsfreiheit, emphatisch begrüßt."[5] Das Böckenförde-Theorem ist nicht zuletzt das Ergebnis der Auseinandersetzung mit der Frage, wie das Verhältnis von Kirche und Staat bzw. von Religion und Politik zu bestimmen ist. Die Bedingung für die Anerkennung der Religionsfreiheit von Seiten der Kirche ist nach Böckenfördes Auffassung die Anerkennung der Trennung von Moral und Recht und damit die Affirmation der „Staatslehre" bzw. der politischen Ethik der Kirche an eines der zentralen Motive der liberalen politischen Philosophie. In keiner Weise ruft Böckenförde nach einer moralischen oder gar religiösen Unterfütterung des säkularen Staates. Vielmehr bekennt er sich eindeutig und nachdrücklich zum modernen Individualismus der freiheitlichen Menschenrechte, weil dieser zur Emanzipation von einer einheitsstiftenden, an einem Begriff des *Volkes* orientierten Idee der Nation und zur Emanzipation von der Religion geführt habe.[6] Es handelt sich also um eine präzis profilierte liberale Position. Die Trennung von Religion und Politik wird auf der Grundlage der Trennung von Moral und Recht vorbehaltlos ebenso anerkannt wie folglich die Säkularität des modernen Verfassungsstaates. Mitnichten propagiert Böckenförde einen „Wertediskurs", eine „Leitkultur" oder einen in irgendeiner Weise auch nur informell mit religiösen Gehalten imprägnierten Staat. Sonst müsste vom „großen Wagnis" nicht die Rede sein. Gerade deshalb stellt sich Böckenförde der Frage, wie der säkulare Staat aus der Perspektive eines „bundesdeutschen Katholiken" zu beurteilen ist.[7]

Studien zu Ernst-Wolfgang Böckenförde, hg. von Hermann-Josef Große Kracht und Klaus Große Kracht, Paderborn 2014, S. 77–89.

[4] Vgl. Christian Spieß, *Zwischen Menschenrechten und Gewalt. Religion im Spannungsfeld der Moderne,* Ferdinand Schöningh, Paderborn 2016, S. 174–189.

[5] H.-J. Große Kracht, „Fünfzig Jahre Böckenförde-Theorem", 157.

[6] Vgl. E.-W. Böckenförde, „Staat, Gesellschaft, Freiheit", 60.

[7] Vgl. hierzu Christian Spieß, *Zwischen Gewalt und Menschenrechten,* 176 f., sowie ferner K. Gabriel, Ch. Spieß, „Das Zweite Vatikanum und die Religionsfreiheit: Eine kopernikanische Wende?", 78–84.

Auch der Weg des Christentums, so Böckenförde, führe – insbesondere, wenn man die Staatslehre des katholischen Naturrechts im 19. Jahrhundert und in der ersten Hälfte des 20. Jahrhunderts mit in Betracht ziehe – in Bezug auf den Staat auf einem steinigen und verschlungenen Weg von einer „natürlichen Wahrheitsordnung" weg und hin zu einer vernunftbestimmten weltlichen Ordnung. Auch für die einzelnen Christen führe dieser Weg „zum Selbstbewusstsein ihrer Freiheit".[8] Dadurch eröffnet sich die Möglichkeit, dass der christliche Glaube, *vermittelt durch das persönliche Bekenntnis des Einzelnen,* als „gesellschaftliche (und insofern auch politische) Kraft" wirksam werde. Auf diese Weise würden dem säkularen Staat die (auch) durch religiöse Bürger reproduzierten „inneren Antriebe und Bindungskräfte" bereitgestellt, die benötigt.[9] Über andere moralische oder sittliche Ressourcen verfügt der freiheitliche und säkulare Staat per definitionem nicht noch kann er diese Ressourcen mit den Mitteln des Rechts generieren, selbst reproduzieren und garantieren. Darin liegt die „Angewiesenheit" des modernen Staates – auf die aber keinesfalls in der Weise reagiert werden kann, dass der Staat „zum ‚christlichen' Staat zurückgebildet wird, sondern in der Weise, daß die Christen diesen Staat in seiner Weltlichkeit nicht länger als etwas Fremdes, ihrem Glauben Feindliches erkennen, sondern als die Chance der Freiheit, die zu erhalten und zu realisieren auch ihre Aufgabe ist".[10]

Warum wirken solche Sätze so aktuell? Weil sie sich an katholische Christen richteten, die in jener Zeit in einer ähnlichen Situation waren, wie heute manche Muslime oder wie man es heute häufig Muslimen unterstellt. Ihre Religionsgemeinschaft, die katholische Kirche, pflegte eine intensive Distanz zum säkularen Staat und zu den Freiheitsrechten, hielt die Trennung von Religion und Politik zuerst für „Wahnsinn" und später – noch in den 1950er Jahren – für ein allenfalls um eines höheren Gutes – des Gemeinwohls – willen hinzunehmendes Übel. Die große Herausforderung bestand dementsprechend darin, nicht nur die Lehre der Kirche, sondern auch das Selbstverständnis der Gläubigen an das normative Projekt der Moderne heranzuführen, sofern diese sich nicht schon vorher

---

[8] E.-W. Böckenförde, Staat, Gesellschaft, Freiheit, 58.
[9] Ebd., 58–60.
[10] Ebd., 61.

von der Staatslehre der Kirche entfernt hatten, um gegen die und trotz der Ablehnung der Kirche die Idee des modernen Staates anzuerkennen und – etwa in den Parteien des politischen Katholizismus – in der freiheitlichen Demokratie konstruktiv mitzuwirken.

Das Böckenförde-Theorem schließt also die Trennung von Moral und Recht und damit die Anerkennung der Trennung von Religion und Politik ein. Als Antwort auf die Verwiesenheit des Staates auf in der Gesellschaft reproduzierte Moral und Sittlichkeit ist auch nicht ein „Wertediskurs" oder dergleichen vorgesehen; dies wird im unmittelbaren Kontext des Theorems von Böckenförde ausdrücklich zurückgewiesen.[11] Auch werden die sinnstiftenden Potenziale nicht ausschließlich von der christlichen Religion generiert und reproduziert. In Varianten späterer Jahre ist von einer Gemengelage „homogenitätsstiftender Kräfte" (zu denen keineswegs nur die Kirchen gehören) die Rede und allgemein von „geistig-sittlichen Grundhaltungen, Orientierung an sittlichem Grundgefühl".[12]

Welche Intention liegt also dem Böckenförde-Theorem zu Grunde? Weil Religionen – wie andere weltanschauliche Akteure auch – in der Gesellschaft des politischen Gemeinwesens einen wichtigen Beitrag für die Reproduktion moralischer Gehalte und sinnstiftender Potenziale leisten, sollten sie politisch gefördert werden. Die Zivilgesellschaft, so könnte man eine der zentralen Hinweise des Theorems formulieren, darf dem Staat nicht egal sein, weil er auf die in ihr reproduzierte Sittlichkeit angewiesen ist – eben als Voraussetzungen, die er selbst nicht *garantieren* kann. Gewiss dürfen die zivilgesellschaftlichen Verständigungsprozesse in die politische Öffentlichkeit, sofern diese als von der staatlichen Politik getrennt verstanden wird, hineinragen. Gerade etwa ein solidarisches politisches Engagement für benachteiligte Menschen kann typisch sein für religiöse Akteure der Zivilgesellschaft; das gilt auch in Bezug auf nichtchristliche religiöse Traditionen. So hat sich Böckenförde bekanntlich immer wieder zugunsten einer weiten Auslegung der Religionsfreiheit für Angehörige des Islam ausgesprochen, beispielsweise auch in der Frage des „Kopftuchverbots" für muslimische Lehrerinnen an staatlichen Schulen. Wenn gläubige Menschen ihre religiösen Überzeu-

---

[11] Vgl. ebd., 58–61.
[12] Ernst-Wolfgang Böckenförde, *Der Staat als sittlicher Staat,* Duncker & Humblot, Berlin 1978, S. 36.

gungen als Sinnressourcen in der Gesellschaft artikulieren dürfen, dann gilt das zum einen für alle Religionen und zum anderen für den ganzen Menschen. Es wäre absurd, von gläubigen Menschen einerseits zu erwarten, dass sie mit ihren religiösen Potenzialen zur sittlichen Reproduktion der Gesellschaft und damit des säkularen Staates beitragen (auch wenn sie dafür nicht „in Anspruch genommen" werden), ihnen andererseits aber von Seiten des säkularen Staates zu verbieten, ihr Leben gemäß ihrer religiösen Überzeugung zu führen.

Das Böckenförde-Theorem ist also religionspolitisch keineswegs neutral. Im Rückbezug auf die drei oben unterschiedenen Tendenzen der Religionspolitik lässt sich aus der Perspektive einer vergleichsweise zurückhaltenden Inanspruchnahme des Theorems Folgendes sagen:

Gegen die faktische Privilegierung einer Religion aus historischen oder „kulturellen" Gründen spricht die Anerkennung der Trennung von Religion und Politik. Ohne eine Umsetzung dieser Trennung wäre ein Böckenförde-Theorem weder nötig noch sinnvoll. Erst die Säkularität des Staates lässt die Frage nach den Voraussetzungen, die er selbst nicht garantieren kann, überhaupt aufkommen. Und das Problem zu lösen, indem die Entwicklung, die zu dem Problem geführt hat, rückgängig gemacht wird (also indem die Politik wieder „de-säkularisiert" oder „re-moralisiert" wird und das Grundgesetz bzw. die Verfassung durch eine „Wertordnung" ergänzt wird, zu der sich alle – de facto vor allem natürlich die Einwanderer – zu bekennen haben), kann nicht der Intention des Theorems entsprechen.

Gegen das Modell der strikten Neutralität im Sinne der Laïcité spricht, dass Religionen im Sinne des Theorems als wichtige Bestandteile der gesellschaftlichen Öffentlichkeit betrachtet werden und religiöse Akteure als solche (also als Personen mit religiöser Überzeugung) anerkannt werden. Das Programm der Laïcité geht dagegen tendenziell davon aus, dass es wünschenswert ist, religiöse Überzeugungen zu neutralisieren, jedenfalls zu privatisieren und sie nicht als wertvolle und wichtige Beiträge in öffentlichen Diskursen zu verstehen.

So bleibt das Modell der *Anerkennung religiöser und kultureller Diversität,* das dem Böckenförde-Theorem am ehesten entspricht. Das Modell bietet Freiheitsspielräume der religiösen Interaktion und Artikulation, für die Entfaltung solidarischer Potenziale wie für die Verwirklichung religiöser Praxis. Der säkulare Staat beurteilt nicht die Gesinnung und Gewohnheiten religiöser Menschen, sondern sichert für sie Räume im Rahmen seiner Gesetzgebungs- und Rechtssicherungskompetenz. Er geht dabei davon aus, dass religiöse Überzeugungen wichtig für ihre Träger und wertvoll für das politische Gemeinwesen sind und respektiert sie dementsprechend.

Was bedeutet dies für die Frage nach der Rolle des Islam in Europa? Wenn wir davon ausgehen, dass in der Gegenwart die Ideen der Freiheit und der Demokratie, die im säkularen Verfassungsstaat verwirklich wurden, die wesentlichen Merkmale der europäischen Moderne darstellen, dann gehören Menschen muslimischen Glaubens genauso zu Europa wie Menschen christlichen Glaubens oder Menschen ohne religiösen Glauben. In Bezug auf die Frage, ob „der Islam" zu Europa gehört, gilt es dagegen ähnlich zu differenzieren wie in Bezug auf die Frage, ob das Christentum zu Europa gehört. Der Islam ist als eine Idee des guten Lebens, die von einzelnen gläubigen Menschen verfolgt und in einem Kollektiv gepflegt wird, ein Teil der europäischen Gesellschaften. Aber er ist nicht als eine Weltanschauung Teil Europas, der sich das politische System verpflichtet weiß. Dies würde, wie eben auch im Fall des Christentums, der neuzeitlichen Emanzipation der Politik aus dem Korsett der Religion widersprechen und damit der Idee des liberalen und säkularen Verfassungsstaates. Dem steht nicht im Wege, dass die jüdisch-christliche Tradition aus historischen Gründen *de facto* die europäische Kultur, den Alltag und die Lebensweisen in Europa, die sittlichen Konventionen und infolgedessen auch das geltende Recht in den europäischen Nationalstaaten natürlich weit stärker beeinflusst hat als die islamische Tradition.

Nähert man sich also mit Hilfe des Böckenförde-Theorems der Frage, ob der Islam zu Europa gehört, wird man die vorsichtigere und präzisere Antwort wählen, dass *Muslime* Teil Europas sind bzw. dass der Islam als Glaubenssystem und Weltanschauung gläubiger Muslime Teil der europäischen – weltanschaulich pluralen – Gesellschaften ist. Die Politik anerkennt die Religion und sollte sie fördern, aber sie lässt sich von ihr nicht vereinnahmen; insofern hält die Politik der europäischen Moderne die Religion auf Distanz und verweist sie auf einen Ort in der Zivilgesellschaft.

2. Katholische Kirche und europäische Moderne – Verwerfung und Affirmation

Dass die katholische Kirche Teil Europas ist, wird kaum in Frage gestellt. Dabei dürften die Probleme zwischen katholischer Kirche und europäischer Moderne ziemlich genau den Problemen entsprechen, die zwischen Islam und europäischer Moderne erkannt werden. Die Kirche befürwortete lange Zeit eine Verbindung von Religion und Politik, weil letztlich alleine durch die Bindung der Politik an die (selbstverständlich exklusive) religiöse Wahrheit das Heil bzw. ein gelingendes Leben der Bürger garantiert werden könne. Weil es kein Recht für den Irrtum (also für falsche Wahrheitsansprüche) geben dürfe, könne es auch keine Religionsfreiheit geben. Diese Verschränkung von politischer Sorgepflicht der Machthabenden einerseits und deren Orientierung an einer vorausgesetzten Wahrheit andererseits ist typisch für die Vormoderne. Personale Autonomie und individuelle Freiheit werden systematisch ausgeblendet. Allerdings vertrat die Kirche diese Konzeption zu einer Zeit, in der sich das politische Modell des liberalen und demokratischen Nationalstaates bereits ausbreitete – und geriet dadurch in einen aus heutiger Sicht kurios anmutenden Anachronismus. Selbst als – wie oben bereits angedeutet – erhebliche Teile des politischen Katholizismus bereits maßgeblich in liberalen Demokratien mitwirkten, beharrte das römische Lehramt auf einer grundsätzlichen Ablehnung der freiheitlichen Menschenrechte, einschließlich der Religionsfreiheit und der Trennung von Religion und Politik. Mit anderen Worten: Der Papst lehnte den entscheidenden Entwicklungsschritt der europäischen Moderne zum liberalen Verfassungsstaat ab, und zwar in einer Weise, die keine Zweifel daran lässt, dass ein substanzieller Widerspruch zwischen europäischer Moderne und katholischem Glauben vorliegt. Ganz gleich, ob sich Lehrschreiben wie *Mirari vos* (1832) von Papst Gregor XVI. oder *Quanta cura* (1864) nebst „Syllabus errorum" (einer Sammlung von 80 – im Wesentlichen liberalen und teilweise auch demokratischen – Irrtümern der Zeit) von Pius IX. auf Tendenzen innerhalb oder außerhalb der Kirche bezogen; sie enthalten eine Ablehnung des normativen Projekts der Moderne, die ihresgleichen sucht und jedenfalls von einer anderen Denomination – gleich welcher Religion – nicht schärfer formuliert werden kann. Nach den Maßstäben, die in öffentlichen Diskursen an den Islam angelegt werden und etwa in die These münden, dass der Islam

nicht mit der liberalen Demokratie Europas vereinbar sei, weil er
nicht (nur) eine Religion darstelle, sondern auch ein politisches System, das sich an einem religiösen Wahrheitsanspruch orientiere und
in dieser Wahrheit begründe, müsste man selbstverständlich auch
sagen: Der Katholizismus ist mit der liberalen Demokratie Europas
nicht vereinbar, weil er nicht (nur) eine Religion darstellt, sondern
auch ein politisches System, das sich an einem religiösen Wahrheitsanspruch orientiert und in dieser Wahrheit begründet. Und genau
dies wurde (und wird) aus der Perspektive eines strikt säkularistischen Liberalismus und Laizismus ja auch so vorgetragen. Historisch war es in Kontinentaleuropa die Französische Revolution,
die diesen antireligiösen und antiklerikalen Säkularismus entwickelte und teilweise auch exekutierte. Die Kirche musste sich durch diese
Variante des europäischen Liberalismus massiv angegriffen und herausgefordert fühlen. Folgerichtig formulierte sie vor diesem Hintergrund ihre antimodernistische Lehre mit den bekannten Ausfällen
gegen den Liberalismus („deliriumartiger Wahnsinn" etc.).[13] Aber
der Kirche gelang es später eben doch, den antimodernistischen
Kurs zu verlassen und im Rahmen eines Lernprozesses die philosophischen und politischen Standards der Moderne weitgehend zu
verinnerlichen. Der moderne säkulare Staat wurde also nicht nur
halbherzig gewürdigt, sondern mit der eigenen Systematik – mit
der christlichen Philosophie und mit der Theologie – begründet
und gewissermaßen in das religiöse und theologisch-ethische System
der Kirche integriert. Heute – nur gut 50 Jahre nach dem Ende der
antimodernistischen Epoche der Ablehnung der freiheitlichen
Menschenrechte – sind die Kirche und kirchliche Akteure zu glaub-
würdigen Protagonisten der globalen Menschenrechtsbewegung geworden. Kaum eine religiöse Organisation dürfte so markant vor
Augen führen wie die katholische Kirche, dass Religionen und ihre
Lehre auch in zentralen Fragen wandelbar sind, insbesondere dass

---

[13] Vgl. dazu ausführlich Karl Gabriel, Christian Spieß, Katja Winkler, *Wie fand
der Katholizismus zur Religionsfreiheit? Faktoren der Erneuerung der katholischen
Kirche*, Ferdinand Schöningh, Paderborn 2016, S. 88–98; die einschlägigen Dokumente und Kommentare finden sich in Karl Gabriel, Christian Spieß, Katja
Winkler (Hg.), *Die Anerkennung der Religionsfreiheit auf dem Zweiten Vatikanischen Konzil. Texte zur Interpretation eines Lernprozesses*, Ferdinand Schöningh,
Paderborn 2013.

auch einer Religionsgemeinschaft, deren Lehre in massivstem Widerspruch zur europäischen Moderne steht, eine Affirmation an die Moderne gelingen kann.

Wie war dieser Lernprozess möglich? Im Fall der katholischen Kirche und des Katholizismus sind verschiedene Faktoren zusammengekommen,[14] zu denen die katholizismusinterne Pluralität in Theologie und Kirche gehört, das katholische Vereins- und Verbandswesen sowie der politische Katholizismus. Eine besondere Rolle spielte die Erfahrung der Kirche und des Katholizismus in den Vereinigten Staaten von Amerika. In diesem Kontext fand die Kirche eine andere, relativ religionsfreundliche Variante der liberalen Demokratie vor. Ohne die Erfahrung der verheerenden Religionskriege Europas bildete der Liberalismus keine aggressive religionsfeindliche Spitze wie in Europa aus. Und ohne die religionsfeindliche Spitze des Liberalismus musste sich die Kirche der Vereinigten Staaten nicht aggressiv antimodernistisch profilieren.[15] Während des Zweiten Vatikanischen Konzils wurde diese Erfahrung in die Debatte um die Neuorientierung der kirchlichen Staatslehre eingespeist und mit einem Plädoyer für die Anerkennung der Religionsfreiheit verknüpft. Da die Ablehnung der Kirche zwar noch lehramtlich gegeben war, sich aber im Katholizismus bereits ein differenziertes Bild unterschiedlicher Positionen zu den liberalen Menschenrechten und zum säkularen Verfassungsstaat zeigte, rief dieses Plädoyer zwar auf der einen Seite vehementen Widerspruch hervor, fand auf der anderen Seite aber auch Unterstützung.

Die Auseinandersetzung um die Religionsfreiheit gehört zu den großen Kontroversen des Zweiten Vatikanums. Der Verlauf war äußerst schwierig und von harten Kämpfen und Intrigen geprägt, bis es schließlich am vorletzten Tag des Konzils doch noch zur Zustimmung zu Erklärung über die Religionsfreiheit *Dignitatis humanae*

---

[14] Vgl. ausführlich K. Gabriel, Ch. Spieß, K Winkler, *Wie fand der Katholizismus zur Religionsfreiheit?*, 197–295; im Einzelnen werden dort die folgenden Faktoren genannt und erörtert: Nationalsozialismus und Zweiter Weltkrieg, Menschenrechtserklärung und globale Organisationen, wirtschaftliche Entwicklung, Blockkonfrontation und Kalter Krieg, US-amerikanischer Katholizismus und der Beitrag von John C. Murray, katholizismusinterne Pluralität, politischer Katholizismus, politische Parteien und Christdemokratie, das katholische Vereins- und Verbandswesen sowie die Konzilsdynamik und das päpstliche Charisma.
[15] Vgl. ebd. insbesondere 236–244.

kam.[16] Die Entwicklung, die zur Anerkennung der Religionsfreiheit und des freiheitlichen Verfassungsstaates durch die katholische Kirche geführt hat, kann insgesamt als *zweistufiger Lernprozess* beschrieben werden.[17] Zunächst konnte sich im Rahmen eines nicht religionsfeindlichen säkularen Staates an der kirchenpolitischen Peripherie, in dem sich die Kirche und die Gläubigen in relativ weiten Spielräumen religiöser Freiheit entfalten konnten, eine positive Haltung seitens der Kirche und der Katholiken zu diesem säkularen Staat entwickeln. Es wurde also gerade kein Modernisierungsdruck auf die Religion von außen ausgeübt, sondern man bot der Religion Entfaltungsspielräume. Dann gewann diese Erfahrung im Zuge der Konzilsberatungen an Bedeutung und Zustimmung im kirchenpolitischen Zentrum; hier baute sich innerhalb der Religionsgemeinschaft ein Druck von der kirchenpolitischen Peripherie auf, der auf das kirchenpolitische Zentrum wirkte. Eine besondere Herausforderung war dann die nahe liegende Frage, wie die angestrebte Anerkennung der Religionsfreiheit mit der bisherigen Ablehnung der Religionsfreiheit zu vereinbaren ist. Der US-amerikanische Konzilsberater John C. Murray verwies dazu auf die beiden unterschiedlichen Liberalismustypen als Rahmenbedingung für die unterschiedlichen kirchlichen Lehraussagen: Während die antimodernistischen Positionen in Auseinandersetzung mit einem säkularistischen Liberalismus Kontinentaleuropas entwickelt worden sei, sei die Affirmation an das normative Projekt der Moderne in einem religionsfreundlichen Liberalismus entwickelt worden. Natürlich bliebe, so Murray, die Ablehnung des religionsfeindlichen Säkularismus bestehen; aber jetzt gehe es um die Anerkennung einer anderen, religionsfreundlichen Variante des Liberalismus. Auf der Grundlage dieser „goldenen Brücke" konnte dann auch die breite Mehrheit der Konzilsväter der Neupositionierung zustimmen, weil man nicht mehr davon ausgehen musste, dass es einen Bruch in der kirchlichen Lehrtradition gibt – was auch für viele moderate Konzilsväter unvorstellbar gewesen wäre.

---

[16] Vgl. ausführlich ebd. 12–62.
[17] So ebd. 266–302.

3. Muslime und der Islam in der europäischen Moderne

Die Parallele zwischen Katholizismus und Islam ist frappierend. Wie einst der Katholizismus als Teil des Christentums stehen auch Teile des Islam im Widerspruch zum säkularen Verfassungsstaat, insofern eine Verbindung von Religion und Politik angestrebt oder zumindest für vorzugswürdig gehalten wird. Aber so wenig wie in Bezug auf den Katholizismus kann in Bezug auf den Islam behauptet werden, dass dieser Widerspruch „zum Wesen" der jeweiligen Religion gehört. Nochmals: Schärfer und grundsätzlicher als von den Päpsten des 19. Jahrhunderts vorgetragen, ist die Ablehnung des modernen säkularen Verfassungsstaates kaum denkbar. Deshalb ist es aufschlussreich, vom katholischen Beispiel auszugehen, um Überlegungen im Hinblick auf die Modernisierung anderer Religionsgemeinschaften oder eben im Hinblick auf die „Kompatibilität des Islam mit der europäischen Moderne" anzustellen. Eindeutig nämlich wirft „die rasche und radikale Transformation der politischen Kultur katholischer Länder als Ergebnis der offiziellen Neuformulierung der kirchlichen Lehrauffassung im Zweiten Vatikanum die Frage nach dem unveränderlichen Wesen von Weltreligionen auf".[18] Wenn dies offensichtlich noch nicht einmal für die äußerst engmaschig dogmatisierte und straff organisierte sowie zudem autoritativ vereinheitlichte und rechtlich bewehrte Lehre der katholische Kirche gilt, wie kann es dann für irgendeine andere Religionsgemeinschaft gelten? Für andere Religionen, „die einen bei weitem weniger dogmatisch strukturierten ‚doktrinalen Kern' sowie ein plurales und entsprechend umstrittenes System" der Lehrmeinungen aufweisen, „wie etwa der Islam, erscheint die Annahme eines solchen unveränderlichen Wesenskerns", der der Modernisierung im Wege steht, „noch weit weniger plausibel".[19] Entscheidend für das Gelingen des Lernprozesses der normativen Modernisierung ist, dass Aspekte der Kontinuität mit Aspekten der Erneuerung kombiniert werden. Es bedarf eines *Narrativs der Kontinuität*, um eine

---

[18] José Casanova, „Public Religions Revisited", in: *Christentum und Solidarität. Bestandsaufnahmen zu Sozialethik und Religionssoziologie,* hg. von Hermann-Josef Große Kracht und Christian Spieß, Ferdinand Schöningh, Paderborn 2008, S. 313–338, hier: S. 322.

[19] Ebd., 322 f.

substantielle Weiterentwicklung religiöser Traditionen innerhalb dieser Traditionen zu legitimieren und damit überhaupt erst zu ermöglichen. Mit anderen Worten: Das Neue muss glaubwürdig in die Tradition eingebaut werden, damit nicht der Eindruck eines Verrats an der eigenen Tradition entstehen kann.

Darüber hinaus ist es offensichtlich so, dass die Religionsgemeinschaft in einem Kontext, in dem sie nicht diskriminiert wird, eher zu einem Lernprozess neigt als unter einem Modernisierungsdruck der Umwelt oder der Politik. So war es eben, wie oben dargestellt, bezeichnenderweise der europäische, noch maßgeblich von der Französischen Revolution geprägte Säkularismus, der den schroffen Antimodernismus der Kirche begünstigt und befördert hat – und es war die US-amerikanische Bischofskonferenz, die auf der Grundlage einer positiven Erfahrung der Kirche mit der eher religionsfreundlichen Variante des Liberalismus und der Trennung von Religion und Politik in den USA die Anerkennung der Religionsfreiheit auf dem Zweiten Vatikanischen Konzil forciert hat.

Damit stellt sich unmittelbar die Frage nach einer Religionspolitik, die Religionsgemeinschaften eine solche positive Erfahrung mit einem modernen politischen Gemeinwesen ermöglicht. Eine Politik, die religiösen Menschen ständig sagt, dass sie nicht in die Moderne hineinpassen, mit ihrer Religion im Widerspruch zum modernen Staat stehen, dass ihre Religion sogar ihrem „Wesen" nach nicht kompatibel ist mit der modernen liberalen Demokratie, die schließlich sogar den gläubigen Menschen – im Grunde in lächerlich kleinlicher Manier – verbietet, die aus ihrer Sicht angemessene Kleidung zu tragen und überhaupt ihre religiöse Lebensform zu verwirklichen, wird diesem Anliegen sicher nicht gerecht. Eine solche Politik führt zur Entfremdung zwischen den betroffenen Menschen und dem säkularen Verfassungsstaat, zur Entfremdung zwischen Religion und Moderne. Es muss vielmehr eine Religionspolitik entwickelt und realisiert werden, die einerseits die Standards des säkularen Verfassungsstaats sichert, andererseits aber den Anerkennungserwartungen religiöser Menschen und Gruppen entgegenkommt, indem sie ihnen Freiheitsspielräume für religiöse Praxis eröffnet.[20] Eine solche Religionspolitik ist nicht nur eine Forderung der Religions-

[20] Ausführlich entwickelt und entfaltet werden diese Thesen bei C. Spieß, *Zwischen Gewalt und Menschenrechten.*

freiheit, sondern auch ein Gebot der Klugheit. Eine restriktive Religionspolitik mit „Burqaverboten" und anderen schikanösen Einschränkungen religiöser Freiheitsspielräume ist schlicht kontraproduktiv. Sie drängt religiöse Menschen ins Abseits des freiheitlichen Staates und riskiert ihre Abwendung von Freiheit und Demokratie. Unter der Vorgabe, dass der Islam nicht zu Europa und zur westlichen Moderne passe, werden von einer solchen Politik Muslime aus der westlichen Moderne förmlich hinausgeekelt.

Umgekehrt entspricht eine religionsfreundliche Politik nicht nur dem Menschenrecht auf Religionsfreiheit, sondern ist auch klüger, jedenfalls wenn das Ziel verfolgt wird, Muslime mit ihrer religiösen Orientierung in den säkularen Staat und in die weltanschaulich plurale Gesellschaft zu integrieren. Wie das Beispiel des Katholizismus in den USA gezeigt hat, gewinnt dadurch das Modell des modernen Staates für religiöse Menschen und Kollektive an Attraktivität und wird gewissermaßen zur „Schule der Freiheit".

Nicht nur in der Politik, sondern auch in den gesellschaftlichen Diskursen muss sich deshalb eine größere Sensibilität für Anerkennungsansprüche religiöser Menschen durchsetzen. Dabei sollen bestehende Probleme, wie Neigungen zur Gewalt oder zum Fundamentalismus, die es selbstverständlich gibt, keineswegs geleugnet werden. Aber es ist unangemessen, diese Probleme zuerst pauschal mit dem Islam in Verbindung zu bringen, um sie dann wieder auf einzelne Individuen zu beziehen, weil diese Individuen neben vielem anderen auch Muslime sind – so wird die Niqab tragende Frau schließlich zur Repräsentantin eines terrorismusaffinen Islamismus, ohne dass man irgendetwas über diese Frau weiß, außer dass sie den Niqab trägt.

4. Widersprüche der Kritik islamischer Lebensweise

Die These, dass „der Islam" nicht zum westlichen Lebens- und Politikmodell passe und deshalb nicht Teil Europas sein könne, führt zwangsläufig in mehrere Widersprüche, von denen die gravierendsten hier anhand einiger Beispiele skizziert werden sollen.

1. Die Forderung eines „Burqa-Verbots" mit der Begründung, die Burqa (gemeint ist meist der Niqab) symbolisiere ein Frauenbild, das von patriarchaler Unterdrückung geprägt sei, entspricht selbst einer paternalistischen Bevormundung verschleierter Frau-

en, die sich dann einem westlichen Frauenbild und einer entsprechenden Bekleidungsvorschrift unterwerfen müssen. Inwieweit aber sollte sich das Verbot, ein bestimmtes Kleidungsstück zu tragen, von der Pflicht, ein bestimmtes Kleidungsstück zu tragen, im Hinblick auf die Bevormundung der betroffenen Frauen unterscheiden? Mit der Autonomie der Frauen lässt sich jedenfalls nicht begründen, dass man ihnen verbietet, ein bestimmtes Kleidungsstück zu tragen.

2. Die Befürwortung der Privilegierung einer bestimmten kulturellen Prägung als „Leitkultur", etwa im Hinblick auf eine Gesetzgebung, die zwar das Kopftuch der muslimischen Lehrerin an einer staatlichen Schule verbietet, nicht aber christliche religiöse Symbole, übersieht, dass damit genau das forciert wird, was man dem Islam vorwirft, nämlich eine Verknüpfung von Religion und Politik, von partikularer Weltanschauung und staatlichem Rechtssystem. Tatsächlich ist die eigentliche zentrale Errungenschaft der „westlichen Kultur" oder des „Abendlandes" der säkulare und liberale Verfassungsstaat. Dieser aber geht vor allem von der Trennung von Religion und Politik aus und lässt Religionsfreiheit – aktiv wie passiv – selbstverständlich für Angehörige des Islam in gleicher Weise gelten wie für Angehörige des Christentums. Insoweit ist die Forderung nach der Anerkennung einer „christlichen Leitkultur" im Grunde selbst ein Angriff gegen die Tradition der westlichen Moderne.

3. Die verbreitete – der Strategie eines Kulturkampfes folgende – Tendenz, den Islam im Stil einer Karikatur als homophobe, frauenunterdrückende, gewaltaffine, antidemokratische und antiliberale Weltanschauung darzustellen, die folglich im Widerspruch zu den „westlichen Werten" stehe, übersieht auch dies: Das Darstellungsmuster lässt sich ohne große Mühe auch auf das Christentum beziehen. „Kolonialismus, Kreuzzüge, der Völkermord an den Indianern, Inquisition und Jesu Missionsbefehl [...], die dezidiert biblische Legitimation der Apartheid, Holocaust, zwei Weltkriege, zur Variation jetzt gern auch [...] der Protest gegen Moscheen in Europa, all das versehen mit ein paar Heiligkriegszitaten aus Bibel, Busch und Berlusconi und von führenden Amerikahassern interpretiert, schon hat man genügend Belege gesammelt, um die Einfältigen in der islamischen Welt von der angeborenen Aggressivität des Christentums zu überzeugen.

Nach dem gleichen Muster funktionieren die diversen Internet-
seiten, die Tag für Tag auflisten, wo Muslime heute wieder Ge-
walttaten begangen, ihre Dummheit bewiesen oder sich lächerlich gemacht haben."[21] Die Aussage, dass der Islam aufgrund
seines gewaltaffinen etc. Wesens nicht Teil des liberalen und demokratischen Europa sein könne, lässt sich also problemlos und
mindestens genauso plausibel auf das Christentum beziehen.

4. Offenbar unterstellt man also einerseits dem Christentum eine
Wandelbarkeit und Innovationsoffenheit, die zur Affirmation an
die westliche Moderne führen konnten, während man gleichzeitig
in Bezug auf den Islam unterstellt, dass diese Wandelbarkeit und
Innovationsoffenheit nicht gegeben ist. Gerade im Rückblick auf
die doch recht junge Modernisierung der katholischen Kirche
(und bei den protestantischen Kirchen liegt die Modernisierung
nicht recht viel weiter zurück) muss diese unterschiedliche Be-
handlung von Christentum und Islam Überraschung und Unver-
ständnis hervorrufen.

Fazit

Der Islam in Europa und weltweit zeigt gegenwärtig in aller Schärfe
die Ambivalenz der Religion. Religionen können segensreich sein
und Religionen können schwerstes Leid hervorrufen. Fraglos ist es
eine große Herausforderung für Muslime, die negativen Effekte ihrer
Religion zu schwächen und die positiven Effekte zu stärken. Ob das
gelingt, liegt freilich nicht im „Wesen" der Religion – ein solches es-
sentialistisches Religionsverständnis verbietet sich angesichts der
Wandelbarkeit religiöser Traditionen, wie sie in diesem Beitrag im
Hinblick auf die Haltung der katholischen Kirche zum normativen
Projekt der Moderne und zu den freiheitlichen Menschenrechten,
zur Trennung von Religion und Politik und zum säkularen Verfassungsstaat skizziert wurde. In welchem Umfang sich Muslime weiterhin in die liberalen Demokratien Europas integrieren, liegt zum
einen Teil an den Muslimen selbst – wie es im 20. Jahrhundert an
den Katholiken lag, ihr Verhältnis zum liberalen Verfassungsstaat

---

[21] Navid Kermani, *Wer ist wir? Deutschland und seine Muslime*, C.H. Beck., München [8]2016, S. 39.

zu klären. Zum anderen Teil liegt es aber auch an den Gesellschaften und Staaten Europas, für muslimische Religiosität Respekt zu zeigen und Spielräume zu schaffen, damit Europa für Muslime immer mehr zu einem attraktiven Modell wird und in diesem Sinne – wie einst vor allem die USA für den Katholizismus – zur Schule der Freiheit.

Sowohl im Hinblick auf den Islam als auch im Hinblick auf das Christentum werden die Ambivalenzen der Religion übergangen, wenn einerseits, wie selbstverständlich, das Christentum oder die jüdisch-christliche Tradition als mit dem in Europa verwirklichten normativen Projekt der Moderne vereinbar apostrophiert wird, dem Islam dagegen diese Vereinbarkeit abgesprochen wird. Gewiss: Der fatale islamistische Terrorismus und Fundamentalismus können nicht Teil Europas sein. Dafür aber, dass „der Islam" generell, oder besser: dafür, dass Muslime und muslimische Religionsgemeinschaften mit ihrer religiösen Tradition, mit ihrem Glauben sowie mit ihrer religiösen Praxis und Lebensform nicht Teil Europas sein können, gibt es kein einziges plausibles Argument.

Autoren- und Herausgeberverzeichnis

Reinhold Bernhardt; geb. 1953 in Fischborn (Deutschland); Studium der Evangelischen Theologie in Mainz, Zürich und Heidelberg; 1989 Promotion und 1998 Habilitation in Heidelberg; seit 2001 Professor für Systematische Theologie an der Universität Basel.

Georg Essen; geb. 1961 in Kevelaer (Deutschland); Studium der Katholischen Theologie und Geschichte in Münster; ebendort 1994 Promotion und 1999 Habilitation in Theologie; 2001–2011 Professor für Dogmatik an der Universität Nijmegen (Niederlande); seit 2011 Professor für Dogmatik und Dogmengeschichte an der Universität Bochum.

Christian Danz; geb. 1962 in Pößneck (Deutschland); Studium der Evangelischen Theologie in Jena; ebendort 1994 Promotion und 1999 Habilitation; seit 2002 Professor für Systematische Theologie an der Universität Wien.

Peter Lampe; geb. 1954 in Detmold (Deutschland); Studium der Evangelischen Theologie, Philosophie und Archäologie in Bielefeld, Göttingen und Rom; 1984 Promotion und 1990 Habilitation in Bern; zwischen 1987–1992 Professor für Neues Testament in Richmond, Virginia (USA); von 1992 bis 1999 in Kiel und seit 1999 an der Universität Heidelberg und seit 2008 Honorarprofessor an der University of the Free State, Südafrika.

Mirjam Schambeck; geb. 1966 in Wörth an der Donau (Deutschland); Studium der Germanistik und Katholischen Theologie in Regensburg; ebendort 1998 Promotion und 2005 Habilitation in Theologie; zwischen 2006 und 2011 Professorin für Religionspädagogik in Bamberg, von 2011 bis 2012 in Bochum und seit 2012 in Freiburg i. Br.

Eberhard Schockenhoff; geb. 1953 in Stuttgart; Studium der Katholischen Theologie in Tübingen und Rom; 1986 Promotion und 1989 Habilitation in Tübingen; zwischen 1990 und 1994 Professor für Moraltheologie an der Universität Regensburg; seit 1994 Professor an der Universität Freiburg i. Br.

Matthias Sellmann; geb. 1966 in Neheim-Hüsten (Deutschland); Studium der Katholischen Theologie in Bonn, Münster und Paderborn; 2006 Promotion in Münster; zwischen 2009 und 2012 Juniorprofessor in Bochum; seit 2012 ebendort Professor für Pastoraltheologie.

Roman Siebenrock; geb. 1957 in Mengen (Deutschland), Studium der Katholischen Theologie, Philosophie und Pädagogik in Innsbruck, München und Tübingen; 1993 Promotion in Theologie in Tübingen und 2001 Habilitation in Innsbruck; seit 2006 Professor für Dogmatik an der Universität Innsbruck.

Christian Spiess; geb. 1970 in Dieburg (Deutschland), Studium der Katholischen Theologie und Philosophie in Mainz; ebendort 2004 Promotion in Theologie; seit 2014 Professor für Christliche Sozialwissenschaften an der Katholischen Privat-Universität Linz.

Klaus Viertbauer; geb. 1985 in Salzburg (Österreich); Studium der Philosophie, Theologie und Religionspädagogik in Salzburg; ebendort 2015 Promotion in Philosophie; seit 2016 wissenschaftliche Mitarbeiter am Institut für Christliche Philosophie der Universität Innsbruck.

Florian Wegscheider; geb. 1988 in Kirchdorf (Österreich); Studium der Theologie und der Religionspädagogik in Linz, Salzburg und Rom; seit 2013 Universitätsassistent am Institut für Liturgiewissenschaften an der Katholischen Privat-Universität Linz.